〔梁〕沈約撰

點校本
二十四史
修訂本

宋書

第七册
卷七三至卷八四

中華書局

宋書卷七十三

列傳第三十三

顔延之

顔延之字延年，琅邪臨沂人也。曾祖含，右光禄大夫。祖約，零陵太守。父顯〔一〕，護軍司馬。

延之少孤貧，居負郭，室巷甚陋。好讀書，無所不覽，文章之美，冠絶當時。飲酒不護細行，年三十，猶未婚。妹適東莞劉憲之，穆之子也〔二〕。穆之既與延之通家，又聞其美，將仕之，先欲相見，延之不往也。後將軍、吴國内史劉柳以爲行參軍，因轉主簿，豫章公世子中軍行參軍。

義熙十二年，高祖北伐，有宋公之授，府遣一使慶殊命，參起居，延之與同府王參軍俱奉使至洛陽，道中作詩二首，文辭藻麗，爲謝晦、傅亮所賞。宋國建，奉常鄭鮮之舉爲博士，仍遷世子舍人。高祖受命，補太子舍人。雁門人周續之隱居廬山，儒學著稱，永初中，徵詣京師，開館以居之。高祖親幸，朝彥畢至，延之官列猶卑，引升上席。上使問續之三義，續之雅仗辭辯，延之每折以簡要。既連挫續之，上又使還自敷釋，言約理暢，莫不稱善。徙尚書儀曹郎，太子中舍人。

時尚書令傅亮自以文義之美，一時莫及，延之負其才辭，不爲之下，亮甚疾焉。廬陵王義真頗好辭義，待接甚厚，徐羡之等疑延之爲同異，意甚不悦。少帝即位，以爲正員郎，兼中書，尋徙員外常侍，出爲始安太守。領軍將軍謝晦謂延之曰：「昔荀勗忌阮咸，斥爲始平郡，今卿又爲始安，可謂二始。」黄門郎殷景仁亦謂之曰：「所謂俗惡俊異，世疵文雅。」

延之之郡，道經汨潭，爲湘州刺史張邵祭屈原文以致其意〔三〕，曰：

恭承帝命，建旟舊楚。訪懷沙之淵，得捐佩之浦。弭節羅潭，艤舟汨渚，敬祭楚三閭大夫屈君之靈：

蘭薰而摧，玉貞則折〔四〕。物忌堅芳〔五〕，人諱明潔。曰若先生，逢辰之缺。温風迨時，飛霜急節。嬴、芈遘紛，昭、懷不端。謀折儀、尚，貞蔑椒、蘭。身絶郢闕，迹遍湘干。比物荃蓀，連類龍鸞。聲溢金石，志華日月。如彼樹芬，實穎實發。望汨心欷，瞻羅思越。藉用可塵，昭忠難闕。

元嘉三年，羨之等誅，徵爲中書侍郎，尋轉太子中庶子，頃之，領步兵校尉，賞遇甚厚。延之好酒疎誕，不能斟酌當世，見劉湛、殷景仁專當要任，意有不平，常云：「天下之務，當與天下共之，豈一人之智所能獨了！」辭甚激揚，每犯權要。謂湛曰：「吾名器不升，當由作卿家吏。」湛深恨焉，言於彭城王義康，出爲永嘉太守。延之甚怨憤，乃作五君詠以述竹林七賢，山濤、王戎以貴顯被黜，詠嵇康曰：「鸞翮有時鎩，龍性誰能馴。」詠阮籍曰：「物故可不論，塗窮能無慟。」詠阮咸曰：「屢薦不入官，一麾乃出守。」詠劉伶曰：「韜精日沉飲，誰知非荒宴。」此四句，蓋自序也。湛及義康以其辭旨不遜，大怒。時延之已拜，欲黜爲遠郡，太祖與義康詔曰：「降延之爲小邦不政，有謂其在都邑，豈動物情，罪過彰著，亦士庶共悉，直欲選代，令思愆里間。猶復不悛，當驅往東土。乃志難恕，自可隨事録治。殷、劉意咸無異也。」乃以光禄勳車仲遠代之。延之與仲遠世素不協，屏居里巷，不豫人間者七載。中書令王球名公子，遺務事外，延之慕焉，球亦愛其材，情好甚款。延之居常罄匱，球輒贍之。晉恭思皇后葬，應須百官，湛之取義熙元年除身，以延之兼侍中〔六〕。邑吏送札，延之醉，投札於地曰：「顏延之未能事生，焉能事死！」

閑居無事，爲庭誥之文。今刪其繁辭，存其正，著于篇。曰：

庭誥者，施於閨庭之内，謂不遠也。吾年居秋方，慮先草木，故遽以未聞，誥爾在庭。若立履之方，規鑒之明，已列通人之規，不復續論。今所載咸其素畜，本乎生靈，而致之心用。夫選言務一，不尚煩密，而至於備議者，蓋以網諸情非。古語曰得鳥者羅之一目，而一目之羅，無時得鳥矣。此其積意之方。

道者識之公，情者德之私。公通，可以使神明加響；私塞，不能令妻子移心。是以昔之善爲士者，必捐情反道，合公屏私。

尋尺之身，而以天地爲心；數紀之壽，常以金石爲量。觀夫古先垂戒，長老餘論，雖用細制，每以不朽見銘；繕築末迹，咸以可久承志。況樹德立義，收族長家，而不思經遠乎。

曰身行不足遺之後人。欲求子孝必先慈，將責弟悌務爲友。雖孝不待慈，而慈固植孝；悌非期友，而友亦立悌。

夫和之不備，或應以不和；猶信不足焉，必有不信。儻知恩意相生，情理相出，可使家有參、柴，人皆由、損。

夫内居德本，外夷民譽，言高一世，處之逾默，器重一時，體之滋沖〔七〕，不以所能干衆，不以所長議物，淵泰入道，與天爲人者，士之上也。若不能遺聲，欲人出己，知柄在虚求，不可校得，敬慕謙通，畏避矜踞，思廣監擇，從其遠猷，文理精出，而言稱未達，論問宣茂，而不以居身，此其亞也。若乃聞實之爲貴，以辯畫所克，見聲之取榮，謂爭奪可獲，言不出於户牖，自以爲道義久立，才未信於僕妾，而曰我有以過人，於是感苟鋭之志，馳傾觖之望，豈悟已挂有識之裁，入修家之誡乎。記所云「千人所指，無病自死」者也。行近於此者，吾不願聞之矣。

凡有知能，預有文論，若不練之庶士〔八〕，校之羣言，通才所歸，前流所與，焉得以成名乎。若呻吟於牆室之内，喧囂於黨輩之間，竊議以迷寡聞，妲語以敵要説，是短筭所出，而非長見所上。適值尊明臨座，稠覽博論，而言不入於高聽，人見棄於衆視，則慌若迷塗失偶，黶如深夜撤燭，銜聲茹氣，腆默而歸，豈識向之夸慢，衹足以成今之沮喪邪。此固少壯之廢，爾其戒之。

夫以怨誹爲心者，未有達無心救得喪，多見誚耳。此蓋臧獲之爲，豈識量之爲事哉。是以德聲令氣，愈上每高，忿言懟議，每下愈發。有尚於君子者，寧可不務勉邪。雖曰恒人，情不能素盡，故當以遠理勝之，么笇除之，豈可不務自異，而取陷庸品乎。

富厚貧薄，事之懸也。以富厚之身，親貧薄之人，非可一時處。然昔有守之無怨，安之不悶者，蓋有理存焉。夫既有富厚，必有貧薄，豈其證然，時乃天道。若人皆厚富〔九〕，是理無貧薄。然乎？必不然也。若謂富厚在我，則宜貧薄在人。可乎？又不可矣。道在不然，義在不可，而横意去就，謬生希幸，以爲未達至分。

蠶温農飽，民生之本，躬稼難就，止以僕役爲資，當施其情願，庀其衣食，定其當治，遞其優劇，出之休饗，後之捶責，雖有勸恤之勤，而無霑曝之苦。務前公税，以遠吏讓，無急傍費，以息流議，量時發斂，視歲穰儉，省贍以奉己，損散以及人，此用天之善，御生之得也。

率下多方，見情爲上；立長多術，晦明爲懿。雖及僕妾，情見則事通；雖在畎畝，明晦則功博。若奪其常然，役其煩務，使威烈雷霆，猶不禁其欲；雖棄其大用，窮其細瑕，或明灼日月，將不勝其邪。故曰：「孱焉則差，的焉則闇。」是以禮道尚優，法意從刻。優則人自爲厚，刻則物相爲薄。耕收誠鄙，此用不忒，所謂野陋而不以居心也。

含生之氓，同祖一氣，等級相傾，遂成差品，遂使業習移其天識，世服没其性靈。至夫願欲情嗜，宜無間殊，或役人而養給，然是非大意，不可侮也。隅奥有竈，齊侯蔑寒，犬馬有秩，管、燕輕饑。若能服温厚而知穿弊之苦，明周之德；厭滋旨而識寡嗛之急，仁恕之功。豈與夫比肌膚於草石，方手足於飛走者，同其意用哉。罰慎其濫，惠戒其偏。罰濫則無以爲罰，惠偏則不如無惠。雖爾眇末，猶扁庸保之上，事思反己，動類念物，則其情得，而人心塞矣。

抃博蒲塞，會衆之事，諧調哂謔，適坐之方，然失敬致侮，皆此之由。方其剋瞻，彌喪端儼，況遭非鄙，慮將醜折。豈若拒其容而簡其事，靜其氣而遠其意，使言必諍厭，賓友清耳，笑不傾撫，左右悦目。非鄙無因而生，侵侮何從而入，此亦持德之管籥，爾其謹哉。

嫌惑疑心，誠亦難分，豈唯厚貌蔽智之明，深情怯剛之斷而已哉。必使猜怨愚賢，則嚬笑入戾，期變犬馬，則步顧成妖〔一〇〕。況動容竊斧，束裝濫金，又何足論。是以前王作典，明慎議獄，而僭濫易意；朱公論璧，光澤相如，而倍薄異價。此言雖大，可以戒小。

遊道雖廣，交義爲長。得在可久，失在輕絶。久由相敬，絶由相狎。愛之勿勞，當扶其正性，忠而勿誨，必藏其枉情。輔以藝業，會以文辭，使親不可褻，疎不可間，每存大德，無挾小怨。率此往也，足以相終。

酒酌之設，可樂而不可嗜，嗜而非病者希，病而遂眚者幾。既眚既病，將蔑其正。

若存其正性，紓其妄發，其唯善成乎〔一一〕。聲樂之會，可簡而不可違，違而不背者鮮矣，背而非弊者反矣。既弊既背，將受其毁〔一二〕。必能通其礙而節其流，意可爲和中矣。

善施者唯發自人心〔一三〕，乃出天則。與不待積，取無謀實，並散千金，誠不可能。贍人之急，雖乏必先，使施如王丹，受如杜林〔一四〕，亦可與言交矣。

浮華怪飾，滅質之具；奇服麗食，棄素之方。動人勸慕，傾人顧盼，可以遠識奪，難用近欲從。若覩其淫怪，知生之無心，爲見奇麗，能致諸非務，則不抑自貴，不禁自止。

夫數相者，必有之徵，既聞之術人，又驗之吾身，理可得而論也。人者兆氣二德，稟體五常。二德有奇偶，五常有勝殺，及其爲人，寧無叶沴。亦猶生有好醜，死有夭壽，人皆知其懸天；至於丁年乖遇，中身迂合者，豈可易地哉。是以君子道命愈難〔一五〕，識道愈堅。

古人恥以身爲溪壑者，屏欲之謂也。欲者，性之煩濁，氣之蒿蒸，故其爲害，則燻心智，耗真情，傷人和，犯天性。雖生必有之，而生之德，猶火含煙而妨火，桂懷蠹而殘桂〔一六〕，然則火勝則煙滅，蠹壯則桂折〔一七〕。故性明者欲簡，嗜繁者氣惛，去明即惛，難以生矣〔一八〕。是以中外羣聖〔一九〕，建言所黜，儒道衆智，發論是除。然有之者不患誤深〔二〇〕，故藥之者恒苦術淺，所以毀道多而義寡〔二一〕。頓盡誠難，每指可易，能易每指，亦明之末。

廉嗜之性不同，故畏慕之情或異，從事於人者，無一人我之心，不以己之所善謀人，爲有明矣。不以人之所務失我，能有守矣。己所謂然，而彼定不然〔二二〕，弈棊之蔽；悦彼之可，而忘我不可，學嚬之弊。將求去弊者，念通怍介而已〔二三〕。

流言謗議，有道所不免，況在闕薄，難用筭防。接應之方，言必出己。或信不素積，嫌間所襲，或性不和物，尤怨所聚，有一于此，何處逃毁。苟能反悔在我，而無責於人，必有達鑒，昭其情遠，識迹其事。日省吾躬，月料吾志，寬嘿以居，潔静以期，神道必在，何恤人言。

諺曰，富則盛，貧則病矣。貧之病也，不唯形色麤黶，或亦神心沮廢；豈但交友疎棄，必有家人誚讓。非廉深識遠者，何能不移其植。故欲蠲憂患，莫若懷古。懷古之志，當自同古人，見通則憂淺，意遠則怨浮，昔有琴歌於編蓬之中者〔二四〕，用此道也。

夫信不逆彰，義必幽隱〔二五〕，交賴相盡，明有相照。一面見旨，則情固丘岳；一言中志，則意入淵泉。以此事上，水火可蹈，以此託友，金石可弊，豈待充其榮實，乃將議報，厚之篚筐，然後圖終。如或與立，茂思無忽。

祿利者受之易，易則人之所榮；蠶穡者就之艱，艱則物之所鄙。艱易既有勤倦之情，榮鄙又間向背之意，此二塗所爲反也。以勞定國，以功施人，則役徒屬而擅豐麗；自埋於民，自事其生，則督妻子而趨耕織。必使陵侮不作，懸企不萌，所謂賢鄙處宜，華野同泰。

人以有惜爲質，非假嚴刑；有恒爲德，不慕厚貴〔二六〕。有惜者，以理葬；有恒者，與物終。世有位去則情盡，斯無惜矣。又有務謝則心移，斯不恒矣。又非徒若此而已，或見人休事，則懃蘄結納，及聞否論，則處彰離貳，附會以從風，隱竊以成釁，朝吐面譽，暮行背毀，昔同稽款，今猶叛戾，斯爲甚矣。又非唯若此而已，或憑人惠訓，藉人成立，與人餘論，依人揚聲，曲存稟仰，甘赴塵軌。衰没畏遠，忌聞影迹，又蒙蔽其善〔二七〕，毁之無度，心短彼能，私樹己拙，自崇恒輩，罔顧高識，有人至此，實蠹大倫。每思防避，無通閭伍。

覩驚異之事，或無涉傳〔二八〕；遭卒迫之變，反思安順。若異從己發，將尸謗人，迫而又迮，愈使失度。能夷異如裴楷，處逼如裴遐，可稱深士乎。

喜怒者有性所不能無，常起於褊量，而止於弘識。然喜過則不重，怒過則不威，能以恬漠爲體，寬愉爲器，則爲美矣〔二九〕。大喜蕩心，微抑則定；甚怒煩性，小忍即歇。動無愆容〔三〇〕，舉無失度，則物將自懸，人將自止。

習之所變亦大矣，豈唯蒸性染身，乃將移智易慮。故曰：「與善人居，如入芷蘭之室，久而不知其芬〔三一〕。」與之化矣。「與不善人居，如入鮑魚之肆，久而不知其臭。」與之變矣。是以古人慎所與處。唯夫金真玉粹者，乃能盡而不汙爾。故曰：「丹可滅而不能使無赤，石可毀而不可使無堅。」苟無丹石之性，必慎浸染之由。能以懷道爲念〔三二〕，必存從理之心。道可懷而理可從，則不議貧，議所樂爾。或云：「貧何由樂？」此未求道意。道者，瞻富貴同貧賤，理固得而齊〔三三〕。自我喪之，未爲通議，苟議不喪，夫何不樂。

或曰，温飽之貴，所以榮生，饑寒在躬，空曰從道，取諸其身，將非篤論，此又通理所用。凡養生之具，豈間定實〔三四〕，或以膏腴夭性，有以菽藿登年。中散云，所足在内，不由於外〔三五〕。是以稱體而食，貧歲愈嗛；量腹而炊，豐家餘飡。非粒實息耗，意有盈虚爾。況心得優劣〔三六〕，身獲仁富，明白入素，氣志如神，雖十旬九飯，不能令饑，業席三屬〔三七〕，不能爲寒。豈不信然。

且以己爲度者，無以自通彼量。渾四游而斡五緯，天道弘也。振河海而載山川，地道厚也。一情紀而合流貫，人靈茂也。昔之通乎此數者，不爲剖判之行，必廣其風度，無挾私殊，博其交道，靡懷曲異〔三八〕。故望塵請友，則義士輕身，一遇拜親，則仁人投分。此倫序通允，禮俗平一，上獲其用，下得其和。

世務雖移，前休未遠，人之適主，吾將反本。夫人之生〔三九〕，暫有心識〔四〇〕，幼壯驟過，衰耗驚及。其間夭鬱，既難勝言，假獲存遂，又云無幾。柔麗之身，亟委土木，剛清之才，遽爲丘壤，回遑顧慕，雖數紀之中爾。以此持榮，曾不可留，以此服道，亦何能平。進退我生，遊觀所達，得貴爲人，將在含理。含理之貴，惟神與交，幸有心靈，義無自惡，偶信天德，逝不上慙。欲使人沈來化，志符往哲，勿謂是賒，日鑿斯密。著通此意，吾將忘老，如曰不然〔四一〕，其誰與歸。偶懷所撰〔四二〕，略布衆條〔四三〕，若備舉情見，顧未書一。贍身之經，別在田家節政；奉終之紀，自著燕居畢義。

劉湛誅，起延之爲始興王濬後軍諮議參軍，御史中丞。在任縱容，無所舉奏。遷國子祭酒、司徒左長史，坐啓買人田，不肯還直，尚書左丞荀赤松奏之曰：「求田問舍，前賢所鄙。延之唯利是視，輕冒陳聞〔四四〕，依傍詔恩，拒捍餘直，垂及周年，猶不畢了，昧利苟得，無所顧忌。延之昔坐事屏斥，復蒙抽進，而曾不悛革，怨誹無已。交遊闒茸，沈迷麴蘖，橫興譏謗，詆毀朝士。仰竊過榮，增憤薄之性；私恃顧眄，成彊梁之心。外示寡求，内懷奔競，干禄祈遷，不知極已，預讌班觴，肆駡上席。山海含容，每存遵養，愛兼彫蟲，未忍遐棄，而驕放不節，日月彌著。臣聞聲問過情，孟軻所恥，況聲非外來，問由己出，雖心智薄劣，而高自比擬，客氣虚張，曾無愧畏，豈可復弼亮五教，增曜台階。請以延之訟田不實，妄干天聽，以彊凌弱，免所居官。」詔可〔四五〕。

復爲祕書監，光禄勳，太常。時沙門釋慧琳，以才學爲太祖所賞愛，每召見，常升獨榻，延之甚疾焉。因醉白上曰：「昔同子參乘，袁絲正色。此三台之坐，豈可使刑餘居之。」上變色。延之性既褊激，兼有酒過，肆意直言，曾無遏隱，故論者多不知云。居身清約，不營財利，布衣蔬食，獨酌郊野，當其爲適，傍若無人。

二十九年，上表自陳曰：「臣聞行百里者半於九十，言其末路之難也。愚心常謂爲虚，方今乃知其信。臣延之人薄寵厚，宿塵國言，而雪効無從，榮牒增廣，曆盡身彫，日叨官次，雖容載有塗，而妨穢滋積。早欲啓請餘筭，屏蔽醜老。但時制行及，歸慕無賒，是以腆冒愆非〔四六〕，簡息干黷。耗歇難支，質用有限，自去夏侵暑，入此秋變，頭齒眩疼，根痼漸劇，手足冷痺，左胛尤甚。素不能食，頃向減半。本猶賴服食〔四七〕，比倦悸遠晚〔四八〕，年疾所催，顧景引日。臣班叨首卿，位尸封典，肅祗朝校，尚恧匪任，而陵廟衆事，有以疾怠，宮府覲慰，轉闕躬親。息臭庸微，過宰近邑，回澤爰降，實加將監，乞解所職，隨就藥養。伏願聖慈，特垂矜許。稟恩明世，負報冥暮，仰企端闈，上戀罔極。」不許。明年致事。

元凶弒立，以爲光禄大夫。先是，子竣爲世祖南中郎諮議參軍。及義師入討，竣參定密謀，兼造書檄。劭召延之，示以檄文，問曰：「此筆誰所造？」延之曰：「竣之筆也。」又問：「何以知之？」延之曰：「竣筆體，臣不容不識。」劭又曰：「言辭何至乃爾。」延之曰：「竣尚不顧老父，何能爲陛下。」劭意乃釋，由是得免。

世祖登阼，以爲金紫光禄大夫，領湘東王師。子竣既貴重，權傾一朝，凡所資供，延之一無所受，器服不改，宅宇如舊。常乘羸牛笨車，逢竣鹵簿，即屏往道側。又好騎馬，遨游里巷，遇知舊輒據鞍索酒，得酒必頹然自得。常語竣曰：「平生不喜見要人，今不幸見汝。」竣起宅，謂曰：「善爲之，無令後人笑汝拙也。」表解師職，加給親信三十人〔四九〕。

孝建三年，卒，時年七十三。追贈散騎常侍、特進，金紫光禄大夫如故。謚曰憲子。延之與陳郡謝靈運俱以詞彩齊名，自潘岳、陸機之後，文士莫及也，江左稱顏、謝焉。所著並傳於世。

竣別有傳。竣弟測〔五〇〕，亦以文章見知，官至江夏王義恭大司馬録事參軍〔五一〕，蚤卒。太宗即位，詔曰：「延之昔師訓朕躬，情契兼款。前記室參軍、濟陽太守臭伏勤蕃朝，綢繆恩舊。可擢爲中書侍郎。」臭，延之第三子也。

史臣曰：出身事主，雖義在忘私，至於君親兩既，事無同濟〔五二〕，爲子爲臣，各隨其時可也。若夫馳文道路，軍政恒儀，成敗所因，非繫乎此。而據筆數辠，陵讎犯逆，餘彼慈親，垂之虎吻，以此爲忠，無聞前誥。夫自忍其親，必將忍人之親，自忘其孝，期以申人之孝，食子放鹿〔五三〕，斷可識矣。記云：「八十者一子不從政，九十者家不從政。」豈不以年薄桑榆，憂患將及，雖有職王朝，許以辭事，況顛沛之道，慮在未測者乎。自非延年之辭允而義愜〔五四〕，夫豈或免。

校勘記

〔一〕父顯　「顯」，南史卷三四顔延之傳作「顒」。

〔二〕妹適東莞劉憲之穆之子也　洪頤煊諸史考異卷五：「案劉穆之傳，穆之三子，長子慮之，中子式之，少子貞之，無名憲之者。」按「憲」、「慮」形似，「憲之」或「慮之」之訛。

〔三〕爲湘州刺史張邵祭屈原文以致其意　「張邵」，原作「張紀」，據文選卷六〇顔延之祭屈原文及李善注引沈約宋書、南史卷三四顔延之傳改。

〔四〕玉貞則折　「貞」，文選卷六〇顏延之祭屈原文作「縝」，李善注：「禮記，縝密以栗，智也。鄭玄曰：縝，緻也。」

〔五〕物忌堅芳　「芳」，原作「方」，據文選卷六〇顏延之祭屈原文改。李善注：「堅芳即玉及蘭。」

〔六〕以延之兼侍中　「兼侍中」，原作「兼持」，據建康實録卷一二改。按時晉已亡，晉恭思皇后葬時欲備百官，乃取晉義熙元年告身，除延之兼侍中，欲以虛應故事，故延之不受，投札於地。

〔七〕體之滋沖　「滋」，原作「玆」，據南監本、北監本、汲本、殿本、局本、明本册府卷八一六改。

〔八〕若不練之庶士　「若」字原闕，據册府卷八一六補。「庶士」，册府作「多士」。

〔九〕若人皆厚富　「皆」字原闕，據殿本、局本補。

〔一〇〕期變犬馬則步顧成妖　「期變」，册府卷八一六作「耽愛」。

〔一一〕其唯善成乎　「成」，南監本、殿本作「戒」。

〔一二〕將受其毁　「毁」，原作「殿」，據南監本、北監本、汲本、殿本、局本、明本册府卷八一六改。

〔一三〕善施者唯發自人心　御覽卷四七七引顏延之庭誥作「善施者豈唯發自人心」。

〔一四〕使施如王丹受如杜林　「受」，原作「愛」，據册府卷八一六改。按此事見後漢書卷二七王丹傳、杜林傳。

〔一五〕是以君子道命愈難　「道命」，册府卷八一六作「遘命」。

〔一六〕猶火含煙而妨火桂懷蠹而殘桂　類聚卷二三引顏延之庭誥、明本册府卷八一六作「猶火含煙而煙妨火桂懷蠹而蠹殘桂」。

〔一七〕蠹壯則桂折　「壯」，原作「收」，據殿本、局本、類聚卷二三引顏延之庭誥改。

〔一八〕難以生矣　「生矣」，原作「主言」，三朝本、南監本、北監本、汲本、殿本、局本作「主一目」，今據冊府卷八一六訂正。

〔一九〕是以中外羣聖　「是」，原作「其」，據冊府卷八一六改。

〔二〇〕然有之者不患誤深　「誤深」，原作「深」，冊府卷八一六作「不深」，據南監本、北監本、汲本、殿本、局本改。

〔二一〕所以毁道多而義寡　冊府卷八一六作「所以毁道多而於義寡」。

〔二二〕而彼定不然　「然」，原作「能」，據南監本、殿本、明本冊府卷八一六改。

〔二三〕念通作介而已　「作介」，宋本冊府卷八一六作「性分」。

〔二四〕昔有琴歌於編蓬之中者　「有」字原闕，據類聚卷三五引顏延之庭誥、初學記卷一八補。

〔二五〕義必幽隱　「幽」，原作「出」，據冊府卷八一六改。

〔二六〕不慕厚貴　「貴」，冊府卷八一六作「賞」。

〔二七〕又蒙蔽其善　原作「又蒙之」，據冊府卷八一六訂正。

〔二八〕或無涉傳　冊府卷八一六作「或涉流傳」。

〔二九〕能以恬漠爲體寬愉爲器則爲美矣　原作「能以恬漠爲體寬愉爲器者」，據御覽卷五九三引顏延之庭誥訂正。

〔三〇〕動無彶容　「動」上，御覽卷五九三引顏延之庭誥有「故」字。

〔三一〕久而不知其芬　「知」，三朝本、南監本、北監本、汲本、殿本、局本作「聞」。

〔三二〕能以懷道爲念　「念」，原作「人」，據册府卷八一六改。

〔三三〕理固得而齊　「齊」字原闕，據册府卷八一六補。

〔三四〕凡養生之具豈間定實　「養」字原闕，據册府卷八一六補。

〔三五〕所足在内不由於外　原作「所足與不由外」，據册府卷八一六改。

〔三六〕況心得優劣　「優」，原作「復」，據册府卷八一六改。

〔三七〕業席三屬　「業」，册府卷八一六作「藋」。

〔三八〕靡懷曲異　「靡」，原作「唯」，南監本、北監本、殿本、局本作「無」，今據册府卷八一六改。

〔三九〕夫人之生　原作「三人至生」，據册府卷八一六改。

〔四〇〕塹有心識　「心」，原作「之」，據册府卷八一六改。

〔四一〕如曰不然　「曰」，原作「固」，據册府卷八一六改。

〔四二〕偶懷所撰　「偶」，原作「值」，據册府卷八一六改。

〔四三〕略布衆條　「條」，原作「脩」，據册府卷八一六改。

〔四四〕輕冒陳聞　「冒」，原作「買」，據南監本、殿本、局本、南史卷三四顏延之傳、明本册府卷五一八改。

〔四五〕詔可　原作「訟持」，據南監本、北監本、汲本、殿本、局本、南史卷三四顏延之傳、册府卷五一八、卷九一四改。

〔四六〕是以腆冒愆非　「腆」，原作「惧」，據汲本、殿本、局本、册府卷八九九改。

〔四七〕本猶賴服食　「食」字原闕，據册府卷八九九補。

〔四八〕比倦悸遠晚　「遠」字原闕，據册府卷八九九補。「遠晚」，宋本册府卷八九九作「遠曉」。遠晚猶言日暮途遠，吴金華宋書校點續議（續二）云「疑原文本作『達曉』，謂通宵不適」。

〔四九〕加給親信三十人　「三十人」，南史卷三四顏延之傳作「二十人」。

〔五〇〕竣弟測　「測」，原作「惻」，據局本、本書卷七五顏竣傳、南史卷三四顏延之傳改。

〔五一〕官至江夏王義恭大司馬録事參軍　「江夏王」下原衍「傳」字，據南史卷三四顏延之傳删。「大司馬録事參軍」，原作「大司徒録事參軍」，據南史顏延之傳改。按本書卷三九百官志上，是時有司徒及大司馬，而無大司徒，且司徒府佐亦無著「大」字者。本書卷六一武三王江夏文獻王義恭傳，義恭元嘉末以太傅領大司馬。

〔五二〕至於君親兩既事無同濟　殿本作「至於君親兩事既無同濟」。

〔五三〕食子放鹿　「食」，原作一字空格，據三朝本、南監本、北監本、汲本、殿本、局本補。

〔五四〕自非延年之辭允而義愿　「辭」，原作一字空格，據三朝本、南監本、北監本、殿本、局本補。

宋書卷七十四

列傳第三十四

臧質　魯爽　沈攸之

臧質字含文，東莞莒人。父熹字義和〔一〕，武敬皇后弟也。與兄燾並好經籍。隆安初，兵革屢起，熹乃習騎射，志在立功。嘗至溧陽，溧陽令阮崇與熹共獵，值虎突圍，獵徒並奔散，熹直前射之，應弦而倒。高祖入京城，熹族子穆斬桓脩〔二〕。進至京邑，桓玄奔走，高祖使熹入宮收圖書器物，封閉府庫。有金飾樂器，高祖問熹：「卿得無欲此乎？」熹正色曰：「皇上幽逼，播越非所。將軍首建大義，劬勞王家。雖復不肖，無情於樂。」高祖笑曰：「聊以戲卿爾。」行參高祖鎮軍事，員外散騎侍郎，重參鎮軍軍事，領東海太守。以義功封始興縣五等侯。又參高祖車騎、中軍軍事。高祖將征廣固，議者多不同。熹從容言曰：「公若凌威北境，拯其塗炭，寧一六合，未爲無期。」高祖曰：「卿言是也。」及行，熹求從，不許，以爲建威將軍、臨海太守。郡經兵寇，百不存一，熹綏緝綱紀，招聚流散，歸之者千餘家。孫季高海道襲廣州，路由臨海，熹資給發遣，得以無乏。徵拜散騎常侍，母憂去職。頃之討劉毅，起爲寧朔將軍，從征。事平，高祖遣朱齡石統大衆伐蜀，命熹奇兵出中水，以本號領建平、巴東二郡太守。蜀主譙縱遣大將譙撫之萬餘人屯牛脾，又遣譙小苟重兵塞打鼻。熹至牛脾，撫之戰敗退走，追斬之。小苟聞撫之死，即便奔散。成都既平，熹遇疾。義熙九年，卒於蜀郡牛脾縣〔三〕，時年三十九。追贈光禄勳。

質少好鷹犬，善蒲博意錢之戲。長六尺七寸，出面露口，禿頂拳髮。年未二十，高祖以爲世子中軍行參軍。永初元年，爲員外散騎侍郎，從班例也。母憂去職。服闋，爲江夏王義恭撫軍參軍〔四〕，以輕薄無檢，爲太祖所知〔五〕，徙爲給事中。會稽宣長公主每爲之言，乃出爲建平太守，甚得蠻楚心。南蠻校尉劉湛還朝，稱爲良守。遷寧遠將軍、歷陽太守。仍遷竟陵、江夏内史，復爲建武將軍、巴東建平二郡太守，吏民便之。

質年始出三十，屢居名郡，涉獵史籍，尺牘便敏，既有氣幹，好言兵權。太祖謂可大任，欲以爲益州，事未行，徵爲使持節、都督徐兗二州諸軍事、寧遠將軍、徐兗二州刺史。在鎮奢費，爵命無章，爲有司所糾，遇赦。與范曄、徐湛之等厚善，曄謀反，量質必與之同，會事發，復爲建威將軍、義興太守。元嘉二十六年，太祖謁京陵，質朝丹徒，與何勗、檀和之並功臣子，時共上禮，太祖設燕盡歡，賜布千匹。

二十七年春，遷南譙王義宣司空司馬、寧朔將軍、南平内史〔六〕。未之職，會索虜大帥拓跋燾圍汝南，汝南戍主陳憲固守告急。太祖遣質輕往壽陽，即統彼軍，與安蠻司馬劉康祖等救憲。虜退走，因使質伐汝南西境刀壁等山蠻，大破之，獲萬餘口，遷太子左衛率。坐前伐蠻，枉殺隊主嚴祖，又納面首生口，不以送臺，免官。是時上大舉北討，質白衣與驃騎司馬王方回等率軍出許、洛，安北司馬王玄謨攻滑臺不拔，質請乘驛代將，太祖不許。

虜侵徐、豫，拓跋燾率大衆數十萬遂向彭城，以質爲輔國將軍、假節、置佐，率萬人北救。始至盱眙，燾已過淮，冗從僕射胡崇之領質府司馬，崇之副太子積弩將軍臧澄之、建威將軍毛熙祚亦受統於質〔七〕。盱眙城東有高山，質慮虜據之，使崇之、澄之二軍營於山上，質營城南。虜攻崇之、澄之二營，崇之等力戰不敵，衆散，並爲虜所殺。虜又攻熙祚，熙祚所領悉北府精兵，幢主李灌率厲將士，殺賊甚多。隊主周胤之、外監楊方生又率射賊，賊垂退，會熙祚被創死，軍遂散亂。其日質案兵不敢救，故三營一時覆没〔八〕。初，仇池之平也，以崇之爲龍驤將軍、北秦州刺史，鎮百頃〔九〕，行至濁水，爲索虜所克〔一〇〕，舉軍敗散，崇之及將佐以下，皆爲虜所執，後得叛還，至是又爲虜所敗焉。熙祚，司州刺史脩之兄子也。崇之、熙祚並贈正員郎，澄之事在祖父燾傳。

三營既敗，其夕質軍亦奔散，棄輜重器甲，單七百人投盱眙，盱眙太守沈璞完爲守戰之備，城内有實力三千，質大喜，因共守。虜初南出，後無資糧，唯以百姓爲命。及過淮，食平越、石鼈二屯穀，至是抄掠無所，人馬饑困，聞盱眙有積粟，欲以爲歸路之資。既破崇之等，一攻城不拔，便引衆南向。城内增修守備，莫不完嚴。

二十八年正月初，燾自廣陵北返，便悉力攻盱眙，就質求酒，質封溲便與之。燾怒甚，築長圍，一夜便合，開攻道，趣城東北，運東山土石填之。虜又恐城内水路遁走，乃引大船，欲於君山作浮橋，以絶淮道。城内乘艦逆戰，大破之。明旦，賊更方舫爲桁，桁上各嚴兵自衛。城内更擊不能禁，遂於君山立桁，水陸路並斷。

燾與質書曰：「吾今所遣鬬兵，盡非我國人，城東北是丁零與胡，南是三秦氐、羌。設使丁零死者，正可減常山、趙郡賊；胡死，正減并州賊；氐、羌死，正減關中賊。卿若殺丁零、胡，無不利。」質答書曰：「省示，具悉姦懷。爾自恃四脚，屢犯國疆，諸如此事，不可具說。王玄謨退於東，梁坦散於西，爾謂何以？不聞童謠言邪：『虜馬飲江水，佛狸死卯年。』此期未至，以二軍開飲江之徑爾，冥期使然，非復人事。寡人受命相滅，期之白登，師行未遠，爾自送死，豈容復令生全，饗有桑乾哉！但爾住攻此城〔一二〕，假令寡人不能殺爾，爾由我而死。爾若有幸，得爲亂兵所殺。爾若不幸，則生相鏁縛，載以一驢，直送都市。我本不圖全，若天地無靈，力屈於爾，齏之粉之，屠之裂之，如此未足謝本朝。爾識智及衆力，豈能勝苻堅邪！頃年展爾陸梁者，是爾未飲江，太歲未卯故爾。斛蘭昔深入彭城，值少日雨，隻馬不返，爾豈憶邪？即時春雨已降，四方大衆，始就雲集，爾但安意攻城莫走。糧食闕乏者告之，當出廩相飴。得所送劍刀，欲令我揮之爾身邪！甚苦，人附反，各自努力，無煩多云。」是時虜中童謡曰：「軺車北來如穿雉。不意虜馬飲江水。虜主北歸石濟死。虜欲渡江天不徙。」故質答引。

燾大怒，乃作鐵床，於其上施鐵鑱，云破城得質，當坐之此上。質又與虜衆書曰：「示語虜中諸士庶〔一二〕：狸伐見與書，如別等正朔之民，何爲力自取如此。大丈夫豈可不知轉禍爲福邪！今寫臺格如別書，自思之。」時購斬燾封開國縣侯，食邑一萬戶，賜布絹各萬匹。

虜以鉤車鉤垣樓，城內繫以彄絙，數百人叫喚引之，車不能退。既夜，以木桶盛人，懸出城外，截其鉤獲之〔一三〕。明日，又以衝車攻城，城土堅密，每至，頹落不過數升。虜乃肉薄登城，分番相代，墜而復升，莫有退者，殺傷萬計，虜死者與城平。又射殺高梁王〔一四〕。如此三旬，死者過半。燾聞彭城斷其歸路，京邑遣水軍自海入淮，且疾疫死者甚衆。二月二日，乃解圍遁走。

上嘉質功，以爲使持節、監雍梁南北秦四州諸軍事、冠軍將軍、寧蠻校尉、雍州刺史，封開國子，食邑五百户。明年，太祖又北伐，使質率所統見力向潼關，質頓兵近郊，不肯時發，獨遣司馬柳元景屯兵境上，不時進軍。質又顧戀嬖妾，棄營單馬還城，散用臺庫見錢六七百萬，爲有司所糾，上不問也。

元凶弑立，以質爲丹陽尹，加征虜將軍。質家遣門生師顗報質，具太祖崩問。質疏顗所言，馳告司空義宣，又遣州祭酒從事田穎起銜命報世祖，率衆五千，馳下討逆，自陽口進江陵見義宣〔二五〕。質諸子在都邑，聞質舉義，並逃亡。劭欲相慰悦，乃下書曰：「臧敦等無因自駭，急便竄逸，迷昧過甚，良可怪歎。質國戚勳臣，忠誠篤亮，方當顯位，贊翼京輦，而子弟波迸，傷其乃懷。可遣宣譬令還，咸復本位。」劭尋録得敦，使大將軍義恭行訓杖三十，厚給賜之。義宣得質報，即日舉兵，馳信報世祖，板進質號征北將軍。質遥赴尋陽，與世祖同下。世祖至新亭即位，以質爲都督江州諸軍事、車騎將軍、開府儀同三司、江州刺史，加散騎常侍，持節如故。使質率所領自白下步上，直至廣莫門，門者不守。薛安都、程天祚等亦自南掖門入，與質同會太極殿，生禽元凶。仍使質留守朝堂，甲仗百人自防。封始興郡公，食邑三千户。之鎮，舫千餘乘，部伍前後百餘里，六平乘並施龍子幡。

時世祖自攬威柄，而質以少主遇之，是事專行，多所求欲。及至尋陽，刑政慶賞，不復諮稟朝廷。湓口、鈎圻米，輒散用之，臺符屢加檢詰，質漸猜懼。自謂人才足爲一世英傑，始聞國禍，便有異圖，以義宣凡闇，易可制勒，欲外相推奉，以成其志。及至江陵，便致拜稱名。質於義宣雖爲兄弟，而年大近十歲，義宣驚曰：「君何意拜弟？」質曰：「事中宜然。」時義宣已推崇世祖，故其計不行。質每慮事泄，及至新亭，又拜江夏王義恭，義恭愕然，問質所以，質曰：「天下屯危，禮異常日，前在荆州，亦拜司空。」會義宣有憾於世祖，事在義宣傳，質因此密信説誘，陳朝廷得失。又謂：「震主之威，不可持久，主相勢均，事不兩立。今專據閫外，地勝兵彊，持疑不決，則後機致禍。」質女爲義宣子採妻〔一六〕，謂質無復異同，納其説。且義宣腹心將佐蔡超、竺超民之徒〔一七〕，咸有富貴之情，願義宣得，欲倚質威名，以成其業，又勸獎義宣。義宣時未受丞相，質子敦爲黄門侍郎，奉詔敦勸，道經尋陽，質令敦具更譬説，并言世祖短長，義宣乃意定。馳報豫州刺史魯爽，期孝建元年秋同舉。爽失旨，即便起兵。遣人至京邑報弟瑜，瑜席卷奔叛。瑜弟弘爲質府佐，世祖遣報質，質於是執臺使，狼狽舉兵。上表曰：

臣聞執藥隨親，非情謬於甘苦；揮斤斬毒，豈忘痛於肌膚。蓋以先疑後順，忠焉必往；忍小存大，雖愛必從。丞相臣義宣，育哲台鉉，拊聲聯服，定主勤王之業，勳越乎齊、晉，宗戚懿親之寄，望崇於魯、衛。而惡直醜正，寔繁有黨，或染凶作僞，疾害元功，或藉勞挾寵，乘威縱戾。自知愆深釁重，必貽剿戮，乃成紫毀朱，交間忠輔。崇樹私徒，招聚羣惡，念舊愛老，無一而存，豈不由凶醜相扇，志肆讒惑。陛下垂慈狎達，不稍惟疑，遂令負扆席圖，蔽於流議，投杼市虎，成於十夫。鑒古揆今，實懷危逼，故投袂樊、葉，立節於本朝；揮戈晉陽，務清于君側。臣誠庸懦，奉教前朝，雖慙緇衣好賢之美，敢希巷伯惡惡之情，固已藉風聽而宵憤，撫短策而馳念。況乃宏命爰格，誠係宗社，今奉旨前邁，星言啓行。

臣本凡瑣，少無遠概，因緣際會，遂班槐鼎，素望既盈，愜心實足，豈應徼功非冀，更希異寵，直以蔓草難除，去惡宜速，是以無顧夷險，慮不及身。仰恃天眷，察亮丹款，苟血誠不照，甘心罪戮。伏願陛下先鑒元輔匪躬茂節，末録庸瑣奉國微誠，不遂洪涊之情，以失四海之望，昭戮馬劍，顯肆市朝，則結旌向國，全鋒凱歸，九流凝序，三光並耀〔一八〕，斯則仰説宗廟，俯愜兆民。裁表感慨，涕言無已。

加魯弘輔國將軍，下戍大雷。馳報義宣，義宣遣諮議參軍劉諶之萬人就弘。

世祖遣撫軍將軍柳元景統豫州刺史王玄謨等水軍，屯梁山洲内，兩岸築偃月壘，水陸待之。殿中將軍沈靈賜領百舸，破其前軍於南陵，生禽軍主徐慶安、軍副王僧。質至梁山，亦夾陣兩岸。元景檄書宣告曰：

夫革道應運，基命之洪符；嗣業興邦，紹曆之明筭。自非瑞積神衷，德充民極，孰能升臨寶位，景屬天居。大宋啓期，理高中世，皇根帝葉，永流無疆。夷陂遞來，遘茲凶難，國禍冤深，人綱鬱滅。主上聖略聰武，孝感通神，義變草木，哀動精緯，躬幸南郢，親掃大逆，道援橫流，德模靈造，三光重照，七廟載興。

臧質少負疵釁，衣冠不齒，昧利誣天，著於觸事。受任述職，不以宣効爲心；專方莅民，惟以侵剥爲務。官自賄至，族以貨傾。是以康周陁覆命屠宗，冤達蒼旻；郭伯、西門遺出自皁隸，寵越州朝。往莅東守，鬻爵三千。率卒西討，竊俘取黜。荷恩彭、泗，貪虐以逞，阬戮邊氓，忽若草芥，傾竭倉庾，割没軍糧。作牧漢南，公盜府蓄，矯易文簿，專行欺妄。及受命北伐，憚役緩期，師出有辰，顧懷私愛，匹馬棄衆，宵行獨返，遂復攜嬪擁姬，淫宴軍幕。孔、范之變，顯於逆辭。凡此諸釁，皆彰著於憲簡，振曝於觀聽。去歲義舉，雖豫誠款，而淹留西楚，私相崇戴，奉書致命，形於心迹。新亭之捷，大難已夷，凶命假存，懸在晷刻，廣莫之軍，曾無遺矢，重關自開，僞衆已潰，質猶復盤桓衢巷，後騎陳師。勞不足甄，定於朝議，而虚張功伐，扇動怨辭，自謂斯舉，勳莫己若。初踐殿守，忘犬馬之情，奔趣帑藏，頓傾天府。山海弘量，苞荒藏疾，録其一介之心，掩其不逞之釁。遂爵首元等，職班盛級，優榮溢寵，莫與爲疇。自恣醜薄，罔知涯涘，干謁陳聞，曾無紀極。請樂窮大予之英[一九]，求器盡官府之選。徐司空匪躬王室，遭罹凶禍，質與之少長，親交兼常，曾無撫孤之仁，惟聞陵侮之酷，尺田寸寶，靡有孑遺。及受命南徂，臨路滋甚，逼奪妻嬪，略市金帛，怨動京邑，醜聞都鄙。棄逐舊故，委蔑忠勤，魯尚期、尹周之徒，心腹所倚，泣訴於御筵；袁同、連子敬之疇，爪牙所杖，一逝而不反。雖上旨頻煩，屢求勞牒，質但稱伐在己，不逮僚隸，託咎朝廷，歸罪有司，國士解心，有識莫附。何文敬趨走厮養，天性愚狡，質迷其姦諂，寘懷委仗，遂外擅威刑，内遊房室。質生與釁俱，不可詳究，擢髮數罪，曾何足言。

丞相威重位尊，任居分陝，宗國倚賴，實兼恒情，而不及謙沖之塗，弗見逆順之訓，蔽同郤至，理乖范燮。遂乃遠忽世祀，近受欺構，杖納姦疏，還謀社稷。日者宴安上流，坐觀成敗，示遺疲卒，衆裁三千，戎馬不供，軍糧靡獻。皇朝直以親秩之重，酬寵兼極，近漸別子，禮越常均，苟識無所守，功弗由己，必爲義不全，終於敗德。今茲放命，恨心於本，推諸昔歲，迹是誠非矣。且家國夷險，情事異常，豫是臣子，孰不星赴，而玩寇忘哀，曾無奔拽。面蓄十稔，惠政蔑聞，重贓深掠，縱慾已甚，姬妾百房，尼僧千計，敗道傷俗，悖亂人神，民怨盈塗，國謗彌歲。又賊劭未禽，凶威猶彊，將毁其私墳，戮其諸子，圖成駭機，垂賴義舉，捷期云速，不日告平，釋怨毒之心，解倒懸之急，論恩敍德，造育爲重。援人自助，棄人快讒，怙亂疑功，未聞其比。

僕以不肖，過蒙榮私，荷佩升越，光絶倫伍。家本北邊，志存慷慨，常甘投生，以殉艱棘，惟恩思難，激氣衝襟，故以眺三湘而永慨，望九江而遐憤。若使身死國康，誓在殞命，況仰禀聖略，俯鞠義徒，萬全之形，愚夫所照。夫薛竟陵控率突騎〔二〇〕，陸道步馳。檀右衞、申右率、垣游擊整勒鋭師，飛輪構路。王豫州方舟繕甲，久已前驅。僕訓卒利兵，凌波電進。沈鎮軍、蕭安南接舳連旌，首尾風合。驃騎竟陵王懿親令譽，問望攸歸，大司馬江夏王道略明遠，徽猷茂世，並旍鉞臨塗，雲驅齊引。羣兵競邁，祕駕徐啓。八鑾摇響，五牛舒旆。千乘雷動，萬舳雲回。騰威發號，星流漢轉。以上臨下，易於轉員。加以三謀協從，七緯告慶，幽顯同心，昭然易覩。

諸君或世荷恩幸，或身聞教義，當知君臣大節，誓不可犯，冠屨至誨，難用倒設。履安奉順，聲泰事全，孰與附逆居危，身害名醜，慈親垂白受戮，弱子嬰孩就誅。所以有詔遲回，未震雷霆者，正爲諸君身拘寇手，或懷乃心。吉凶由人，無謂爲遠，今而不變，後悔何及。授檄之日，心馳賊庭。

義宣亦相次係至。江夏王與義宣書曰：「昔桓玄借兵於仲堪，有似今日。」義宣由此與質相疑。質進計曰：「今以萬人取南州，則梁山中絶，萬人綴玄謨，必不敢動。質浮舟外江，直向石頭，此上略也。」義宣將從之，腹心劉諶之曰：「質求前驅，此志難測。不如盡鋭攻梁山，事剋然後長驅，萬安之計也。」

質遣將尹周之攻胡子反、柳叔政於西壘〔二二〕，時子反渡東岸就玄謨計事，聞賊至，馳歸。周之攻壘甚急，劉季之水軍殊死戰，賊勢盛，求救於玄謨，玄謨不遣，崔勳之固爭，乃遣勳之救之。比至，城已陷，勳之戰死，季之收衆而退。子反、叔政奔還東岸，玄謨斬子反軍副李文仲。

質欲仍攻東城，義宣黨顔樂之説義宣曰：「質若復拔東城，則大功盡歸之矣。宜遣麾下自行。」義宣遣劉諶之就質，陳軍城南。玄謨留羸弱守城，悉精兵出戰，薛安都騎軍前出，垣護之督諸將繼之。戰良久，賊陣小拔，騎得入。劉季之、宗越又陷其西北，衆軍乘之，乃大潰。因風放火，船艦悉見焚燒，延及西岸。質求義宣欲一計事，密已出走矣。質不知所爲，亦走，衆悉降散。

質至尋陽，焚燒府舍，載妓妾西奔。使所寵何文敬領兵居前，至西陽。西陽太守魯方平，質之黨也，至是懷貳，誑文敬曰：「傳詔宣敕，唯捕元惡一人，餘並無所問。」文敬棄衆而走。

質先以妹夫羊沖爲武昌郡，質往投之，既至，沖已爲郡丞胡庇之所殺。無所歸，乃入南湖逃竄，無食，摘蓮噉之。追兵至，窘急，以荷覆頭，自沈於水，出鼻。軍主鄭俱兒望見，射之中心，兵刃亂至，腸胃纏縈水草，隊主裘應斬質首，傳京都，時年五十五。録尚書江夏王臣義恭、左僕射臣宏等奏曰：「臧質底棄下才，而藉遇深重，窮愚悖常，構煽凶逆，變至滔天，志圖泯夏，違恩叛德，辠過恒科。梟首之憲，有國通典，懲戾思永，去惡宜深。臣等參議，須辜日限意，使依漢王莽事例，漆其頭首，藏于武庫。庶爲鑑戒，昭示將來。」詔可。

質初下，義宣以質子敦爲征虜將軍、雍州刺史。質留子敞爲監軍，將敦自隨，至是並爲武昌郡所執送。敦官至黄門郎，敦弟敷，司徒屬，敷弟敞，太子洗馬，敞弟斁，敦子仲璋，質之二子二孫未有名，同誅。

質之起兵也，豫章太守任薈之、臨川内史劉懷之、鄱陽太守杜仲儒並爲盡力，發遣郡丁，并送糧運，伏誅。任薈之字處茂，樂安人也。歷世祖、南平王鑠撫軍右軍司馬、長史行事。太祖稱之曰：「望雖不足，才能有餘。」杜仲儒，杜驥兄子也。

豫章望蔡子相孫沖之起義拒質〔二二〕，質遣將郭會膚、史山大討之，爲沖之所破。世祖發詔以爲尚書都官曹郎中。沖之，太原中都人，晉祕書監盛曾孫也。官至右軍將軍，巴東太守。後事在鄧琬傳〔二三〕。沈靈賜以破質前軍於南陵功，封南平縣男，食邑三百户。贈崔勳之通直郎。大司馬參軍劉天賜亦梁山戰亡，追贈給事中。

魯爽小名女生，扶風郿人也。祖宗之字彦仁，晉孝武太元末，自鄉里出襄陽，歷官至南陽太守〔二四〕。義熙元年起義，襲僞雍州刺史桓蔚〔二五〕，進向江陵。以功爲輔國將軍、雍州刺史，封霄城縣侯〔二六〕，食邑千五百户。桓謙、苟林逼江陵，宗之率衆馳赴，事在臨川烈武王道規傳。進號平北將軍。高祖討劉毅，與宗之同會江陵，進號鎮北將軍，封南陽郡公，食邑二千五百户。子軌一名象齒，爽之父也。便弓馬，筋力絶人，爲竟陵太守。宗之自以非高祖舊隸，屢建大功，有自疑之心。會司馬休之見討，猜懼，遂與休之北奔。善於撫御，士民皆爲盡力，衞送出境，盡室入羌，頃之病卒。高祖定長安，軌爲寧南將軍、荆州刺史、襄陽公，鎮長社。世祖鎮襄陽，軌遣親人程整奉書，規欲歸順，自拔致誠，以昔殺劉康祖、徐湛之父，故不歸。太祖累遣招納，許以爲司州刺史。

爽少有武藝，虜主拓跋燾知之，常置左右。元嘉二十六年，軌死，爽爲寧南將軍、荆州刺史、襄陽公，鎮長社。幼染殊俗，無復華風。麤中使酒，數有過失，燾將誅之。爽有七弟秀〔二七〕，小字天念，頗有意略，才力過爽。燾以充宿衞，甚知待之。僞高梁王阿叔泥爲芮芮所圍甚急〔二八〕，使秀往救，燾自率大衆繼其後。燾未及至，秀已擊破之，拔阿叔泥而反。燾壯其功，以爲中書郎，封廣陵侯。或告燾，鄴民欲據城反，復遣檢察，并燒石虎殘宮殿。秀常乘驛往反，是時病還遲，爲燾所詰讓，秀復恐懼。燾尋南寇，因從渡河。先是，程天祚爲虜所没，燾引置左右，與秀相見〔二九〕，勸令歸降，秀納之。天祚，廣平人，爲殿中將軍，有武力。元嘉二十七年，助戍彭城，會世祖遣將劉泰之輕軍襲虜於汝陽〔三〇〕，天祚督戰，戰敗被創〔三一〕，爲虜所獲。天祚妙善針術，燾深加愛賞，或與共輿〔三二〕，常不離於側，封爲南安公。燾北還蕃，天祚因其沈醉，僞若受使督切後軍者，所至輕罰。天祚爲燾所愛，羣虜並畏之，莫敢問，因得逃歸，後爲山陽太守。太宗初，與四方同反，事在薛安都傳。

燾始南行，遣爽隨永昌王庫仁真向壽陽〔三三〕，與弟瑜共破劉康祖於尉武〔三四〕，仍至瓜步，始得與秀定歸南之謀。燾還至湖陸，爽等請曰：「奴與南有讎，每兵來，常慮禍及墳墓，乞共迎喪，還葬國都。」虜羣下於其主稱奴，猶中國稱臣也。燾許之。長社戍虜有六七百人，爽譎之曰：「南更有軍，可遣三百騎往界上參聽。」騎去，爽率腹心夜擊餘虜，盡殺之，馳入虎牢。

爽唯第三弟在北，餘家屬悉自隨，率部曲及願從合千餘家奔汝南。遣秀從許昌還壽陽〔三五〕，奉辭於南平王鑠曰：「爽、秀得罪晉朝〔三六〕，負釁三世，生長絕域，遠身胡虜，兄弟闔門，淪點僞授，殞命不可，還國無因。近係南雲，傾屬東日，蓋猶痿人思步，盲者願明。嵩、霍咫尺，江、河匪遠，夷庚壅塞，隔同天地，痛心疾首，晝慨宵悲。虜主猖狂，豺豕其志，虐偏華、戎，怨結幽顯。自盱眙旋軍，亡殪過半，昏酣沈湎，恣性肆身。爽、秀等因民之憤，籍將旅之願，齊契義奮，梟馘醜徒，馮恃皇威，肅清逋穢，牢、洛諸城，指期克定。規以涓塵，微雪夙負，方當束骸北闕，待戮司寇，懦節未申，伏心邊表。明大王殿下以叡茂居蕃，文武兼姿，遠邇欽傾，承風聞德，願垂援拯，以慰虔望。老弱百口，先遣歸庇。逼逼丹心，仰希懷遠。謹遣同義潁川聶元初奉詞陳聞。」

鑠馳驛以聞。上大說，下詔曰：「僞寧南將軍魯爽、中書郎魯秀，志榦列到，忠誠久著，撫茲福先，闔門效款，招集義鋭，梟剪獯醜，肅定邊城，獻馘象魏。雖宣孟之去翟歸晉，頽當之出胡入漢，方之此日，曾何足云。朕實嘉之，宜即授任，逞其忠略。爽可督司州豫州之陳留東郡濟陰濮陽五郡諸軍事、征虜將軍、司州刺史〔三七〕。秀可輔國將軍、滎陽潁川二郡太守〔三八〕。其諸子弟及同契士庶，委征虜府以時申言，詳加酬敍。」爽至汝南，加督豫州之義陽宋安二郡軍事，領義陽内史，將軍、刺史如故。秀參右將軍南平王鑠軍事、汝陰内史，將軍如故。餘弟姪並授官爵，賞賜資給甚厚。爽北鎮義陽。北來部曲凡六千八百八十三人，是歲二十八年也。虜毀其墳墓。

明年四月入朝，時燾已死，上更謀經略。五月，遣爽、秀、程天祚等率步騎并荆州軍甲士四萬，出許、洛。八月，虜長社戍主永平公秃髮幡乃同棄城走。進向大索戍，戍主僞豫州刺史跋僕蘭曰：「爽勇而無防，我今出城，必輕來據之，設伏檀山，必可禽也。」爽果夜進，秀諫不止，馳往纖之。比曉，虜騎夾發，賴秀縱兵力戰，虜乃退還虎牢。爽因進攻之，本期舟師入河，斷其水門。王玄謨攻碻磝不拔，敗退，水軍不至，爽亦收衆南還。轉鬭數百里，至曲彊，虜候其饑疲，盡鋭來攻，爽身自奮擊，虜乃退走。

三十年，元凶弑逆，南譙王義宣起兵入討，爽即受命，率部曲至襄陽，與雍州刺史臧質俱詣江陵。義宣進爽號平北將軍，領巴陵太守，度支校尉，本官如故。留爽停江陵，事平，以爽爲使持節、督豫司雍秦并五州諸軍事、左將軍、豫州刺史。爽至壽陽，便曲意賓客，爵命士人，蓄仗聚馬，如寇將至。

元凶之爲逆也，秀在京師，謂秀曰：「我爲卿誅徐湛之矣。方相委任。」以爲右軍將軍，配精兵五千，使攻新亭壘。將戰，秀命打退軍鼓，因此歸順〔三九〕。世祖即位，以爲左軍將軍，出督司州豫州之新蔡汝南汝陽潁川義陽弋陽六郡諸軍事、輔國將軍、司州刺史，領汝南太守。

爽與義宣及質相結已久，義宣亦欲資其勇力，情契甚至。孝建元年二月，義宣報爽，秋當同舉。爽狂酒乖謬，即日便起兵，馳信報弟瑜，將家奔叛，皆得西歸。爽使其衆載黄標，稱建平元年，竊造法服，登壇自號。疑長史韋處穆、中兵參軍楊元駒、治中庾騰之不與己同，殺之。義宣、質聞爽已處分，便狼狽反。進爽號征北將軍。爽於是送所造輿服詣江陵，版義宣及臧質等並起。征北府户曹版文曰：「丞相劉補天子，名義宣〔四〇〕，車騎臧今補丞相，名質，平西朱今補車騎〔四一〕，名脩之，皆版到奉行。」義宣駭愕。爽所送法物，並留竟陵縣不聽進。

爽直出歷陽，自采石濟軍，與質水陸俱下。爽遣弟瑜守蒙蘢，歷陽太守張幼緒請擊瑜，世祖配以兵力。遣左軍將薛安都步騎爲前驅〔四二〕，别遣水軍入淵，分路並會。安都進次大峴，爽已立營，世祖以賊彊壘固，未可輕拔，使量宜進止。幼緒便引軍退還，下獄。更遣驍騎將軍垣護之代幼緒據歷陽。鎮軍將軍沈慶之係安都進軍，與爽相遇於小峴。爽親自前，將戰，而飲酒過醉，安都刺爽倒馬，左右范雙斬首，傳送京都。瑜亦爲部下所斬送。進平壽陽，子弟並伏誅。

義宣初舉兵，召秀加節，進號征虜將軍，當繼諶之俱下。雍州刺史朱脩之起兵奉順，更遣秀擊脩之。王玄謨聞之，喜曰：「魯秀不來，臧質易與耳。」秀至襄陽，大敗而反。會益州刺史劉秀之遣軍襲江陵，秀擊破之〔四三〕。義宣還江陵，秀與共北走，衆叛且盡，秀向城，上射之，中箭，赴水死〔四四〕，軍人宗敬叔、康僧念斬首，傳京邑。贈韋處穆、楊元駒給事中，庾騰之員外散騎侍郎。爽初南歸，秀以爽武人，不閑吏職，白太祖請處穆爲長史以輔爽，太祖以補司馬，後轉長史云。

沈攸之字仲達，吴興武康人，司空慶之從父兄子也。父叔仁，爲衡陽王義季征西長史，兼行參軍，領隊，又隨義季鎮彭城，度征北府。

攸之少孤貧，元嘉二十七年，索虜南寇，發三吴民丁〔四五〕，攸之亦被發。既至京都，詣領軍將軍劉遵考〔四六〕，求補白丁隊主，遵考謂之曰：「君形陋，不堪隊主。」因隨慶之征討。二十九年，征西陽蠻，始補隊主。巴口建義，南中郎府板長兼行參軍〔四七〕。新亭之戰，身被重創，事寧，爲太尉行參軍，封平洛縣五等侯。隨府轉大司馬行參軍。晉世京邑二岸，揚州舊置都部從事，分掌二縣非違，永初以後罷省，孝建三年，復置其職。攸之掌北岸，會稽孔璪掌南岸〔四八〕，後又罷。攸之遷員外散騎侍郎。又隨慶之征廣陵，屢有功，被箭破骨。世祖以其善戰，配以仇池步稍。事平，當加厚賞，爲慶之所抑，遷太子旅賁中郎，攸之甚恨之。七年，遭母憂，葬畢，起爲龍驤將軍、武康令。

前廢帝景和元年，除豫章王子尚車騎中兵參軍，直閤，與宗越、譚金等並爲廢帝所寵，誅戮羣公，攸之等皆爲之用命。封東興縣侯，食邑五百户。尋遷右軍將軍，增邑百户。太宗即位，以例削封。尋告宗越、譚金等謀反〔四九〕，攸之復召入直閤，除東海太守。未拜。會四方反叛，南賊已次近道，以攸之爲寧朔將軍、尋陽太守，率軍據虎檻。

時王玄謨爲大統，未發。前鋒有五軍在虎檻，五軍後又絡驛繼至，每夜各立姓號，不相禀受。攸之謂軍吏曰：「今衆軍姓號不同，若有耕夫漁父，夜相呵叱，便致駭亂，取敗之道也。」乃就一軍請號，衆咸從之。殷孝祖爲前鋒都督，而大失人情，攸之内撫將士，外諧羣帥，衆並倚賴之。時南賊前鋒孫冲之、薛常寶等屯據赭圻〔五〇〕，殷孝祖率衆軍攻之，爲流矢所中死，軍主范潛率五百人投賊，人情震駭，並謂攸之宜代孝祖爲統。時建安王休仁屯虎檻，總統衆軍，聞孝祖死，遣寧朔將軍江方興、龍驤將軍劉靈遺各率三千人赴赭圻。攸之以爲孝祖既死，賊有乘勝之心，明日若不更攻，則示之以弱。方興名位相亞，必不爲己下，軍政不一，致敗之由。乃率諸軍主詣方興謂之曰：「四方並反，國家所保，無復百里之地。唯有殷孝祖爲朝廷所委賴，鋒鏑裁交，輿尸而反，文武喪氣，朝野危心。事之濟否，唯在明旦一戰，戰若不捷，則大事去矣。詰朝之事，諸人咸謂吾應統之，自卜懦薄，幹略不辦及卿，今輒相推爲統。但當相與勠力爾。」方興甚悦。攸之既出，諸軍主並尤之，攸之曰：

「卿忘廉、藺、寇、賈之事邪？吾本以濟國活家，豈計彼此之升降。且我能下彼，彼必不能下我〔五一〕，共濟艱難，豈可自厝同異。」明旦進戰，自寅訖午，大破賊於赭圻城外，追奔至姥山，分遣水軍乘勢進討〔五二〕，又破其水軍，拔胡、白二城。

尋假攸之節，進號輔國將軍，代孝祖督前鋒諸軍事。薛常寶在赭圻食盡，南賊大帥劉胡屯濃湖，以囊盛米繫流查及船腹，陽覆船，順風流下，以餉赭圻。攸之疑其有異，遣人取船及流查，大得囊米。攸之從子懷寶，爲賊將帥，在赭圻，遣親人楊公讚齎密書招誘攸之，攸之斬公讚，封懷寶書呈太宗。尋剋赭圻。遷使持節、督雍梁南北秦四州郢州之竟陵諸軍事、冠軍將軍，領寧蠻校尉、雍州刺史〔五三〕。

袁顗復率大衆來入鵲尾，相持既久，軍主張興世越鵲尾上據錢溪，劉胡自攻之。攸之率諸將攻濃湖〔五四〕，顗遣人傳唱錢溪已平〔五五〕，衆並懼，攸之曰：「不然。若錢溪實敗，萬人中應有逃亡得還者。必是彼戰失利，唱空聲以惑衆耳〔五六〕。」勒軍中不得妄動〔五七〕。錢溪信尋至，果大破賊。攸之悉以錢溪所送胡軍耳鼻示之，顗駭懼，急追胡還。攸之諸軍悉力進攻，多所斬獲，日暮引歸。鵲尾食盡，遣千人往南陵迎米〔五八〕，爲臺軍所破，燒其資實，胡於是棄衆而奔，顗亦叛走。赭圻、濃湖之平也，賊軍委棄資財，珍貨殷積，諸軍各競收斂，以彊弱爲少多。唯攸之、張興世約勒所部，不犯秋毫，諸將以此多之。攸之進平尋陽，徙監鄄州諸軍事、前將軍、鄄州刺史，持節如故。不拜，遷中領軍，封貞陽縣公，食邑二千户。

時四方皆已平定，徐州刺史薛安都據彭城請降，上雖相酬許，而辭旨簡略。攸之前將軍，置佐吏，假節，與鎮軍將軍張永以重兵徵安都，安都懼，要引索虜，索虜引大衆援之。攸之等米船在吕梁，又遣軍主王穆之上民口，穆之爲虜攻覆米船，又破運車於武原，攸之等引退，爲虜所乘，又值寒雪，士衆墮指十二三。留長水校尉王玄載守下邳，積射將軍沈韶守宿預，睢陵、淮陽亦置戍，攸之還淮陰。免官，以公領職。復求進討，上不聽，入朝面陳，又不許，復歸淮陰。三年六月，自率運送米下邳，并鑿四周深塹，遣龍驤將軍垣護之領民口還淮陰〔五九〕。

時軍主陳顯達當領千兵守下邳，攸之留待顯達至，虜遣清泗間人詐告攸之云：「安都欲降，求軍迎接。」攸之副吴喜納其説，咸謂宜遣千人參之，既而來者轉多，喜所執彌固。攸之乃集來者告之，語曰：「薛徐州早宜還朝，今能爾，深副本望。但遣子弟一人來，便當遣大軍相接。君諸人既有志心，若能與薛子弟俱來者，皆即假君以本鄉縣，唯意所欲；如其不爾，無爲空勞往還。」自此一去不反。

其年秋，太宗復令攸之進圍彭城，攸之以清泗既乾，糧運不繼，固執以爲非宜，往反者七。上大怒，詔攸之曰：「卿春中求伐彭城，吾恐軍士疲勞，且去冬奔散，人心未宜復用，不許卿所啓。今便不肯爲吾行邪？卿若不行，便可使吴喜獨去。」攸之懼，乃奉旨進軍。行至遲墟〔六〇〕，上悔，追軍令反。攸之還至下邳，而陳顯達於睢口爲虜所破，龍驤將軍姜産之、司徒參軍高遵世戰没。虜追攸之甚急，因交戰，被稍創，會暮，引軍入顯達壘，夕衆散，八月十八日也。攸之棄衆南奔。初，吴興丘幼弼、丘隆先、沈誕、沈榮守、吴陸道量，並以文記之才隨攸之，及張永北討，永一奔，攸之再敗，幼弼等並皆陷没。攸之之還淮陰，以爲持節、假冠軍將軍、行南兗州刺史。追贈姜産之左軍將軍，高遵世屯騎校尉。

四年，徵攸之爲吴興太守，辭不拜。乃除左衞將軍，領太子中庶子。五年，出爲持節、監郢州諸軍、郢州刺史〔六一〕。爲政刻暴，或鞭士大夫，上佐以下有忤意，輒面加詈辱。將吏一人亡叛，同籍符伍充代者十餘人。而曉達吏事，自彊不息，士民畏憚，人莫敢欺。聞有虎，輒自圍捕，往無不得，一日或得兩三。若逼暮不獲禽，則宿昔圍守，須曉自出。賦斂嚴苦，徵發無度，繕治船舸，營造器甲。自至夏口，便有異圖。六年，進監豫州之西陽、司州之義陽二郡軍事，進號鎮軍將軍。

泰豫元年，太宗崩，攸之與蔡興宗在外蕃，同豫顧命，進號安西將軍，加散騎常侍，給鼓吹一部。未拜，會巴西民李承明反，執太守張澹，蜀土騷擾。時荊州刺史建平王景素被徵，新除荆州刺史蔡興宗未之鎮，乃遣攸之權行荆州事。攸之既至，會承明已平，乃以攸之都督荆湘雍益梁寧南北秦八州諸軍事、鎮西將軍、荆州刺史，持節、常侍如故。至荆州，政治如在夏口，營造舟甲，常如敵至。時幼主在位，羣公當朝，攸之漸懷不臣之迹，朝廷制度，無所遵奉。

江州刺史桂陽王休範密有異志，以微旨動攸之，使道士陳公昭作天公書一函，題云「沈丞相」，送付攸之門者，攸之不開書，推得公昭，送之朝廷。後廢帝元徽二年，休範舉兵襲京邑，攸之謂僚佐曰：「桂陽今反朝廷，必聲云與攸之同。若不顛沛勤王，必增朝野之惑。」於是遣軍主孫同、沈懷奥興軍馳下，受郢州刺史晉熙王燮節度。同等始過夏口，會休範平，還。進攸之號征西大將軍、開府儀同三司，固讓開府。

攸之自擅閫外，朝廷疑憚之，累欲徵入，慮不受命，乃止。羣公稱皇太后令，遣中使問攸之曰：「久勞于外，宜還京輦，然任寄之重，換代殊爲未易，還止之宜，一以相委。」欲以觀察其意。攸之答曰：「荷國重恩，名器至此，自惟凡陋，本無廊廟之姿。至如戍防一蕃，撲討蠻、蜒，可彊充斯任。雖自上如此，豈敢厝心去留，歸還之事，伏聽朝旨。」朝廷逾懵憚，徵議遂息。

四年，建平王景素據京城反，攸之復應朝廷。景素尋平。初元嘉中，巴東、建平二郡，軍府富實，與江夏、竟陵、武陵並爲名郡。世祖於江夏置郢州，郡罷軍府，竟陵、武陵亦並殘壞，巴東、建平爲峽中蠻所破，至是民人流散，存者無幾。其年春，攸之遣軍入峽討蠻帥田五郡等。及景素反，攸之急追峽中軍，巴東太守劉攘兵、建平太守劉道欣並疑攸之自有異志，阻兵斷峽，不聽軍下。時攘兵兄子天賜爲荆州西曹，攸之遣天賜譬說之，令其解甲，一無所問。攘兵見天賜，知景素實反，乃釋甲謝愆，攸之待之如故，後以攘兵爲府司馬。劉道欣堅守建平，攘兵譬說不回，乃與伐蠻軍攻之，破建平，斬道欣。

臺直閤高道慶家在江陵，攸之初至州，道慶時在家，牒其親戚十餘人，求州從事西曹，攸之爲用三人。道慶大怒，自入州取教，毁之而去。及還都，不詣攸之別。道慶至都，云：「攸之聚衆繕甲，姦逆不久。」楊運長等常相疑畏，乃與道慶密遣刺客，齎廢帝手詔，以金餅賜攸之州府佐吏，進其階級。時有象三頭至江陵城北數里，攸之自出格殺之，忽有流矢集攸之馬障泥，其後刺客事發。

廢帝既殞，順帝即位，進攸之號車騎大將軍、開府儀同三司，加班劍二十人。遣攸之長子司徒左長史元琰齎廢帝刳斮之具以示攸之。元琰既至江陵，攸之便有異志，腹心議有不同，故其事不果。其年十一月，乃發兵反叛。攸之素蓄士馬，資用豐積，至是戰士十萬，鐵馬二千。遣使要雍州刺史張敬兒、梁州刺史范柏年〔六二〕、司州刺史姚道和、湘州行事庾佩玉、巴陵内史王文和等。敬兒、文和斬其使，馳表以聞；柏年、道和、佩玉懷兩端，密相應和。

十二月十二日，攸之遣其輔國將軍、中兵參軍、督前鋒軍事孫同，率寧朔將軍中兵參軍武寶、龍驤將軍騎兵參軍朱君拔、寧朔將軍沈慧真、龍驤將軍中兵參軍王道起；又遣司馬、冠軍將軍劉攘兵，率寧朔將軍外兵參軍公孫方平、龍驤將軍騎兵參軍朱靈寶〔六三〕、龍驤將軍騎兵參軍沈僧敬、龍驤將軍高茂；又遣輔國將軍中兵參軍王靈秀、輔國將軍中兵參軍丁珍東，率寧朔將軍中兵參軍王珍之〔六四〕、寧朔將軍外兵參軍楊景穆，相繼俱下。攸之自率輔國將軍録事參軍兼司馬武茂宗、輔國將軍中兵參軍沈韶、寧朔將軍中兵參軍皇甫賢、寧朔將軍中兵參軍胡欽之、龍驤將軍中兵參軍東門道順，閏十二月四日至夏口〔六五〕。攸之將發江陵，使沙門釋僧粲筮之〔六六〕，曰：「不至京邑，當自郢州回還。」意甚不悦。初，江津有雲氣，狀如塵霧，從西北來，正蓋軍上。至沌口，云：「當問訊安西，暫泊黄金浦。」既登岸，郢城出軍擊之。攸之聞齊王世子據盆口，震懾不敢下，因攻郢城。

時齊王輔政，遣衆軍西討。尚書符征西府曰：

尊冠賤屨，君臣之位，奉順忌逆，成敗斯兆，未有憑凌我郊圻，侵軼我河縣，而不焚師殪甲，靡旗亂轍者也。沈攸之少長庸賤，擢自閭伍，邀百戰之運，乘一捷之功，鐫山裂地，腰金拖紫，窮貴於國，極富於家。擁旄蕃伯，便無北面之禮，受督志屏，即有專征之釁。橘柚不薦，璆璠罕入，箕賦深斂，毒被南郢，枉繩矯墨，害著西荆，饕餮其心，谿壑其性，從始至終，沿壯得老。今遂驅迫妖黨，繕集尫卒，結釁外城，送死中甸，是而可忍，孰不可懷。

今遣新除使持節督郢州司州之義陽諸軍事平西將軍郢州刺史聞喜縣開國侯黄回〔六七〕、員外散騎常侍冠軍驍騎將軍南臨淮太守重安縣開國子軍主王敬則〔六八〕、輔國將軍屯騎校尉長壽縣開國男王宜興〔六九〕、輔國將軍南高平太守軍主陳承叔、輔國將軍左軍將軍南濮陽太守葛陽縣開國男軍主彭文之、龍驤將軍驃騎行參軍軍主召宰〔七〇〕，精甲二萬，前鋒雲騰。又遣散騎常侍領游擊將軍湘南縣開國男新除使持節督湘州諸軍事征虜將軍湘州刺史軍主吕安國、屯騎校尉寧朔將軍崔慧景、輔國將軍軍主任候伯、輔國將軍驍騎將軍軍主蕭順之、輔國將軍游擊將軍軍主垣崇祖、寧朔將軍虎賁中郎將軍主尹略、屯騎校尉南城令曹虎頭，舳艫二萬，駱驛繼邁。又遣輔國將軍後軍將軍右軍中兵參軍事軍主苟元賓、寧朔將軍撫軍中兵參軍事軍主郭文孝、龍驤將軍撫軍中兵參軍事軍主程隱儁，輕艓一萬，截其津要。新除持節督廣交越寧湘州之廣興諸軍事領平越中郎將征虜將軍廣州刺史統馬軍主沌陽縣開國子周盤龍〔七一〕、輔國將軍後軍統馬軍主張文憘〔七二〕、龍驤將軍軍主薛道淵、冠軍將軍游擊將軍并州刺史南清河太守太原公軍主王敕勤、龍驤將軍射聲校尉王洪軌〔七三〕、龍驤將軍冗從僕射軍主成買等〔七四〕，鐵馬五千，龍驤後陳。凡此諸帥，莫不勇力動天，勁志駕日，接衝拔距，鷹瞵鶚視，顧盻則前後風生，暗嗚則左右電起，以此攻城，何城不克，以此赴敵，何陳能堅。然後鑾戎薄臨，龍虎百萬，六軍齊軌，五輅舒旆，丹檻發照，素甲生波，樓煩白羽，投鞌成岳〔七五〕，漁陽墨騎，浴鐵爲羣，芝艾同焚，悔將何及。

符到之日，幸加三省。其鋒陳營壁之主〔七六〕，驅逼寇手之人，若有投命軍門，一無所問。或能因罪立績，終不爾欺，斬裾射玦，唯功是與。能斬送攸之首，封三千户縣公，賜布絹各五千匹，信如河海，皎然無貳。飛火軍攝文書，千里驛行。

齊王出頓新亭，馳檄數攸之罪惡，曰：

夫彎弓射天，未見能至；揮戈擊地，多力安施。何則？逆順之勢定殊，禍福之驗易原也。是以違乎天者，鬼神不能使其成；會乎人者，聖哲不能令其毁。故劉濞賴七國連兵之勢，隗囂恃跨河據隴之資〔七七〕，毌丘儉伐其踰海越島之功，諸葛誕矜其待士愛民之德，彼四子者，皆當世雄傑，以犯順取禍，覆窟傾巢，爲豎子笑。況乎行陳凡才，斗筲小器，而懷問鼎之志，敢搆無君之逆哉。

逆賊沈攸之，出自萊畝，寂寥累世，故司空沈公，從父宗蔭，愛之若子，卵翼吹噓，得升官秩。廢帝昏悖，猜畏柱臣，攸之貪競乘機，凶忍趨利，躬行反噬，請銜誅旨。又攸之與譚金、童太壹等並受寵任，朝爲牙爪，同功共體，世號三侯，當時親昵，情過管、鮑。仰遭革運〔七八〕，凶黨懼戮，攸之狡猾用數，圖全賣禍，既殺從父，又害良朋。雖呂布販君，酈寄賣友，方之斯人，未足爲酷。此其不信不義，言詐翻覆，諸夏之所未有，夷狄之所不爲也。泰始開闢，網漏吞舟，略其凶險，取其搏噬，故得階亂獲全，因禍保福。攸之空淺，躁而無謀，濃湖崩挫，本非己力；及北伐彭泗，望賊宵奔；重討下邳，一鼓而遁；再鄙王師，又應肆法。先帝英聖，量深河海，宥其回谿之敗，冀收曲崤之捷，故得推遷幸會，頓升崇顯，内端戎禁，外臨方牧。聖靈鼎湖，遠須顧命，託寄崇深，義感金石。而攸之始奉國諱〔七九〕，喜見于容，普天同哀，己以爲慶。此其樂禍幸災，大逆之辠一也。

又攸之累登蕃岳〔八〇〕，自郢遷荆，晉熙殿下以皇弟代鎮，地尊望重，攸之肆情陵侮，斷割候迎，料擇士馬，簡筭器甲，精器鋭士，並取自隨，郢城所留，十不遺一，專擅略虜，罔顧國典。此其苞藏禍志，不恭不虔，大逆之罪二也。

又攸之踐荆以來，恒用姦數，既欲發兵，宜有因假，遂乃蹙迫羣蠻，騷擾山谷，揚聲討伐，盡户發上〔八一〕，蟻聚郭邑，伺國盛衰，從來積年，永不解甲。遂使四野百縣，路無男人，耕田載租，皆驅女弱，自古酷虐，未聞有此。其侮蔑朝廷，大逆之罪三也。

去昔桂陽奇兵焱起〔八二〕，京師内爂，宗廟阽危。攸之任居上流，兵彊地廣，救援顛沛，寔宜悉力，國家倒懸，方思身慮，裁遣弱卒三千〔八三〕，並皆羸老，使就郢州，禀受節度，欲令判否之日，委辠晉熙。何其平日輈張，實輕周、邵，爾時恭謹，虚重皇威。此其伏慝藏詐，持疑兩端，大逆之辠四也。

又攸之累據方州，跋扈滋甚，招誘輕狡，往者咸納，羈絆行侣，過境必留，仕子窮困，不得歸其鄉，商人畢命，無由還其土，叛亡入境，輒加擁護，逋逃出界，必遣窮追。此其大逆之辠五也。

又攸之自任專恣，恃行慘酷，視吏若讎，遇民如草，峻太半之賦，暴參夷之刑，鞭捶國士，全用虜法。一人逃亡，闔宗補代。毒徧嬰孩，虐加斑白。獄囚恒滿，市血常流。男不得耕，女不得織。奔馳道路，號哭動天。皇朝赦令，初不遵奉，欲殺欲擊，故曠蕩之澤，長隔彼州。此其無君陵上，大逆之辠六也。

蒼梧狂凶，釁深桀、紂，猜貳外蕃，鴞目西顧，留其長息元琰，以爲交質，父子分張，彌積年稔。賴社稷靈長，獨夫遄戮，攸之豫禀心靈，宜同歡幸。遂迷惑顛倒，深相嗟惜，舉言哀桀，揚聲吠堯。此其不辨是非，罔識善惡，違情背理，大逆之辠七也。

廢昏立明，先代盛典，交、廣先到，梁、秦蚤及，而攸之密邇內畿，川塗弗遠，驛書至止，晏若不聞，末遣章表，奄積旬朔。防風後至，夏典所誅，此其大逆之辠八也。

昇明肇曆，恩深澤遠，申其父子之情，矜其骨肉之恩，馳遣元琰，銜使西歸，並加崇授，寵貴重疊。元琰達西，便應反命，攸之得此集聚，蒙誰之恩，不荷盛德，反生讎釁，此其大逆之辠九也。

攸之以谿壑之性，含梟鴆之腸，直置天壤，已稱醜穢。況乃舉兵內侮，逞肆姦回，斯寔惡熟罪成之辰，決癰潰疽之日。幕府過荷朝寄，義百常憤，董司元戎，龔行天罰。今皇上聖明，將相仁厚，約法三章，輕刑緩賦，年登歲阜，家給人足，上有惠和之澤，下無樂亂之心。攸之不識天時，妄圖姦逆，舉無名之師，驅怨讎之黨。是以朝野審其易取，含識判其成禽，熊羆厲爪，蓄攫裂之心，虎豹摩牙，起吞噬之憤，鼓怒則冰原激電，奮發則霜野奔靁，以此定亂，豈移晷刻。雖復衆徒梗陸，舉郡阻川，何足以抗沸海之濤，當燒山之焰。

彼土士民，罹毒日久，逃竄無路，常所憫然。今復相逼，起接鋒刃，交戰之日，蘭艾難分。土崩倒戈，宜爲蚤計，無使一人迷昧，而九族就禍也。弘宥之典，有如皎日。

攸之盡鋭攻郢州，行事柳世隆隨宜距應，屢摧破之。攸之與武陵王贊牋曰：「江陵一總八州，地居形勝，鎮撫之重，宜以上歸，本欲仰移節蓋，改臨荆部，所以未具上聞者，欲待至止，面自咨申。不圖重關擊柝，覲接莫由。若使匡朝之誠，終蔽於聖察，襲遠之舉，近擁於郢都，則無以謝烈士之心，何用塞義夫之志，便不犯關陵漢，期一接奉。若夫斬蛟陷石之卒，裂骼卷鐵之將，煙騰飈迅，容或驚動左右，苟不獲已，敢不先布下情。」又曰：「下官位重分陜，富兼金穴，子弟勝衣，爵命已及，親黨辨菽，抽序便加，耳倦絃歌，口厭粱肉，布衣若此，復欲何求。豈不知俛眉苟安，保養餘齒，何爲不計百口，甘冒危難。誠感歷朝之遇，欲報之於皇室爾。昧理之徒，謂下官懷無厭之願，既貫誠於白日，不復明心於殿下。若使天必喪道，忠節不立，政復闔門碎滅，百死無恨。但高祖王業艱難，太祖劬勞日昃，卜世不盡七百之期，宗社已成他人之有。家國之事，未審於聖心何如。」

攸之遣中兵參軍公孫方平馬步三千向武昌，太守臧焕棄郡投西陽太守王毓〔八四〕，奔于盆口，方平因據西陽。建寧太守張謨率二千人攻之，方平破走。

攸之攻郢城久不決，衆心離沮。昇明二年正月十九日夜，劉攘兵燒營入降郢城，衆於是離散，不可復制。將曉，攸之斬劉天賜，率大衆過江，至魯山。諸軍因此散走。還向江陵，未百餘里，聞城已爲雍州刺史張敬兒所據，無所歸，乃與第三子中書侍郎文和至華容界，爲封人所斬送。

攸之初下，留元琰守江陵，張敬兒剋城，元琰逃走。第五子幼和、幼和弟靈和、元琰子法先、懿子□□、文和子法徵、幼和子法茂〔八五〕，並爲敬兒所禽，伏誅。初，文和尚齊王女義興憲公主，公主早薨，有二女，至是齊王迎還第内。今皇帝即位，聽攸之及諸子喪還葬墓。攸之第二子懿，太子洗馬，先攸之卒。攸之弟登之，新安太守，去職在家，爲吴興太守沈文季所收斬〔八六〕。登之弟雍之，鄱陽太守，先攸之卒。詔以雍之孫僧照爲義興公主後。雍之與攸之異生，諸弟中最和謹，尤見親愛。攸之性儉恡，子弟不得妄用財物，唯恣雍之所須，輒取齋中服飾，分與親舊，以此爲常。雍之弟榮之，尚書庫部郎，亦先攸之卒。

攸之晚好讀書，手不釋卷，史、漢事多所諳憶，常歎曰：「早知窮達有命，恨不十年讀書。」及攻郢城，夜遇風浪，米船沉没，倉曹參軍崔靈鳳女幼適柳世隆子，攸之正色謂曰：「當今軍糧要急，而卿不以在意，將由與城内婚姻邪？」靈鳳答曰：「樂廣有言，下官豈以五男易一女。」攸之歡然意解。初，攸之招集才力之士，隨郡人雙泰真有幹力，召不肯來。後泰真至江陵賣買，有以告攸之者，攸之因留之，補隊副，厚加料理。泰真無停志，少日叛走，攸之遣二十人被甲追之，逐討甚急，泰真殺數人，餘者不敢近。欲過家將母去，事迫不獲，單身走入蠻，追者既失之，録其母而去。泰真既失母，乃出自歸，攸之不罪，曰：「此孝子也。」賜錢一萬，轉補隊主，其矯情任笇皆如此。

初攸之賤時，與吴郡孫超之、全景文共乘小船出京都，三人共上引埭，有一人止而相之曰：「君三人皆當至方伯。」攸之曰：「豈有三人俱有此相。」相者曰：「骨法如此，若有不驗，便是相書誤耳。」其後攸之爲郢、荆二州，超之廣州，景文南豫州刺史〔八七〕。

攸之初至郢州，有順流之志。府主簿宗儼之勸攻郢城，功曹臧寅以爲：「攻守勢異，非旬日所拔，若不時舉，挫鋭損威。今順流長驅，計日可捷，既傾根本，則郢城豈能自固。」攸之不從，既敗，諸將帥皆奔散，惟寅曰：「我委質事人，豈可苟免。我之不負公，猶公之不負朝廷也。」乃投水死。寅字士若，東莞莒人也。

先是，攸之在郢州，州從事輒與府録事鞭，攸之免從事官，而更鞭録事五十。謂人曰：「州官鞭府職，誠非體要，由小人凌侮士大夫。」倉曹參軍事邊榮爲府録事所辱，攸之自爲榮鞭殺録事。攸之自江陵下，以榮爲留府司馬，守城。張敬兒將至，人或説之使詣敬兒降，榮曰：「受沈公厚恩，共如此大事，一朝緩急，便改易本心，不能行也。」城敗，見敬兒，敬兒問曰：「邊公何不早來？」榮曰：「沈公見留守城，而委城求活，所不忍也。本不蕲生，何須見問。」敬兒曰：「死何難得。」命斬之，歡笑而去，容無異色。泰山程邕之者，素依隨榮，至是抱持榮曰：「與邊公周遊，不忍見邊公前死，乞見殺。」兵不得行戮，以告敬兒，敬兒曰：「求死甚易，何爲不許。」先殺邕之，然後及榮。三軍莫不垂泣，曰：「奈何一日殺二義士。」比之臧洪及陳容。榮，金城人也。

廢帝之殞也，攸之欲起兵，問其知星人葛珂之，珂之曰：「自古起兵，皆候太白。太白見則成，伏則敗。昔桂陽以太白伏時舉兵，一戰授首，此近世明驗。今蕭公廢昏立明，政值太白伏時〔八八〕，此與天合也。且太白尋出東方，東方利用兵，西方不利。」故攸之止不反。及後舉兵，珂之又曰：「今歲星守南斗，其國不可伐。」攸之不從。

凡同逆丁珍東、孫同、裴茂仲、武、宗儼之並伏誅〔八九〕。攸之表檄文疏，皆儼之詞也。臧煥詣盆城自歸，今皇帝命斬之。餘同惡或爲亂軍所殺，或遇赦得原。

史臣曰：臧質雖貪虐夙樹，問望多闕，奉義治流，本無吞噬之志也。徒欲以幼君弱政，期之於世祖，據有中流，嗣桓、庾之業。既主異穆、哀，臣皆代黨，雖禮秩外厚，而疑防內深，功高位重，終非自安之地，至於陵天犯順，其出於此乎。攸之伺隙西郢，年逾十載，擅命專威，無君已積。及天厭宋道，鼎運將離，不識代德之紀，獨迷樂推之數，公休既覆其族，攸之亦屠厥身，夫以釁亂自終，固異代如一也。

校勘記

〔一〕父熹字義和　「熹」，建康實録卷一四臧質傳作「憙」。顔師古匡謬正俗卷五：「沈約撰宋書，乃更爲熹制字以配欣喜之名，是穿鑿也。余家所得宋高祖集作臧熹字，此明驗也。且『喜』下施『心』，是好憙之意，音虚記反，不謂之熹也。」沈濤銅熨斗齋隨筆卷五亦云作「熹」是。

〔二〕熹族子穆斬桓脩　「族子穆」，本書卷一武帝紀上作「從子穆生」。「桓脩」，原作「相脩」，據南監本、汲本、殿本、局本改。

〔三〕成都既平熹遇疾義熙九年卒於蜀郡牛脾縣　本書卷四八朱齡石傳記臧熹卒於攻克牛脾前，通鑑卷一一六晉紀義熙九年從本卷。二者未知孰是。

〔四〕爲江夏王義恭撫軍參軍　「參軍」二字原闕，據南史卷一八臧燾傳附臧質傳補。

〔五〕以輕薄無檢爲太祖所知　「知」，南史卷一八臧燾傳附臧質傳作「嫌」。按古人言「知」，猶言賞識，疑當作「嫌」，文義較長。

〔六〕遷南譙王義宣司空司馬寧朔將軍南平内史　「司空」二字原闕，據南史卷一八臧燾傳附臧質傳補。

〔七〕崇之副太子積弩將軍臧澄之建威將軍毛熙祚亦受統於質　「將軍臧澄之建威」七字原闕，據册府卷四四二補。按本書卷五文帝紀，時臧澄之爲太子積弩將軍，毛熙祚爲建威將軍。

〔八〕故三營一時覆没　「三營」，原作「二營」，據册府卷四四二改。按胡崇之、臧澄之二營，加毛熙祚一營，是三營，下云「三營既敗」可證。

〔九〕以崇之爲龍驤將軍北秦州刺史鎮百頃　「北秦州刺史」，本書卷四七劉懷肅傳作「秦州刺史」。「鎮」，原作「宋」，據本書卷四七劉懷肅傳改。

〔一〇〕爲索虜所克　「克」，原作「客」，册府卷四四二作「攻」，今據三朝本、南監本、北監本、汲本、殿本、局本改。

〔一一〕但爾住攻此城　「住」，原作「往」，據南監本、册府卷三九九改。

〔一二〕示語虜中諸士庶　「語」，原作「詔」，據册府卷三九九、通鑑卷一二六宋紀元嘉二十八年改。

〔一三〕截其鉤獲之　原作「截鉤能獲之」，册府卷三九九作「截鉤獲之」，今據通鑑卷一二六宋紀元嘉二十八年改。

〔一四〕又射殺高梁王　按魏書卷一四神元平文諸帝子孫高涼王孤傳，高涼王那，正平初有罪賜死。此云「射殺」，恐是傳聞之辭。

〔一五〕自陽口進江陵見義宣　「見」字原闕，據南史卷一八臧燾傳附臧質傳補。

〔一六〕質女爲義宣子採妻　「採」，通志卷一三二作「悰」，按義宣子無名採者，疑作「悰」是。

〔一七〕且義宣腹心將佐蔡超竺超民之徒　「竺超」二字原闕，按時無「蔡超民」者，今據南史卷一八臧燾傳附臧質傳、通鑑卷一二八宋紀孝建元年補。

〔一八〕三光並耀　「並」，原作「平」，據汲本、局本改。

〔一九〕請樂窮大予之英　「大予」，原作「太子」。按後漢書卷二明帝紀，永平三年「改大樂爲大予樂」，今據改。

〔二〇〕夫薛竟陵控率突騎　孫彪考論卷四：「『夫』當爲『今』。」

〔二一〕質遣將尹周之攻胡子反柳叔政於西壘　「胡子反」，本書卷六八武二王南郡王義宣傳作「胡子友」。

〔二二〕豫章望蔡子相孫沖之起義拒質　「拒」，原作「招」，孫彪考論卷四：「『招』當做『拒』。」按孫說是，今據改。

〔二三〕後事在鄧琬傳　「鄧琬」，原作「劉琬」。按孫沖之事見本書卷八四鄧琬傳。今改正。

〔二四〕歷官至南陽太守　「南陽太守」，原作「南郡太守」，據南史卷四〇魯爽傳改。按本書卷五一宗室臨川烈武王道規傳、晉書卷一〇安帝紀、卷四五劉毅傳、卷七四桓彝傳、卷九九桓玄傳、建康實録卷一〇、通鑑卷一一四皆記魯宗之以南陽太守起義，襲襄陽，破桓蔚。本書卷三七州郡志三，南郡時治江陵，與襄陽相距甚遠，魯宗之若爲南郡太守，則經數百里之遥而偷襲襄陽，實於情理未安。而南陽去襄陽甚近，故魯宗之乘便而襲。本書卷四八傅弘之傳云：「桓玄將篡，新野人庾仄起兵於南陽，襲雍州刺史馮該。」是其例。

〔二五〕桓蔚　原作「祖蔚」，據本書卷五一宗室臨川烈武王道規傳、晉書卷八五劉毅傳、卷九九桓玄傳改。

〔一六〕封霄城縣侯　「霄城」，原作「宵城」，今改正。參見本書卷二七州郡志三校勘記〔一九〕。

〔一七〕爽有七弟秀　南史卷四〇魯爽傳、建康實録卷一四皆云魯秀爲魯爽之次弟。

〔一八〕僞高梁王阿叔泥爲芮芮所圍甚急　「阿叔泥」，本書卷九五索虜傳作「阿斗埿」，疑阿斗埿是。「叔」「斗」形近而訛。

〔一九〕與秀相見　原作「與秀□寬」，據册府卷七六一訂正。

〔二〇〕會世祖遣將劉泰之輕軍襲虜於汝陽　「將」，原作「府」，據册府卷七六一改。

〔二一〕戰敗被創　「創」，原作「罰」，據册府卷七六一改。

〔二二〕或與共輿　「共」，原作一字空格，册府卷七六一作「同」，今據三朝本、南監本、北監本、汲本、殿本、局本改。

〔二三〕遣爽隨永昌王庫仁真向壽陽　「永昌王」，原作「永星士」，據南監本、殿本、局本、册府卷七六一改。

〔二四〕與弟瑜共破劉康祖於尉武　「劉康祖」，原作「劉祖」，據南監本、局本補正。按劉康祖事見本書卷五〇劉康祖傳。

〔二五〕遣秀從許昌還壽陽　「許昌」，原作「計昌」，據南監本、殿本、局本、册府卷七六一改。

〔二六〕爽秀得罪晉朝　「晉」，原作一字空格，三朝本、南監本、北監本、汲本、殿本、局本作「本」，今據册府卷七六一補。按魯宗之、魯軌奔羌事，在義熙中，故稱晉朝。

〔三七〕爽可督司州豫州之陳留東郡濟陰濮陽五郡諸軍事征虜將軍司州刺史　「豫州之」三字原闕，據孫虨考論卷四説補。按五郡數之止四郡，當有誤。

〔三八〕秀可輔國將軍滎陽潁川二郡太守　「滎陽」，原作「管陽」，殿本、局本作「營陽」，今據南史卷四〇魯爽傳、册府卷四四七、卷七六一改。

〔三九〕將戰秀命打退軍鼓因此歸順　按本書卷九九二凶傳云：「二十二日，使蕭斌率魯秀、王羅漢等精兵萬人攻新亭壘，劭登朱雀門躬自督率，將士懷劭重賞，皆爲之力戰。將克，而秀斂軍遽止，爲柳元景等所乘，故大敗。」通鑑卷一二七宋紀元嘉三十年：「劭兵勢垂克，魯秀擊退鼓，劭衆遽止。」是魯秀乃於本軍將克敵之時擊退軍鼓歸順。本書卷七七柳元景傳記是時「賊步將魯秀、王羅漢、劉簡之、騎將常伯與等及其士卒，皆殊死戰」，是其證。疑「將戰」乃「將克」之訛。

〔四〇〕丞相劉補天子名義宣　南史卷四〇魯爽傳、建康實録卷一三、通鑑卷一二八宋紀孝建元年「丞相劉」下皆有「今」字。尋下文續云：「車騎臧今補丞相，名質，平西朱今補車騎，名脩之。」疑「丞相劉」後佚「今」字。

〔四一〕平西朱今補車騎　「平西」，原作「平曲」，據殿本、局本、南史卷四〇魯爽傳改。按朱脩之時爲平西將軍。

〔四二〕遣左軍將薛安都步騎爲前驅　「左軍將」，三朝本、北監本、汲本、殿本、局本作「右將軍」，南監本作「左將軍」。按南史卷四〇薛安都傳、册府卷二一六、通鑑卷一二八宋紀孝建元年並作「左軍將軍」。本書卷八八薛安都傳：「孝建元年，復除左軍將軍。二月，魯爽反叛，遣安都（中略）率步騎據歷陽。」疑「將」下脱「軍」字。

〔四三〕會益州刺史劉秀之遣軍襲江陵秀擊破之　「江陵秀」，原作三字空格，據南監本、殿本、局本補。

〔四四〕衆叛且盡秀向城上射之中箭赴水死　按通鑑卷一二八宋紀孝建元年載上事云：「魯秀衆散，不能去，還向江陵，城上人射之，秀赴水死。」疑此處有脱文。

〔四五〕發三吴民丁　「發」字原闕，據南監本、北監本、汲本、殿本、局本、册府卷九二九補。

〔四六〕諮領軍將軍劉遵考　「領軍將軍」，原作「領軍將」，據局本、南史卷三七沈慶之傳附沈攸之傳補正。

〔四七〕巴口建義南中郎府板長兼行參軍　「長」下原衍「史」字，據南史卷三七沈慶之傳附沈攸之傳删。按上文云沈攸之於元嘉二十九年始補隊主，則元嘉三十年時斷無被任爲長史之理，蓋資歷、階級皆遠所不及。尋本書卷七八劉延孫傳、通鑑卷一二七宋紀元嘉三十年皆記武陵王駿於巴口建義時，以南中郎諮議參軍劉延孫爲長史，乃沈攸之是時不爲南中郎府長史之明證。因沈攸之爲南中郎長兼行參軍，故元凶劭亂平之後，乃以功爲「太尉行參軍」。本書卷三九百官志上：「除拜則爲參軍事，府板則爲行參軍。晉末以來，參軍事、行參軍又各有除板。板行參軍下則長兼行參軍。」沈攸之所任僅爲長兼，故爲南中郎府板耳。

〔四八〕會稽孔璪掌南岸　「孔璪」，原作「孔璨」，據南史卷三七沈慶之傳附沈攸之傳、建康實録卷一四改。

〔四九〕尋告宗越譚金等謀反　「尋告」二字原闕，據南史卷三七沈慶之傳附沈攸之傳補。按沈攸之告宗越及譚金謀反事，見通鑑卷一三〇宋紀泰始元年。

〔五〇〕時南賊前鋒孫沖之薛常寶等屯據赭圻　「孫沖之」，原作「鍾沖之」，據册府卷三五一改。按本書卷八四鄧琬傳，巴東、建平二郡太守孫沖之爲劉子勛諮議參軍，領中兵，加輔國將軍，統前軍。通鑑卷一三一宋紀泰始二年亦云孫沖之率龍驤將軍薛常寶等兵一萬爲前鋒，據赭圻。當即其人。

〔五一〕彼必不能下我　「我」字原闕，據通鑑卷一三一宋紀泰始二年補。

〔五二〕分遣水軍乘勢進討　「進」，原作「逃」，據南監本、北監本、汲本、殿本、局本、册府卷三五一改。

〔五三〕領寧蠻校尉雍州刺史　「寧蠻校尉」，原作「率蠻校尉」，據南監本、殿本、局本、南史卷三七沈慶之傳附沈攸之傳、册府卷三五一改。

〔五四〕攸之率諸將攻濃湖　「攻」，原作「率」，據南監本、北監本、殿本、局本、南史卷三七沈慶之傳附沈攸之傳、册府卷三五一、卷三六三改。

〔五五〕顗遣人傳唱錢溪已平　「顗遣人傳唱」，原作「遣人傳唱」，通鑑卷一三一宋紀泰始二年、册府卷三五一作「胡遣人傳唱」，今據殿本、局本改。

〔五六〕唱空聲以惑衆耳　「惑」，原作「感」，據南監本、北監本、汲本、殿本、局本、通典卷一五〇兵三、册府卷三六三、通鑑卷一三一宋紀泰始二年改。

〔五七〕勒軍中不得妄動　「軍」，原作「等」，據三朝本、南監本、北監本、汲本、殿本、局本、册府卷三六三、通鑑卷一三一宋紀泰始二年改。

〔五八〕遣千人往南陵迎米　「人」，原作一字空格，據南監本、北監本、汲本、殿本、局本、册府卷三六三補。「往」，原作「在」，據册府卷三六三改。

〔五九〕遣龍驤將軍垣護之領民口還淮陰　按本書卷五〇垣護之傳，護之大明八年卒，時年七十。前廢帝永光元年追贈冠軍將軍、豫州刺史。是泰始時護之已卒數年，此云「垣護之」者，誤。

〔六〇〕遲墟　通鑑卷一三二宋紀泰始三年作「焦墟」，云焦墟「去下邳五十餘里」。

〔六一〕五年出爲持節監郢州諸軍郢州刺史　按「諸軍」下無「事」字，又不著軍號，與本書體例不合，亦與上下文不相應。尋本書卷八明帝紀記泰始六年八月，「前將軍、郢州刺史沈攸之進號鎮軍將軍」，則沈攸之泰始五年出刺郢州時軍號爲前將軍。疑「諸軍」下脱「事前將軍」四字。

〔六二〕梁州刺史范柏年　「范柏年」，原作「范伯年」，據通鑑卷一三四宋紀昇明元年改。按范柏年南史卷四七有傳，事亦見南齊書卷二一文惠太子傳。下同改。

〔六三〕龍驤將軍騎兵參軍朱靈寶　「朱靈寶」，南齊書卷二四柳世隆傳作「朱靈真」。

〔六四〕率寧朔將軍中兵參軍王珍之 「王珍之」，南齊書卷二四柳世隆傳作「王彌之」。

〔六五〕閏十二月四日至夏口 「閏十二月」，原作「閏十月」。按是年閏十二月，上文已有十一月、十二月，此當是閏十二月，今訂正。

〔六六〕使沙門釋僧粲篮之 「僧粲」，原作「僧桀」，據南史卷三七沈慶之傳附沈攸之傳改。

〔六七〕今遣新除使持節督郢州司州之義陽諸軍事平西將軍郢州刺史聞喜縣開國侯黄回 「司州」二字原闕，據本書卷八三黄回傳、南齊書卷二四柳世隆傳補。按本書黄回傳：「沈攸之反，以回爲使持節、督郢州司州之義陽諸軍事、平西將軍、郢州刺史。」錢大昕考異卷二四：「此脱『司州』二字。」

〔六八〕員外散騎常侍冠軍驍騎將軍南臨淮太守重安縣開國子軍主王敬則 「南臨淮太守」，南齊書卷二六王敬則傳作「臨淮太守」。按本書州郡志，時無南臨淮郡，本書卷三五州郡志一，徐州刺史下有臨淮郡。疑「南」字衍。又據南齊書王敬則傳，沈攸之事起，王敬則由輔國將軍進號冠軍將軍，是上文之「冠軍」，乃指冠軍將軍。尋尚書符中所載，凡有軍號者，皆詳列之，疑此於「冠軍」下脱「將軍」二字。

〔六九〕輔國將軍屯騎校尉長壽縣開國男王宜興 「王宜興」，原作「王宜與」，據本書卷一〇順帝紀、卷八三黄回傳、卷八九袁粲傳、通鑑卷一三四宋紀元徽四年改。王宜興事附見本書黄回傳。

〔七〇〕龍驤將軍驃騎行參軍軍主召宰 「召宰」，南齊書卷二四柳世隆傳作「邰宰」。

〔七一〕「新除持節督廣交越寧湘州之廣興諸軍事」至「沌陽縣開國子周盤龍」 按南齊書卷二九周盤龍傳，平沈攸之前，盤龍封晉安縣子，沈攸之平，改封沌陽縣。二者未知孰是。

〔七二〕輔國將軍後軍統馬軍主張文憘 「後軍」，詞意不明，疑有奪文。

〔七三〕龍驤將軍射聲校尉王洪軌 「王洪軌」，南齊書卷二四柳世隆傳、通鑑卷一三五齊紀建元元年作「王洪範」，通鑑考異曰：「齊書作『王洪軌』，今從齊紀。」

〔七四〕龍驤將軍冗從僕射軍主成買等 「成買」，原作「成置」，據南齊書卷二四柳世隆傳改。按成買見南齊書卷二九周盤龍傳。

〔七五〕投窜成岳 「投」，原作「役」，據南監本、北監本、汲本、殿本、局本改。

〔七六〕其鋒陳營壁之主 「營」字原闕，據三朝本、南監本、北監本、汲本、殿本、局本補。

〔七七〕隗囂恃跨河據隴之資 「河」，原作「阿」，據南監本、殿本、局本、永樂大典卷二〇八五一引宋書沈攸之傳改。

〔七八〕仰遭革運 「仰遭」，原作「遭仰」，據南齊書卷二四柳世隆傳乙正。

〔七九〕而攸之始奉國諱 「始」，原作「知」，據南齊書卷二四柳世隆傳改。

〔八〇〕又攸之累登蕃岳 「蕃岳」，原作「蕃兵」，據南齊書卷二四柳世隆傳、永樂大典卷二〇八五一引宋書沈攸之傳改。

〔八一〕揚聲討伐盡户發上 「盡户發上」，南齊書卷二四柳世隆傳作「盡户上丁」。朱季海南齊書校議：「已云『上』，不煩更言『發』也。子顯録尚書此符，視宋書所録，文省而語工，殊有潤色之功。然沈書所載，文既冗長，語近案牘，大氐絶少剪裁，近存其真。惟『上丁』既當時口語，不類子顯所改。疑今宋書作『發上』者，已爲後人所亂也。」

〔八二〕去昔桂陽奇兵焱起　「焱」，原作一字空格，據永樂大典卷二〇八五一引宋書沈攸之傳補。

〔八三〕裁遣弱卒三千　「裁」，原作「威」，據南齊書卷二四柳世隆傳、永樂大典卷二〇八五一引宋書沈攸之傳改。

〔八四〕太守臧焕棄郡投西陽太守王毓　「臧焕」，原作「臧涣」，據本書卷五五臧燾傳改。

〔八五〕第五子幼和幼和弟靈和元琰子法先懿子□□文和子法徵幼和子法茂　「懿子」下原無二字空格。按懿子名佚去，今空兩格。

〔八六〕爲吴興太守沈文季所收斬　「沈文季」，原作「沈文秀」，據南齊書卷四四沈文季傳改。按沈文秀明帝泰始中已入北魏。沈文季爲吴興太守，收殺攸之弟登之，事見南齊書沈文季傳。

〔八七〕景文南豫州刺史　「南」字原闕，據南齊書卷二九呂安國傳附全景文傳、南史卷三七沈慶之傳附沈攸之傳、御覽卷七三〇引孫嚴宋書、册府卷八六〇補。

〔八八〕政值太白伏時　「伏」字原闕，據南史卷三七沈慶之傳附沈攸之傳補。

〔八九〕凡同逆丁珍東孫同裴茂仲武宗儼之並伏誅　按上文載攸之僚佐有武茂宗、宗儼之、武寶，此「武」下當有脱文。

宋書卷七十五

列傳第三十五

王僧達　顏竣

王僧達，琅邪臨沂人，太保弘少子。兄錫，質訥乏風采。太祖聞僧達蚤惠，召見於德陽殿，問其書學及家事，應對閑敏，上甚知之，妻以臨川王義慶女。

少好學，善屬文。年未二十，以爲始興王濬後軍參軍〔一〕，遷太子舍人。坐屬疾，於楊列橋觀鬬鴨，爲有司所糾，原不問。性好鷹犬，與閭里少年相馳逐，又躬自屠牛。義慶聞如此，令周旋沙門慧觀造而觀之。僧達陳書滿席，與論文義，慧觀酬答不暇，深相稱美。與錫不協，訴家貧，求郡，太祖欲以爲秦郡，吏部郎庾炳之曰：「王弘子既不宜作秦郡，僧達亦不堪莅民。」乃止。尋遷太子洗馬，母憂去職。兄錫罷臨海郡還，送故及奉禄百萬以上，僧達一夕令奴輩取，無復所餘。服闋，爲宣城太守。性好游獵，而山郡無事，僧達肆意馳騁，或三五日不歸，受辭訟多在獵所，民或相逢不識，問府君所在，僧達曰：「近在後。」元嘉二十八年春，索虜寇逼，都邑危懼，僧達求入衞京師，見許。賊退，又除宣城太守，頃之，徙任義興。

三十年，元凶弒立，世祖入討，普檄諸州郡，又符郡發兵，僧達未知所從。客説之曰：「方今釁逆滔天，古今未有，爲君計，莫若承義師之檄，移告傍郡，使工言之士，明示禍福，苟在有心〔二〕，誰不響應，此策上也。如其不能，可躬率向義之徒，詳擇水陸之便，致身南歸，亦其次也。」僧達乃自候道南奔，逢世祖於鵲頭，即命爲長史，加征虜將軍。初，世祖發尋陽，沈慶之謂人曰：「王僧達必來赴義。」人問其所以，慶之曰：「虜馬飲江，王出赴難，見在先帝前，議論開張，執意明決，以此言之，其至必也。」

上即位，以爲尚書右僕射，尋出爲使持節、南蠻校尉，加征虜將軍。時南郡王義宣求留江陵，南蠻不解，不成行。仍補護軍將軍。僧達自負才地，謂當時莫及。上初踐阼，即居端右，一二年間，便望宰相。及爲護軍，不得志，乃啓求徐州，曰：

臣衰索餘生，逢辰藉業，先帝追念功臣，睠及遺賤，飾短捐陋，布策稠采，從官委褐，十有一載。早憑慶泰，晚親盛明〔三〕，而有志於學，無獨見之敏，有務在身，無偏鑒之識，固不足建言世治，備辨時宜。竊以天恩不可終報，尸素難可久處，故猖狂蕪謬，每陳所懷。

陛下孝誠發衷，義順動物，自龍飛以來，實應九服同歡，三光再朗，而臣假視巷里，借聽民謡，黎氓□□，未締其感，遠近風議，不獲稍進，臣所用夙宵疾首，寤寐疚心者也。臣取之前載，譬之於今。當漢文之時，可謂藉已成之業，據既安之運，重以布衣菲食，憂勤治道，而賈誼披露洒誠，猶有歎哭之諫。況今承顛沛，萬機惟始，恩未及普，信未遑周。臣又聞前達有言，天下，重器也，一安不可卒危，一危亦不可卒安，陛下神思淵通，亦當鑒之聖慮。

竊謂今之務，惟在萬有爲己，家國同憂，允彼庶心，從民之欲。民有咨瘼之聲，君表納隍之志。下有愆弊之苦，上無侈豫之情。又應官酌其才，爵疇其望，與失不賞，寧失不刑。至若樞任重司，藩扞要鎮，治亂攸寄，動靜所歸，百度惟新，或可因而弗革，事在適宜，無或定其出處。天下多才，在所用之。

臣非惟寄觀世路，謬識其難，即之於身，詳見其弊。何者？臣雖得免牆面，書不入於學伍，行無愆戾，自無近於才能，直以廕託門世，夙列榮齒。且近雖奔迸江路，歸命南闕，竟何功効，可以書賞。而頻出内寵，陛下綢繆數旬之中，累發明詔。自非才略有素，聲實相任，豈可聞而弗驚，履而無懼。固宜退省身分，識恩之厚，不知報答，當在何期。夫見危致命，死而後已，皆殷勤前誥，重其忘生。臣感先聖格言，思在必効之地，使生獲其志，死得其所。如使臣享厚禄，居重榮，衣狐坐熊，而無事於世者，固所不能安也。今四夷猶警，國未忘戰，辮髮凶詭，尤宜裁防。間者天兵未獲，已肆其輕漢之心，恐戎狄貪惏，猶懷匪遜。脱以神州暫擾，中夏兵飢，容或遊魂塞内，重窺邊壘。且高秋在節，胡馬興威，宜圖其易，蚤爲之所。臣每一日三省，志在報效，遠近小大，顧其所安，受效偏方，得司者則慮之所辦，情有不疑。若首統軍政，董勒天兵，既才所不周，實誠亦非願。陛下矜諒已厚，願復曲體此心。護軍之任，臣不敢處，彭城軍府，即時過立。且臣本在驅馳，非希崇顯，輕智小號，足以自安。願垂鑑恕，特賜申獎，則内外榮荷，存没銘分。

上不許。僧達三啓固陳，上甚不説。以爲征虜將軍、吴郡太守。朞歲五遷，僧達彌不得意。

吴郭西臺寺多富沙門，僧達求須不稱意，乃遣主簿顧曠率門義劫寺内沙門竺法瑶，得數百萬。荆、江反叛，加僧達置佐領兵，臺符聽置千人，而輒立三十隊，隊八十人。又立宅於吴，多役公力。坐免官。初，僧達爲太子洗馬，在東宫，愛念軍人朱靈寳，及出爲宣城，靈寶已長，僧達許列死亡〔四〕，寄宣城左永之籍注，以爲己子，改名元序，啓太祖以爲武陵國典衞令，又以補竟陵國典書令，建平國中軍將軍〔五〕。孝建元年春，事發，又加禁錮。上表陳謝云：「不能因依左右，傾意權貴。」上愈怒。僧達族子確年少，美姿容，僧達與之私款。確叔父休爲永嘉太守，當將確之郡，僧達欲逼留之，確知其意，避不復往。僧達大怒，潛於所住屋後作大坑，欲誘確來別，因殺而埋之，從弟僧虔知其謀，禁呵乃止。御史中丞劉瑀奏請收治，上不許。

孝建三年，除太常〔六〕，意尤不悅。頃之，上表解職，曰：

臣自審庸短，少闕宦情，兼宿抱重疾，年月稍甚，生平素念，願閑衡廬。先朝追遠之恩，早見榮齒。曩者以親貧須養，僶俛從禄，解褐後府，十有餘旬。俄遷舍人，殆不朝直。實無緣坐閱宸寵，尸爵家庭，情計二三，屢經聞啓，終獲允亮，賜反初服。還私未用，又擢爲洗馬，意旨優隆，其令且拜，許有郡缺，當務處置。會琅邪遷改，即蒙敕往反神翰，慈誘殷勤，令裝成即自隨。靈寶往年淪覆長溪，因彼散失，仰感沉恩，俯銘浮寵。臣釁積禍并，仍丁艱罰，聊及視息，即蒙逮問，具啓以奉營情事，負舉猥多。賜莅宣城，極其窮蹟。仲春移任，方冬便值虜南侵。臣忝同肺腑，情爲義動，苦求還都，侍衞輦轂。至止之日，戎旗已搴。在郡雖淺，而貪得分了，方拂農衣，還事耕牧，宣城民庶，詣闕見請。爾時敕亡從兄僧綽宣見留之旨。闇疾寡任，野心素積，仍附啓苦乞且旋任。還務未期，亡兄臣錫奄見棄背，啓解奔赴，賜帶郡還都，曾未淹積，復除義興。臣自天飛海泳，豈假鱗翼，徒思横施，與日而深。自處官以來，未嘗有涓豪之積，羸疾闇疚，又無人一諾。而性狎林水，偏愛禽魚，議其所託，動乖治要，故收崖斂分，無忘俄頃，寔由有待難供，上裝未立，東郡奉輕，西郊祿重。具陳蘄懇，備執初願，乞置江、湘遠郡〔七〕，一二年中，庶反耕之日，糧藥有寄。即蒙亮許，當賜矜擢。

遭逢厄運，天地崩離，世蒙聖朝門情之顧，及在臣身，復荷殊識，義雖君臣，恩猶父子。臣誠庸蔽，心過草木，奉諱之日，不覺捐身。單軀弱嗣，千里共氣，繼罹凶塗，動臨危盡，生微朝露，不察如絲，信順所扶，得獲全濟，再見天地，重覩三光。于時兄子僧亮等幽窘醜逆，盡室獄户，山川崄岨，吉凶路塞，悠遠之思，誰能勿勞。嘗膽濡足，是其分願〔八〕，分心挂腹，實亦私苦。

幸屬聖武，剋復大業，宇宙廓清，四表靖晏。臣父子叔姪，同獲泰辰，造情追尋，歸骨之本，欲以死明心，誤有餘辰；情願已展，避逆向順，終古常節，智力無効，有何勳庸，而頻煩恩榮，動踰分次。但忽病之日，不敢固辭，故吞訴於鵲渚，飲愧於新亭。及元凶既殄，人神獲乂，端右之授，即具陳請。天慈優渥，每越常倫，南蠻、護軍，旬月私授。臣三省非分，必致孤負，居常輕任，尚懼網墨，況參要内職，承寵外畿，其取覆折，不假識見。故披誠啓訴，表疏相屬，或乞輕高就卑，或願以閑易要，言誓致苦，播於辭牘，誠知固陋，當觸明科。去歲往年，累犯刑禁，理無申可，罪有恒典，虚穢朝序，慙累家業，臣甘其終，物議其盡。陛下棄其身瑕，矜其膝貴〔九〕，迂略法憲，曲相全養。臣一至之感，口此何忘。利伊恩升，加以今位，當時震驚，收足失所，本忘閑情，不敢聞命。内慮於己，外訪於親，以爲天地之仁，施不期報，再造之恩，不可妄屬。故洗拂灰壤，登沐膏露，上處聖澤，下更生辰，合芳離蜕，遐邇改觀。但偷榮託幸，忽移此歲，自見妨長，轉不可寧，宜其沈放，志事俱盡。

伏願陛下承太始之德，加成物之恩，及臣狂蔽未至，得於榮次自引，聖朝厚終始之惠，孤臣保不泯之澤。夫讓功爲高，臣無功而讓；專素爲美，臣榮采已積。以是求退，誠亦可愍。又妻子爲居，更無餘累，婢僕十餘，粗有出入，歲時是課，足繼朝昏。兼比日眩瞀更甚，風虚漸劇，湊理合閉，榮衞惛底，心氣忡弱，神志衰散，念此根疵，不支歲月。公私誠願，宜蒙諒許，乞徇餘辰，以終瑣運。白水皎日，不足爲譬，願垂矜鑑，哀申此請。

僧達文旨抑揚，詔付門下。侍中何偃以其詞不遜，啓付南臺，又坐免官。

頃之，除江夏王義恭太傅長史、臨淮太守，又徙太宰長史，太守如故。大明元年，遷左衞將軍，領太子中庶子。以歸順功，封寧陵縣五等侯。二年，遷中書令。

先是，南彭城蕃縣民高闍、沙門釋曇標、道方等共相誑惑〔一〇〕，自言有鬼神龍鳳之瑞，常聞簫鼓音，與秣陵民藍宏期等謀爲亂。又要結殿中將軍苗允、員外散騎侍郎嚴欣之、司空參軍闞千纂、太宰府將程農、王恬等，謀剋二年八月一日夜起兵攻宫門，晨掩太宰江夏王義恭，分兵襲殺諸大臣，以闍爲天子。事發覺，凡黨與死者數十人。僧達屢經狂逆，上以其終無悛心，因高闍事陷之，下詔曰：「王僧達餘慶所鍾，早登榮觀，輕險無行，暴於世談。值國道中艱，盡室願效，甄其薄誠，賁其鴻歷，爵遍外内，身窮榮寵。曾無在泮，食椹懷音，乃協規西楚，志擾東區，公行剽掠，顯奪凶黨，倚結羣惡，誣亂視聽。朕每容隱，思加蕩雪，曾無犬馬感恩之志，而炎火成燎原之勢，涓流兆江河之形，遂屑齒高闍，契規蘇寶，搜詳妖圖，覘察象緯。逮賊長臨臯，餘黨就鞫，咸布辭獄牒，宣言虚市，猶欲隱忍，法爲情屈。小醜紛紜，人扇方甚，矯構風塵，志希非覬，固已達諸公卿，彰于朝野。朕焉得輕宗社之重，行匹夫之仁。殛山誅邪，聖典所同，戮諷翦律，漢法攸尚。便可收付廷尉，肅正刑書。故太保華容文昭公弘契闊歷朝，綢繆眷遇，豈容忘兹勳德，忽其世祀，門爵國姻，一不貶絶。」於獄賜死。時年三十六。

子道琰，徙新安郡，前廢帝即位，得還京邑。後廢帝元徽中，爲廬陵國内史，未至郡，卒。

蘇寶者，名寶生，本寒門，有文義之美。元嘉中立國子學，爲毛詩助教，爲太祖所知，官至南臺侍御史，江寧令。坐知高闍反不即啓聞，與闍共伏誅。

顔竣字士遜，琅邪臨沂人，光禄大夫延之子也。太祖問延之：「卿諸子誰有卿風？」對曰：「竣得臣筆，測得臣文，㚟得臣義，躍得臣酒。」

竣初爲太學博士，太子舍人，出爲世祖撫軍主簿，甚被愛遇，竣亦盡心補益。元嘉中，上不欲諸王各立朋黨，將召竣補尚書郎，吏部尚書江湛以爲竣在府有稱，不宜回改，上乃止。遂隨府轉安北、鎮軍、北中郎府主簿。二十八年，虜自彭城北歸，復求互市，竣議曰：「愚以爲與虜和親無益，已然之明效。何以言其然？夷狄之欲侵暴，正苦力之不足耳。未嘗拘制信義，用輟其謀。昔年江上之役，乃是和親之所招。歷稔交聘，遂求國婚，朝廷羈縻之義，依違不絶，既積歲月，漸不可誣，獸心無厭，重以忿怒，故至於深入。幸今因兵交之後，華、戎隔判，若言互市，則復開曩敝之萌。議者不過言互市之利在得馬，今棄此所重，得彼下駟，千匹以上，尚不足言，況所得之數，裁不十百邪。一相交關，卒難閉絶。寇負力玩勝，驕黠已甚，雖云互市，實覘國情，多贍其求，則桀慠罔已，通而爲節，則必生邊虞。不如塞其端漸，杜其觖望，内修德化，外經邊事，保境以觀其釁，於事爲長。」

初，沙門釋僧含粗有學義〔一二〕，謂竣曰：「貧道粗見讖記，當有真人應符，名稱次第，屬在殿下。」竣在彭城嘗向親人敍之，言遂宣布，聞於太祖。時元凶巫蠱事已發，故上不加推治。世祖鎮尋陽，遷南中郎記室參軍。三十年春，以父延之致仕，固求解職，不許。賜假未發，而太祖崩問至，世祖舉兵入討。轉諮議參軍，領録事，任總外内，并造檄書。世祖發尋陽，便有疾，領録事自沈慶之以下，並不堪相見，唯竣出入卧内，斷決軍機〔一三〕。時世祖屢經危篤，不任咨禀，凡厥衆事，竣皆專斷施行。世祖踐阼，以爲侍中，俄遷左衞將軍，加散騎常侍，辭常侍，見許。封建城縣侯，食邑二千户。

孝建元年，轉吏部尚書，領驍騎將軍。留心選舉，自彊不息，任遇既隆，奏無不可。其後謝莊代竣領選，意多不行。竣容皃嚴毅，莊風姿甚美，賓客喧訴，常歡笑答之。時人爲之語曰：「顏竣嗔而與人官，謝莊笑而不與人官。」

南郡王義宣、臧質等反，以竣兼領軍。義宣、質諸子藏匿建康、秣陵、湖熟、江寧縣界，世祖大怒，免丹陽尹褚湛之官，收四縣官長，以竣爲丹陽尹，加散騎常侍。先是，竣未有子，而大司馬江夏王義恭諸子爲元凶所殺，至是並各產男，上自爲制名，名義恭子爲伯禽，以比魯公伯禽，周公旦之子也；名竣子爲辟强，以比漢侍中辟强，張良之子〔一三〕。

先是元嘉中，鑄四銖錢，輪郭形制，與五銖同，用費損，無利，故百姓不盜鑄。及世祖即位，又鑄孝建四銖。三年，尚書右丞徐爰議曰：「貴貨利民，載自五政，開鑄流圜，法成九府，民富國實，教立化光。及時移俗易，則通變適用，是以周、漢俶遷，隨世輕重。降及後代，財豐用足，因循前貫〔一四〕，無復改創。年歷既遠，喪亂屢經，堙焚剪毁，日月銷減，貨薄民貧，公私俱困，不有革造，將至大乏〔一五〕。謂應式遵古典，收銅繕鑄，納贖刊刑，著在往策，今宜以銅贖刑〔一六〕，隨罰爲品。」詔可。所鑄錢形式薄小〔一七〕，輪郭不成〔一八〕。於是民間盜鑄者雲起，雜以鉛錫，並不牢固。又剪鑿古錢，以取其銅，錢轉薄小，稍違官式。雖重制嚴刑，民吏官長坐死免者相係，而盜鑄彌甚，百物踊貴，民人患苦之。乃立品格，薄小無輪郭者，悉加禁斷。

始興郡公沈慶之立議曰：「昔秦幣過重，高祖是患，普令民鑄，改造榆莢，而貨輕物重，又復乖時。太宗放鑄，賈誼致譏，誠以采山術存，銅多利重，耕戰之器，曩時所用，四民競造，爲害或多。而孝文弗納，民鑄遂行，故能朽貫盈府，天下殷富。況今耕戰不用，采鑄廢久，鎔冶所資，多因成器，功艱利薄，絶吴、鄧之資，農民不習，無釋末之患。方今中興開運，聖化惟新，雖復偃甲銷戈，而倉庫未實，公私所乏，唯錢而已。愚謂宜聽民鑄錢，郡縣開置錢署，樂鑄之家，皆居署內，平其準式〔一九〕，去其雜僞，官斂輪郭，藏之以爲永寶。去春所禁新品，一時施用，今鑄悉依此格。萬稅三千，嚴檢盜鑄，并禁剪鑿。數年之間，公私豐贍，銅盡事息，姦僞自止。且禁鑄則銅轉成器，開鑄則器化爲財，翦華利用，於事爲益。」

上下其事公卿，太宰江夏王義恭議曰：「伏見沈慶之議，『聽民私鑄，樂鑄之室，皆入署居。平其準式，去其雜僞』。愚謂百姓不樂與官相關，由來甚久，又多是人士，蓋不願入署。凡盜鑄爲利，利在僞雜，僞雜既禁，樂入必寡。云『斂取輪郭，藏爲永寶』。愚謂上之所貴，下必從之，百姓聞官斂輪郭，輪郭之價百倍，大小對易，誰肯爲之。彊制使換，則狀似逼奪。又『去春所禁新品，一時施用』。愚謂此條在可開許。又云『今鑄宜依此格，萬稅三千』。又云『嚴檢盜鑄，不得更造』。愚謂禁制之設，非惟一旦，昧利犯憲，羣庶常情，不患制輕，患在冒犯。今入署必萬輸三千，私鑄無十三之稅，逐利犯禁，居然不斷。又云『銅盡事息，姦僞自禁』。愚謂赤縣內銅，非可卒盡，比及銅盡，姦僞已積。又云『禁鑄則銅轉成器，開鑄則器化爲財』。然頃所患，患於形式不均，加以剪鑿，又鉛錫衆雜耳，止於盜鑄銅者〔二〇〕，亦無須苦禁。」

竣議曰：「泉貨利用，近古所同，輕重之議，定於漢世，魏、晉以降，未之能改。誠以物貨既均，改之僞生故也。世代漸久，弊運頓至，因革之道，宜有其術。今云開署放鑄，誠所欣同。但慮採山事絶，器用日耗，銅既轉少，器亦彌貴。設器直一千，則鑄之減半，爲之無利，雖令不行。又云『去春所禁，一時施用』。是欲使天下豐財。若細物必行，而不從公鑄，利已既深，情僞無極，私鑄剪鑿，盡不可禁〔二一〕，五銖半兩之屬，不盈一年，必至於盡。財貨未贍，大錢已竭，數歲之間，悉爲塵土，豈可令取弊之道，基於皇代。今百姓之貨，雖爲轉少，而市井之民，未有嗟怨，此新禁初行，品式未一，須臾自止，不足以垂聖慮。唯府藏空匱，實爲重憂。今縱行細錢，官無益賦之理，百姓雖贍，無解官乏。唯簡費去華，設在節儉，求贍之道，莫此爲貴。然錢有定限，而消失無方，剪鑄雖息，終致窮盡者，亡應官開取銅之署，絶器用之塗，定其品式，日月漸鑄，歲久之後，不爲世益耳。」

時議者又以銅轉難得，欲鑄二銖錢。竣又議曰：「議者將爲官藏空虛，宜更改鑄，天下銅少，宜減錢式，以救交弊，賑國紓民。愚以爲不然。今鑄二銖，恣行新細，於官無解於乏，而民姦巧大興〔二二〕，天下之貨，將靡碎至盡。空立嚴禁，而利深難絶，不過一二年間，其弊不可復救。其甚不可一也。今鎔鑄獲利，不見有頓得一二億之理〔二三〕，縱復得此，必待彌年。歲暮税登，財幣暫革，日用之費，不贍數月，雖權徵助，何解乏邪，徒使姦民意騁，而貽厥愆謀。此又甚不可二也。民懲大錢之改，兼畏近日新禁，市井之間，必生喧擾，遠利未聞，切患猥及，富商得志，貧民困窘。此又甚不可三也。若使交益深重，尚不可行，況又未見其利，而衆弊如此，失筭當時，取誚百代乎。」

前廢帝即位，鑄二銖錢，形式轉細。官錢每出，民間即模効之，而大小厚薄，皆不及也。無輪郭，不磨鑢，如今之剪鑿者，謂之耒子。景和元年，沈慶之啓通私鑄，由是錢貨亂敗，一千錢長不盈三寸，大小稱此，謂之鵝眼錢。劣於此者，謂之綖環錢。入水不沉，隨手破碎，市井不復料數，十萬錢不盈一掬，斗米一萬，商貨不行。太宗初，唯禁鵝眼、綖環，其餘皆通用。復禁民鑄，官署亦廢工，尋復並斷，唯用古錢。

竣自散騎常侍、丹陽尹，加中書令，丹陽尹如故。表讓中書令曰：「虛竊國靈，坐招禁要〔二四〕，聞命慙惶，形魂震越。臣東州凡鄙，生於微族〔二五〕，長自閭閻，不窺官轍，門無富貴，志絶華伍。直以委身蘁畝，飢寒交切，先朝陶均庶品，不遺愚賤，得免耕税之勤，廁仕進之末。陛下盛德居蕃，總攬英異，越以不才，超塵清軌，奉躬歷稔，勞效莫書，仰恃曲成之仁，畢願守宰之秩。豈期天地中閡，殷憂啓聖，倚附興運，擢景神塗，雲飛海泳，冠絶倫等，曾未三朞，殊命八萃。詳料賞典，則臣不應科；瞻言勤良，則臣與侔貴〔二六〕。方欲訴款皇朝，降階盛序，微已國言，少徹身謗，而制書猥下，爵樹彌隆。臣小人也，不及遠謀，寵利之來，何能居約，徒以上瀆天明，下汩彝議，災謫之興，懼必在邇。今之過授，以先微身，苟曰非據，危辱將及，十手所指，諭等膏肓，所以寤寐兢遽，維縈苦疾者也。伏願陛下察其丹誠，矜其疾願，絶會收恩，以全愚分，則造化之施，方兹爲薄。」見許。時歲旱民饑，竣上言禁餳一月，息米近萬斛。復代謝莊爲吏部尚書，領太子左衞率，未拜，丁憂。起爲右將軍，丹陽尹如故。

竣藉蕃朝之舊，極陳得失。上自即吉之後，多所興造，竣諫爭懇切，無所回避，上意甚不説，多不見從。竣自謂才足幹時，恩舊莫比，當贊務居中，永執朝政，而所陳多不被納，疑上欲疏之，乃求外出，以占時旨。大明元年，以爲東揚州刺史，將軍如故。所求既許，便憂懼無計。至州，又丁母艱，不許去職，聽送喪還都，恩待猶厚，竣彌不自安。每對親故，頗懷怨憤，又言朝事違謬，人主得失。及王僧達被誅，謂爲竣所讒構，臨死陳竣前後忿懟，每恨言不見從〔二七〕。僧達所言，頗有相符據。上乃使御史中丞庾徽之奏之曰：

臣聞人臣之奉主，毁家光國，竭情無私，若乃無禮陵人，怙富卑上，是以王叔作戒，子晳爲戮。未有背本塞原，好利忘義，而得自容盛世，溷亂清流者也。右將軍、東揚州刺史建城縣開國侯顔竣，因附風雲，謬蒙翼長，天地更造，拔以非次。聖朝親攬，萬務一歸，而窺覘國柄，潛圖秉執。受任選曹，驅扇滋甚，出尹京輦，形勢彌放。傳詔犯憲，舊須啓聞，而竣以通訴忤己，輒加鞭辱，罔顧威靈，莫此爲甚。嚴詔屢發，當官責效，竣權恣不行，怨懟彌起，懷挾姦數，苞藏陰慝。預聞中旨，罔不宣露，罰則委上，恩必歸己，苟遇之門，即加謗辱，受讉之室，曲相哀撫。翻戾朝紀，狡惑視聽，脅懼上宰，激動閭閻。末慮上聞〔二八〕，内懷猜懼，僞請東牧，以卜天旨。既獲出蕃，怨詈方肆，反脣腹誹，方之已輕。且時有啓奏，必協姦私，宣示親朋，動作羣小。前冬母亡，詔賜還葬，事畢不去，盤桓經時，方構間勳貴，造立同異。又表示危懼，深營身觀，曲訪大臣，慮不全立，遂以己被斥外，國道將顛，釁積懷抱，惡窮辭色。兼行闞於家，早負世議，逮身居崇寵，奉兼萬金，榮以夸親，禄不充養。宿憾母弟，恃貴輒戮，天倫怨毒，親交震駭。凡所莅任，皆闞政刑，輒開丹陽庫物，貸借吏下。多假資禮，解爲門生，充朝滿野，殆將千計。驕放自下，妨公害私，取監解見錢，以供帳下。賓旅酣歌，不異平月，街談道説，非復風聲。

竣代都文吏，特荷天私，棄瑕録用，豫參要重，勞無汗馬，賞班河、山，出内寵靈，踰越倫伍。山川之性，日月彌滋，溪壑之心，在盈彌奓，虎冠狼貪，未足爲譬。今皇明開耀，品物咸亨，傷俗黠化，寔唯害焉，宜加顯戮，以彰盛化〔二九〕。請以見事免竣所居官，下太常削爵土，須事御收付廷尉法獄辜。

上未欲便加大戮，且止免官。竣頻啓謝罪，并乞性命。上愈怒，詔答曰：「憲司所奏，非宿昔所以相期。卿受榮遇，故當極此，訕訐怨憤，已孤本望，乃復過煩思慮，懼不自全，豈爲下事上誠節之至邪！」及竟陵王誕爲逆，因此陷之，召御史中丞庾徽之於前爲奏，奏成，詔曰：「竣孤負恩養，乃可至此。於獄賜死，妻息宥之以遠。」子辟强徙送交州，又於道殺之。竣文集行於世。

史臣曰：世祖弱歲臨蕃，涵道未廣，披胸解帶，義止賓僚。及運鍾傾陂，身危慮切，擢膽抽肝，猶患言未盡也。至於馮玉負扆，威行萬物，欲有必從，事無暫失。既而憂歡異日，甘苦變心，主挾今情，臣追昔款，宋昌之報，上賞已行，同舟之慮，下望愈結，嫌怨既萌〔三〇〕，誅責自起。竣之取釁於世，蓋由此乎。爲人臣者，若能事主而捐其私，立功而忘其報，雖求顛陷，不可得也。

校勘記

〔一〕年未二十以爲始興王濬後軍參軍　按下文載僧達求解職表有「解褐後府」語，後府即始興王後將軍府。又載僧達元嘉三十年所上求徐州啓有云「從官委褐，十有一載」，則其解褐爲始興王後軍參軍乃在元嘉二十年。尋僧達於大明二年被賜死，時年三十六，是元嘉二十年僧達始仕始興王時爲二十一歲，與此「年未二十」者，前後不相合。

〔二〕苟在有心　「有」，原作「其」，據册府卷六八五、通鑑卷一二七宋紀元嘉三十年改。

〔三〕晚親盛明　「晚」，原作「脱」，據永樂大典卷六八三一引宋書改。

〔四〕僧達詐列死亡　「詐」，原作「作」，據南監本、北監本、汲本、殿本、局本、南史卷二一王弘傳附王僧達傳、册府卷九二四改。

〔五〕建平國中軍將軍　「中軍將軍」，原作「中將軍」，據南史卷二一王弘傳附王僧達傳改。按本書卷四〇百官志下：「大國又置上軍、中軍、下軍三將軍。」

〔六〕孝建三年除太常　「三年」，南史卷二一王弘傳附王僧達傳作「二年」。按建康實録卷一三，孝建二年，「十一月戊子，王僧達上表自解」。

〔七〕乞置江湘遠郡　「乞置」，原作「置乞」，據殿本、局本乙正。

〔八〕是其分願　「分」，原作「公」，據永樂大典卷六八三一引宋書改。

〔九〕矜其膝貴　「膝貴」，原作「貴膝」，三朝本、南監本、北監本、汲本、殿本、局本作「貴戚」，今據永樂大典卷六八三一引宋書乙正。

〔一〇〕南彭城蕃縣民高闍沙門釋曇標道方等共相誑惑　「釋曇標」，原作「釋曇摽」，據南史卷二一王弘傳附王僧達傳改。按本書卷九七天竺迦毗黎國傳亦作「釋曇標」。

〔一一〕沙門釋僧含粗有學義　「釋僧含」，原作「釋僧舍」，據南史卷三四顔延之傳附顔竣傳改。按法苑珠林卷一一，時有釋僧含。

〔二〕領録事自沈慶之以下並不堪相見唯竣出入卧内斷決軍機　南史卷三四顏延之傳附顏竣傳無「領録事」三字。孫彪考論卷四：「『領録事』三字涉上文衍。」按武陵王駿是時兵發自尋陽討元凶劭，以沈慶之領軍府司馬，爲上佐，以顏竣爲諮議參軍，領録事參軍，爲次佐。而顏竣爲劉駿所親任，故沈慶之以下並不得進劉駿卧内，竣則能進出自如，斷決軍機。疑南史是。

〔三〕名竣子爲辟强以比漢侍中辟强張良之子　「侍中」下「辟强」二字原闕，據南史卷三四顏延之傳附顏竣傳補。按漢書卷四〇張良傳，張良未嘗任侍中。張良之子辟强爲侍中事，見漢書卷九七上外戚傳。

〔四〕因循前貫　原作「因條前寶」，據册府卷五〇〇改。

〔五〕將至大乏　「至」，原作「之」，據殿本、局本改。按此句册府卷五〇〇作「必將大乏」。

〔六〕今宜以銅贖刑　「贖」，原作「鑄」，據南監本、北監本、汲本、殿本、局本、通典卷九食貨九、册府卷五〇〇改。

〔七〕所鑄錢形式薄小　「所」字原闕，據通典卷九食貨九、册府卷五〇〇補。「式」，原作「或」，據南監本、局本、南史卷三四顏延之傳附顏竣傳、通典卷九食貨九、册府卷五〇〇、通鑑卷一二八宋紀孝建三年改。

〔八〕輪郭不成　通典卷九食貨九、册府卷五〇〇作「輪郭不成就」。

〔一九〕平其準式　「準式」，原作「雜式」，據册府卷五〇〇、通鑑卷一二八宋紀孝建三年改。

〔二〇〕又鉛錫衆雜耳止於盜鑄銅者　原作「□鉛錫衆玔耳越若止於盜鑄銅者」，殿本、局本改「玔」作「訴」。殿本考證：「字書無『玔』字，今定作『訴』。言錢法弊壞，衆人交訴之聲溢耳也。」今據册府卷五〇〇訂正。

〔二一〕盡不可禁　「盡」，原作「書」，據通鑑卷一二八宋紀孝建三年改。孫虨考論卷四：「『書』當作『盡』。」

〔二二〕而民姦巧大興　「民」，原作「人」，通鑑卷一二八宋紀孝建三年作「民間」，今據册府卷五〇〇改。

〔二三〕今鎔鑄獲利不見有頓得一二億之理　「獲利不見」及「之」五字原闕，據通典卷九食貨九、册府卷五〇〇補。「億」，通典食貨九、册府作「倍」。

〔二四〕坐招禁要　「招」，册府卷四六三作「玷」。

〔二五〕生於微族　原作「生微於時」，據册府卷四六三改。

〔二六〕則臣與侔貴　册府卷四六三作「則臣當與責」。

〔二七〕每恨言不見從　「恨」，原作「懷」，據南監本、殿本、局本改。

〔二八〕未慮上聞　原作「未上慮聞」，據南監本、南史卷三四顏延之傳附顏竣傳改。

〔二九〕宜加顯戮以彰盛化　「戮以彰」，原作三字空格，南史卷三四顏延之傳附顏竣傳作「戮以昭」，今據三朝本、南監本、北監本、汲本、殿本、局本補。

〔三〇〕嫌怨既萌　「萌」，原作「前」，據殿本、局本、類聚卷五五引沈約王僧達顔竣傳論改。

宋書卷七十六〔一〕

列傳第三十六

朱脩之　宗慤　王玄謨

朱脩之字恭祖，義陽平氏人也〔二〕。曾祖燾，晉平西將軍。祖序，豫州刺史。父諶，益州刺史。

脩之自州主簿遷司徒從事中郎，文帝謂曰：「卿曾祖昔爲王導丞相中郎，卿今又爲王弘中郎，可謂不忝爾祖矣。」後隨到彦之北伐。彦之自河南回，留脩之戍滑臺，爲虜所圍，數月糧盡，將士熏鼠食之，遂陷於虜〔三〕。初，脩之母聞其被圍既久，常憂之，忽一旦乳汁驚出，母號泣告家人曰：「吾今已老，忽復有乳汁，斯不祥矣。吾兒其不利乎。」後問至，脩之果以此日陷没〔四〕。

託跋燾嘉其守節，以爲侍中，妻以宗室女。脩之潛謀南歸，妻疑之，每流涕問其意，脩之深嘉其義〔五〕，竟不告也。後鮮卑馮弘稱燕王，治黄龍城，託跋燾伐之，脩之與同没人邢懷明並從。又有徐卓者，復欲率南人竊發，事泄被誅。脩之、懷明懼奔馮弘，弘不禮。留一年，會宋使傳詔至，脩之名位素顯，傳詔見即拜之，彼國敬傳詔，謂爲「天子邊人」，見其致敬於脩之，乃始加禮。時魏屢伐弘，或説弘遣脩之歸求救，遂遣之。泛海至東萊〔六〕，遇猛風柂折，垂以長索，船乃復正。海師望見飛鳥，知其近岸，須臾至東萊。

元嘉九年，至京邑，以爲黄門侍郎，累遷江夏内史。雍州刺史劉道産卒，羣蠻大動，脩之爲征西司馬討蠻，失利。孝武初，爲寧蠻校尉、雍州刺史，加都督。脩之在政寬簡，士衆悦附。及荆州刺史南郡王義宣反，檄脩之舉兵，脩之僞與之同，而遣使陳誠於帝。帝嘉之，以爲荆州刺史，加都督。義宣聞脩之不與己同，乃以魯秀爲雍州刺史，擊襄陽。脩之命斷馬鞍山道，秀不得前，乃退。及義宣敗於梁山，單舟南走，脩之率衆南定遺寇。時竺超民執義宣，脩之至，乃殺之，以功封南昌縣侯。

脩之治身清約，凡所贈貺，一無所受，有餉，或受之，而旋與佐吏賭之，終不入己，唯以撫納羣蠻爲務。徵爲左民尚書、領軍將軍〔七〕。去鎮，秋毫不犯，計在州然油及牛馬穀草，以私錢十六萬償之〔八〕。然性儉剋少恩情，姊在鄉里，飢寒不立，脩之未嘗供贍。嘗往視姊，姊欲激之，爲設菜羹麤飰，脩之曰：「此乃貧家好食。」致飽而去。先是，新野庾彦達爲益州刺史，攜姊之鎮，分禄秩之半以供贍之，西土稱焉。

脩之後墜車折脚，辭尚書，領崇憲太僕，仍加特進、金紫光禄大夫。以脚疾不堪獨行，特給扶侍。卒，贈侍中，特進如故。謚貞侯〔九〕。

宗慤字元幹，南陽人也。叔父炳，高尚不仕。慤年少時，炳問其志，慤曰：「願乘長風破萬里浪。」炳曰：「汝不富貴，即破我家矣。」兄泌娶妻，始入門，夜被劫，慤年十四，挺身拒賊，賊十餘人皆披散，不得入室。時天下無事，士人並以文義爲業，炳素高節，諸子羣從皆好學，而慤獨任氣好武，故不爲鄉曲所稱。

江夏王義恭爲征北將軍、南兗州刺史，慤隨鎮廣陵。時從兄綺爲征北府主簿，綺嘗入直，而給吏牛泰與綺妾私通，慤殺泰，綺壯其意〔一〇〕，不責也〔一一〕。

元嘉二十二年，伐林邑，慤自奮請行。義恭舉慤有膽勇，乃除振武將軍〔一二〕，爲安西參軍蕭景憲軍副，隨交州刺史檀和之圍區粟城〔一三〕。林邑遣將范毗沙達來救區粟，和之遣偏軍拒之，爲賊所敗。又遣慤，慤乃分軍爲數道，偃旗潛進，討破之，拔區粟，入象浦。林邑王范陽邁傾國來拒，以具裝被象，前後無際，士卒不能當。慤曰：「吾聞師子威服百獸。」乃製其形，與象相禦，象果驚奔，衆因潰散，遂克林邑〔一四〕。收其異寶雜物，不可勝計。慤一無所取，衣櫛蕭然。文帝甚嘉之。

後爲隨郡太守，雍州蠻屢爲寇，建威將軍沈慶之率慤及柳元景等諸將，分道攻之，羣蠻大潰。又南新郡蠻帥田彦生率部曲反叛，焚燒郡城，屯據白楊山，元景攻之未能下，慤率其所領先登，衆軍隨之，羣蠻由是畏服。

三十年，孝武伐元凶，以慤爲南中郎諮議參軍，領中兵。孝武即位，以爲右衞將軍〔一五〕，封洮陽侯，功次柳元景。孝建中，累遷豫州刺史，監五州諸軍事。先是，鄉人庾業，家甚富豪，方丈之膳，以待賓客，而慤至，設以菜葅粟飰，謂客曰：「宗軍人，慣噉麤食。」慤致飽而去。至是業爲慤長史，帶梁郡，慤待之甚厚，不以前事爲嫌。

大明三年，竟陵王誕據廣陵反，慤表求赴討，乘驛詣都，面受節度，上停輿慰勉，慤聳躍數十，左右顧眄，上壯之。及行，隸車騎大將軍沈慶之。初，誕誑其衆云：「宗慤助我。」及慤至，躍馬繞城呼曰：「我宗慤也。」事平，入爲左衞將軍。五年，從獵墮馬，脚折不堪朝直，以爲光禄大夫，加金紫。慤有佳牛堪進御，官買不肯賣，坐免官。明年，復職。廢帝即位，爲寧蠻校尉、雍州刺史，加都督。卒，贈征西將軍，謚曰肅侯。泰始二年，詔以慤配食孝武廟。子羅雲，卒，子元寶嗣。

王玄謨字彦德，太原祁人也。六世祖宏，河東太守，綿竹侯，以從叔司徒允之難，棄官北居新興，仍爲新興、雁門太守，其自敘云爾〔一六〕。祖牢，仕慕容氏爲上谷太守，陷慕容德，居青州。父秀，早卒。

玄謨幼而不羣，世父蕤有知人鑒，常笑曰：「此兒氣概高亮，有太尉彦雲之風。」武帝臨徐州，辟爲從事史，與語異之。少帝末，謝晦爲荆州，請爲南蠻行參軍、武寧太守〔一七〕。晦敗，以非大帥見原。元嘉中，補長沙王義欣鎮軍中兵參軍〔一八〕，領汝陰太守。

時虜攻陷滑臺，執朱脩之以歸。玄謨上疏曰：「王途始開，隨復淪塞，非惟天時，抑亦人事。虎牢、滑臺，豈惟將之不良，抑亦本之不固。本之不固，皆由民憚遠役。臣請以西陽之魯陽，襄陽之南鄉，發甲卒，分爲兩道，直趣淆、澠，征士無遠徭之思，吏士有屢休之歌。若欲以東國之衆，經營牢、洛，道途既遠，獨克實難。」玄謨每陳北侵之策，上謂殷景仁曰：「聞王玄謨陳説，使人有封狼居意〔一九〕。」後爲興安侯義賓輔國司馬、彭城太守。義賓薨，玄謨上表，以彭城要兼水陸，請以皇子撫臨州事，乃以孝武出鎮。

及大舉北征，以玄謨爲寧朔將軍，前鋒入河，受輔國將軍蕭斌節度。玄謨向碻磝，戍主奔走，遂圍滑臺，積旬不克。虜主託跋燾率大衆號百萬，鞞鼓之聲，震動天地。玄謨軍衆亦盛，器械甚精，而玄謨專依所見，多行殺戮。初圍城，城内多茅屋，衆求以火箭燒之，玄謨恐損亡軍實，不從。城中即撤壞之，穴地以爲窟室〔二〇〕。及魏救將至，衆請發車爲營，又不從，將士多離怨。又營貨利，一匹布責人八百梨，以此倍失人心。及託跋燾軍至，乃奔退，麾下散亡略盡。蕭斌將斬之，沈慶之固諫曰：「佛狸威震天下，控弦百萬，豈玄謨所能當。且殺戰將以自弱，非良計也。」斌乃止。初，玄謨始將見殺，夢人告曰：「誦觀音經千遍，則免。」既覺，誦之得千遍，明日將刑，誦之不輟，忽傳呼停刑。遣代守碻磝，江夏王義恭爲征討都督，以爲碻磝不可守，召令還，爲魏軍所追，大破之，流矢中臂。二十八年正月，還至歷城〔二一〕，義恭與玄謨書曰：「聞因敗爲成，臂上金瘡，得非金印之徵也。」

元凶弒立，玄謨爲冀州刺史〔二二〕。孝武伐逆，玄謨遣濟南太守垣護之將兵赴義。事平，除徐州刺史，加都督。及南郡王義宣與江州刺史臧質反，朝廷假玄謨輔國將軍，拜豫州刺史，與柳元景南討，軍屯梁山，夾岸築偃月壘，水陸待之。義宣遣劉諶之就臧質，陳軍城南，玄謨留老弱守城，悉精兵接戰，賊遂大潰。加都督、前將軍，封曲江縣侯。中軍司馬劉沖之白孝武，言：「玄謨在梁山，與義宣通謀。」上意不能明，使有司奏玄謨多取寶貨，虛張戰簿，與徐州刺史垣護之並免官。

尋復爲豫州刺史。淮上亡命司馬黑石推立夏侯方進爲主，改姓李名弘，以惑衆，玄謨討斬之。遷寧蠻校尉、雍州刺史，加都督。雍土多僑寓，玄謨請土斷流民，當時百姓不願屬籍，罷之。其年，玄謨又令九品以上租，使貧富相通，境内莫不嗟怨。民間訛言玄謨欲反，時柳元景當權，元景弟僧景爲新城太守，以元景之勢，制令南陽、順陽、上庸、新城諸郡並發兵討玄謨。玄謨令内外晏然，以解衆惑，馳啓孝武，具陳本末。帝知其虛，馳遣主書吴喜公撫慰之，又答曰：「梁山風塵，初不介意，君臣之際，過足相保，聊復爲笑，伸卿眉頭。」玄謨性嚴，未嘗妄笑，時人言玄謨眉頭未曾伸，故帝以此戲之。後爲金紫光禄大夫，領太常。及建明堂，以本官領起部尚書，又領北選。

孝武狎侮羣臣，隨其狀貌，各有比類，多鬚者謂之羊。顔師伯缺齒，號之曰齴。劉秀之儉吝，呼爲老慳。黄門侍郎宗靈秀體肥，拜起不便，每至集會，多所賜與，欲其瞻謝傾踣，以爲歡笑。又刻木作靈秀父光禄勳叔獻像，送其家廳事。柳元景、垣護之並北人，而玄謨獨受「老傖」之目。凡所稱謂，四方書疏亦如之。嘗爲玄謨作四時詩曰：「菫荼供春膳，粟漿充夏飡。瓟醬調秋菜，白醝解冬寒。」又寵一崐崘奴子，名白主〔三〕。常在左右，令以杖擊羣臣，自柳元景以下，皆罹其毒。

玄謨尋遷平北將軍、徐州刺史，加都督。時北土飢饉，乃散私穀十萬斛、牛千頭以振之。轉領軍將軍。

孝武崩，與柳元景等俱受顧命，以外監事委玄謨。時朝政多門，玄謨以嚴直不容，徙青、冀二州刺史，加都督。少帝既誅顏師伯、柳元景等，狂悖益甚，以領軍徵玄謨。子姪咸勸稱疾，玄謨曰：「吾受先帝厚恩，豈可畏禍苟免。」遂行。及至，屢表諫諍，又流涕請緩刑去殺，以安元元。少帝大怒。

明帝即位，禮遇甚優。時四方反叛，以玄謨爲大統，領水軍南討，以脚疾，聽乘輿出入。尋除車騎將軍、江州刺史〔二四〕，副司徒建安王於赭圻，賜以諸葛亮箭袖鎧。頃之，爲左光禄大夫、開府儀同三司，領護軍。遷南豫州刺史，加都督。玄謨性嚴剋少恩，而將軍宗越御下更苛酷，軍士謂之語曰：「寧作五年徒，不逢王玄謨。玄謨猶自可，宗越更殺我。」年八十一薨〔二五〕，謚曰莊公。子深早卒，子績嗣〔二六〕。

史臣曰：脩之、宗慤，皆以將帥之材，懷廉絜之操，有足稱焉。玄謨雖苛剋少恩，然觀其大節，亦足爲美。當少帝失道，多所殺戮，而能冒履不測，傾心輔弼，斯可謂忘身徇國者歟。

校勘記

〔一〕宋書卷七十六　此卷各傳記事多闕略，又於宋帝不稱廟號而稱謚法，蓋沈約原書此卷散佚，後人據他書輯補。

〔二〕朱脩之字恭祖義陽平氏人也　「義陽」，原作「義興」，據局本、南史卷一六朱脩之傳、御覽卷五一一引宋書改。洪頤煊諸史考異卷五：「案州郡志，義興郡無平氏縣。晉書朱序傳，義陽人。州郡志，平氏縣屬南義陽郡。南史本傳作義陽平氏人。」

〔三〕「彦之自河南回」至「遂陷於虜」　御覽卷三二〇引宋書：「朱脩之留府滑臺，乃爲索虜所攻圍，脩之糧盡，救兵不至，將士燻鼠食之，城陷，爲虜所執，上嘉其節。」或爲沈約宋書原文。

〔四〕「初脩之母聞其被圍既久」至「脩之果以此日陷没」　御覽卷五一一引宋書：「朱脩之（中略）留戍滑臺，爲索虜所攻，母悲憂，一旦乳汁驚出，因號慟告家人曰：『我老，非有乳汁之時，今忽如此，我兒必殁矣。』後數日，凶問至，脩之果其日陷殁。」或是沈約宋書原文而又有所删節。

〔五〕脩之深嘉其義　「深」，原作「鄭」，册府卷九四〇作「雖」，據南監本、殿本、局本、南史卷一六朱脩之傳改。

〔六〕泛海至東萊　「至東萊」，南史卷一六朱脩之傳、建康實録卷一二作「未至東萊」，疑是。

〔七〕徵爲左民尚書領軍將軍　「領軍將軍」前原衍「轉」字，據南史卷一六朱脩之傳删正。按朱脩之在荆州刺史任時若被徵爲左民尚書，而後再由左民尚書轉領軍將軍，則下文之「去鎮，秋毫不犯」云云，乃應接入「徵爲左民尚書」之後。且若由荆州刺史單爲左民尚書，則成降貶。本書卷六孝武帝紀載大明六年，「秋七月庚辰，以荆州刺史朱脩之爲領軍將軍」，省左民尚書而直云爲領軍將軍者，蓋其二職乃朱脩之一時之任也。本卷下文又云：「脩之後墜車折脚，辭尚書，領崇憲太僕，仍加特進、金紫光禄大夫。」可以爲證。

〔八〕計在州然油及牛馬穀草以私錢十六萬償之　「計在州然油及牛馬穀草」，類聚卷六引沈約宋書作「計在州以來内外燃油及私牛馬食費」，南史卷一六朱脩之傳、御覽卷八六四引宋書作「計在州已來然油及私牛馬食官穀草」。又「十六萬」，南史朱脩之傳、類聚、御覽作「六十萬」。

〔九〕謚貞侯　建康實録卷一四：「子雍嗣。」此亦略之。

〔一〇〕愨殺泰綺壯其意　「綺壯其意」，南史卷三七宗愨傳作「義恭壯其意」。按江夏王義恭時爲征北將軍、南兖州刺史，宗愨兄弟皆在義恭征北府，故義恭壯之乃得原其罪而不責。下文載「義恭舉愨有膽勇」，使伐林邑，是義恭實愛其勇。疑「綺」乃「義恭」之訛。

〔一一〕不責也　南史卷三七宗愨傳此下云：「後以補國上軍將軍。」建康實録卷一二：「爲江夏國上將軍，十五年不改職。」御覽卷四三五引宋書：「爲江夏王國上將軍，十五年不徙官。」蓋後人輯補時，闕録其事。御覽所引，或是沈約宋書原文。

〔二〕乃除振武將軍　「振威將軍」，原作「震武將軍」，據南監本、局本、御覽卷四三五引宋書、册府卷四〇六、卷九八四改。按殿本考證云：「百官志有『振武將軍』無『震武將軍』，當作『振』。」

〔三〕隨交州刺史檀和之圍區粟城　「區粟」，南齊書卷五八林邑國傳、梁書卷五四林邑傳、南史卷七八林邑國傳作「區栗」。岑仲勉諸蕃志占城屬國考「烏麗」條：「南齊書林邑傳史料與宋書異，自有所本，其書出世，後於宋書僅約三十許年，爲『粟』爲『栗』，正未知孰是。（中略）『區』字古有兩讀，一音驅，一音甌；假讀爲甌栗，則與『烏里』或『烏麗』聲甚近，而尤近於占城碑文之Ulik，大概日久失去末尾k音，故轉爲『烏里』。（中略）以林邑記、水經注等文獻，視今方望、江流地勢略合，是『區粟』之與『烏里』，或許同是一名而轉訛。」

〔四〕遂克林邑　按初學記卷二九引沈約宋書、通典卷一六一兵一四、御覽卷二八七引宋書敍宗慤破林邑事甚詳，多有逸出本書處。

〔五〕孝武即位以爲右衛將軍　「右衛將軍」，原作「左衛將軍」，據通鑑卷一二七宋紀元嘉三十年改。按本書卷六孝武帝紀亦記元嘉三十年七月，「以右衛將軍宗慤爲廣州刺史」，卷七七沈慶之傳載孝武帝即位後封功臣詔，云「新除散騎常侍、右衛將軍宗慤」。據本書卷七七柳元景傳、南史卷三八柳元景傳，是時左衛將軍乃柳元景。

〔六〕「六世祖宏」至「其自敍云爾」　張森楷校勘記：「王宏，謝承後漢書以爲允兄。范曄後漢書允傳但言允用同郡王宏爲右扶風。又二書皆言王宏爲右扶風，李傕矯詔殺之，不言宏北居新興，蓋譜牒自敍，有不足徵者。」

〔一七〕請爲南蠻行參軍武寧太守　「武寧」，原作「武昌」，據南史卷一六王玄謨傳改。按本書卷三七州郡志三，武寧郡屬荆州，武昌郡屬郢州，孝建以前屬江州。

〔一八〕補長沙王義欣鎮軍中兵參軍　「參軍」，原作「將軍」，據南史卷一六王玄謨傳改。孫虨考論卷四：「時義欣爲豫州刺史。又按景平初，廬陵王義真爲車騎將軍、南豫州刺史。又案索虜傳，景平元年，攻潁州太守李元德於許昌，車騎參軍王玄謨領千人助元德守，與元德俱敗散。又案許録（建康實録），元嘉七年，到彦之遣揚武將軍王玄謨進逼虎牢。又按義欣進號鎮軍，在元嘉十年。符瑞志，元嘉十一年八月，北汝陰太守王玄謨獻嘉禾。又案沈慶之傳，征驛道蠻，王玄謨領荆州軍並會。時義宣爲荆州刺史，觀玄謨答義宣書有『昔因幸會，蒙國士顧』之言，則玄謨嘗爲義宣荆州府職也。」

〔一九〕使人有封狼居意　「狼居」，南史卷一六王玄謨傳、明本册府卷三八九、通鑑卷一二五宋紀元嘉二十六年作「狼居胥」。

〔二〇〕城中即撤壞之穴地以爲窟室　「穴地」，原作「空地」，據通志卷一三一改。按通鑑卷一二五宋紀元嘉二十七年云「城中即撤屋穴處」，是其證。

〔二一〕二十八年正月還至歷城　孫虨考論卷四：「元嘉二十九年又北伐索虜，張永、徐爰傳並言玄謨攻碻磝，不克，退還。此傳又略。」

〔三〕玄謨爲冀州刺史　「冀州」，原作「益州」，據南史卷一六王玄謨傳改。洪頤煊諸史考異卷一五：「宋書作『益州刺史』，下文孝武帝伐逆，玄謨遣濟南太守垣護之等將兵赴義，則作『冀州』是。」

〔三〕又寵一崐崘奴子名白主　「白」，原作「曰」，據南史卷一六王玄謨傳改。

〔四〕尋除車騎將軍江州刺史　「車騎將軍」，原作「大將軍」，南史卷一六王玄謨傳作「車騎大將軍」。孫彪考論卷四：「大將軍號太崇，鄧琬傳及明帝紀並云車騎，是也。」按通鑑卷一三一宋紀泰始二年亦作「車騎將軍」，孫説是，今訂正。

〔五〕年八十一薨　「八十一」，南史卷一六王玄謨傳作「八十二」。

〔六〕子續嗣　南史卷一六王玄謨傳作「深子續嗣」。

宋書卷七十七

列傳第三十七

柳元景　顏師伯　沈慶之

柳元景字孝仁，河東解人也。曾祖卓，自本郡遷於襄陽，官至汝南太守。祖恬，西河太守。父憑，馮翊太守。

元景少便弓馬，數隨父伐蠻，以勇稱。寡言有器質。荆州刺史謝晦聞其名，要之，未及往而晦敗。雍州刺史劉道產深愛其能，元景時居父憂，未得加命。會荆州刺史江夏王義恭召之，道產謂曰：「久欲見屈〔一〕。今貴王有召，難輒相留，乖意以爲惘惘。」服闋，補江夏王國中軍將軍，遷殿中將軍。復爲義恭司空行參軍，隨府轉司徒太尉城局參軍，太祖見又嘉之。

先是，劉道産在雍州有惠化，遠蠻悉歸懷，皆出，緣沔爲村落，户口殷盛。及道産死，羣蠻大爲寇暴。世祖西鎮襄陽，義恭以元景爲將帥，即以爲廣威將軍、隨郡太守〔二〕。既至，而蠻斷驛道，欲來攻郡。郡内少糧，器杖又乏，元景設方略，得六七百人，分五百人屯驛道。或曰：「蠻將逼城，不宜分衆。」元景曰：「蠻聞郡遣重戍，豈悟城内兵少。且表裏合攻〔三〕，於計爲長。」會蠻垂至，乃使驛道爲備，潛出其後，戒曰：「火舉馳進。」前後俱發，蠻衆驚擾，投鄖水死者千餘人，斬獲數百，郡境肅然，無復寇抄。朱脩之討蠻，元景又與之俱，後又副沈慶之征鄖山，進克太陽。除世祖安北府中兵參軍。

隨王誕鎮襄陽，爲後軍中兵參軍。及朝廷大舉北討，使諸鎮各出軍。二十七年八月，誕遣振威將軍尹顯祖出貲谷，奮武將軍魯方平、建武將軍薛安都、略陽太守龐法起入盧氏，廣威將軍田義仁入魯陽，加元景建威將軍，總統羣帥。後軍外兵參軍龐季明年已七十三，秦之冠族，羌人多附之，求入長安，招懷關、陝。乃自貲谷入盧氏，盧氏人趙難納之，弘農强門先有内附意，故委季明投之。十月，魯方平、薛安都、龐法起進次白亭，時元景猶未發。法起率方平、安都諸軍前入，自脩陽亭出熊耳山。季明進達高門木城，值永昌王入弘農，乃回，還盧氏，據險自固。頃之，招盧氏少年進入宜陽苟公谷〔四〕，以扇動義心。元景以其月率軍繼進。閏月，法起、安都、方平諸軍入盧氏，斬縣令李封，以趙難爲盧氏令，加奮武將軍。難驅率義徒，以爲衆軍鄉導。法起等度鐵嶺山，次開方口，季明出自木城，與法起相會。元景大軍次臼口，以前鋒深入，懸軍無繼，馳遣尹顯祖入盧氏，以爲軍援。元景以軍食不足，難可曠日相持，乃束馬懸車，引軍上百丈崖，出温谷，以入盧氏。

法起諸軍進次方伯堆，去弘農城五里。賊遣兵二千餘人覘候，法起縱兵夾射之，賊騎退走。諸軍造攻具，進兵城下，僞弘農太守李初古拔嬰城自固，法起、安都、方平諸軍鼓譟以陵城，季明、趙難並率義徒相繼而進，衝車四臨，數道俱攻，士皆殊死戰，莫不奮勇爭先。時初古拔父子據南門，督其處距戰，弘農人之在城内者三千餘人，於北樓豎白幡，或射無金箭。安都軍副譚金、薛係孝率衆先登，生禽李初古拔父子二人，魯方平入南門，生禽僞郡丞，百姓皆安堵。

元景引軍度熊耳山，安都頓軍弘農，法起進據潼關，季明率方平、趙難軍向陝西七里谷。殿中將軍鄧盛、幢主劉駼亂使人入荒田，招宜陽人劉寬蚪率合義徒二千餘人〔五〕，共攻金門隖，屠之。殺戍主李買得，古拔子也，爲虜永昌王長史，勇冠戎類。永昌聞其死，若失左右手。

誕又遣長流行參軍姚範領三千人向弘農，受元景節度。十一月，元景率衆至弘農，營於開方口。仍以元景爲弘農太守，置吏佐。

初，安都留住弘農〔六〕，而諸軍已進陝，元景既到，謂安都曰：「無爲坐守空城，而令龐公深入，此非計也。宜急進軍，可與顯祖并兵就之。吾須督租畢，尋後引也。」衆並造陝下，即入郭城，列營於城内以逼之，並大造攻具。賊城臨河爲固，恃險自守，季明、安都、方平、顯祖、趙難諸軍，頻三攻未拔。虜洛州刺史地河公張是連提衆二萬〔七〕，度崤來救，安都、方平各列陣城南以待之，顯祖勒精卒以爲後柱。季明率高明、宜陽義兵當南門而陣，趙難領盧氏樂從少年，與季明爲掎角。賊兵大合，輕騎挑戰。安都瞋目橫矛，單騎突陣，四向奮擊，左右皆辟易不能當，殺傷不可勝數，於是衆軍並鼓噪俱前，士皆殊死戰。虜初縱突騎，衆軍患之，安都怒甚，乃脱兜鍪，解所帶鎧，唯著絳納兩當衫〔八〕，馬亦去具裝，馳奔以入賊陣，猛氣咆㘚，所向無前，當其鋒者，無不應刃而倒。賊忿之，夾射不能中，如是者數四，每一入，衆無不披靡。初，元景令將魯元保守函谷關，賊衆既盛，元保不能自固，乃率所領作函箱陣，多列旗幟，緣險而還，正會安都諸軍與賊交戰，虜三郎將見元保軍從山下〔九〕，以爲元景大衆至，日且暮，賊於是奔退，騎多得入城。

賊之將至也，方平遣驛騎告元景，時諸軍糧盡〔一〇〕，各餘數日食。元景方督義租，并上驢馬，以爲運糧之計，而方平信至，元景遣軍副柳元怙簡步騎二千，以赴陝急。卷甲兼行，一宿而至。詰朝，賊衆又出，列陳於城外。方平諸軍並成列，安都并領馬軍，方平悉勒步卒，左右犄角之，餘諸義軍並於城西南列陳。方平謂安都曰：「今勍敵在前，堅城在後，是吾取死之日。卿若不進，我當斬卿；我若不進，卿當斬我也。」安都曰：「善，卿言是也。我豈惜身命乎。」遂合戰。時元怗方至，悉偃旗鼓，士馬皆銜枚，潛師伏甲而進，賊未之覺也。方平等方與虜交鋒，而元怗勒衆從城南門函道直出，北向結陳，旌旗甚盛，鼓譟而前，出賊不意，虜衆大駭。元怗與幢主宗越，率手下猛騎，以衝賊陳，一軍皆馳之。安都、方平等督諸軍一時齊奮，士卒無不用命。安都不堪其憤，橫矛直前，出入賊陳，殺傷者甚多，流血凝肘，矛折，易之復入。軍副譚金率騎從而奔之。自詰旦而戰，至于日昃，虜衆大潰，斬張是連提，又斬三千餘級，投河赴塹死者甚衆，面縛軍門者二千餘人。

元景輕騎晨至，虜兵之面縛者多河內人，元景詰之曰：「汝等怨王澤不浹，請命無所，今並爲虜盡力，便是本無善心。順附者存拯，從惡者誅滅，欲知王師正如此爾。」皆曰：「虐虜見驅，後出赤族，以騎蹙步，未戰先死，此親將軍所見，非敢背中國也。」諸將欲盡殺之，元景以爲不可，曰：「今王旗北掃，當令仁聲先路。」乃悉釋而遣之，家在關裏者，符守關諸軍聽出，皆稱萬歲而去。誕以崤、陝既定，其地宜撫，以弘農劉寬虯行東弘農太守。給元景鼓吹一部。

法起率衆次于潼關。先是，建義將軍華山太守劉槐糾合義兵攻關城，拔之，力少不固。頃之，又集衆以應王師，法起次潼關，槐亦至。賊關城戍主婁須望旗奔潰，虜衆溺於河者甚衆。法起與槐即據潼關。虜蒲城鎮主遣僞帥何難於封陵堆列三營以擬法起〔一二〕。法起長驅入關，行王、檀故壘。虜謂直向長安，何難率衆欲濟河以截軍後，法起回軍臨河，縱兵射之，賊退散。關中諸義徒並處處鋒起，四山羌、胡咸皆請奮。誕又遣揚武將軍康元撫領二千人出上洛，受元景節度，援方平於函谷。元景去，賊衆向關。時軍中食盡，元景回據白楊嶺，賊定未至，更下山進弘農，入湖關口，虜蒲阪戍主泰州刺史杜道生率衆二萬至閿鄉水〔一三〕，去湖關一百二十里。元景募精勇一千人，夜斫賊營，迷失道，天曉而反。道生率手下驍鋭縱兵射之，鋒刃既交，虜又奔散。

時北討諸軍王玄謨等敗退，虜遂深入。太祖以元景不宜獨進，且令班師。元景乃率諸將自湖關度白楊嶺，出于長洲，安都斷後，宗越副之。法起自潼關向商城，與元景會，季明亦從胡谷南歸，並有功而入，士馬旌旗甚盛。誕登城望之，以鞍下馬迎元景。除寧朔將軍、京兆廣平二郡太守，於樊城立府舍，率所領居之，統行北蠻事。龐季明爲定蠻長，薛安都爲後軍行參軍，魯方平爲寧蠻參軍。

臧質爲雍州，除元景爲冠軍司馬、襄陽太守，將軍如故。魯爽向虎牢，復使元景率安都等北出至關城，關城棄戍走，即據之。元景至洪關，欲進與安都濟河攻杜道生於蒲阪，會爽退，復還。再出北討，威著於境外。又使率所領進西陽，會伐五水蠻。

世祖入討元凶，以爲諮議參軍，領中兵，加冠軍將軍，太守如故。配萬人爲前鋒，宗慤、薛安都等十三軍皆隸焉。元景與朝士書曰：「國禍冤深，凶人肆逆，民神崩憤，若無天地。南中郎親率義師，剪討元惡，司徒、臧冠軍並同大舉，舳艫千里，購賞之利備之。元景不武，忝任行間，總勒精勇，先鋒道路，勢乘上流，衆兼百倍。諸賢弈世忠義，身爲國良，皆受遇先朝，荷榮日久，而拘逼寇廷，莫由申効，想聞今問，悲慶兼常。大行届道，廓清惟始，企遲面對，展雪哀情。」

時義軍船率小陋，慮水戰不敵，至蕪湖，元景大喜，倍道兼行，聞石頭出戰艦，乃於江寧步上，於板橋立柵以自固。進據陰山，遣薛安都率馬軍至南岸，元景潛至新亭，依山建壘，東西據險。世祖復遣龍驤將軍、行參軍程天祚率衆赴之。天祚又於東南據高丘，屯砦柵。凡歸順來奔者，皆勸元景速進，元景曰：「不然。理順難恃，同惡相濟，輕進無防，實啓寇心。當倚我之不可勝，豈幸寇之不攻哉。」元景營壘未立，爲龍驤將軍詹叔兒覘知之，勸劭出戰，不許。經日，乃水陸出軍，劭自登朱雀門督戰。軍至瓦官寺，與義軍游邏相逢，游邏退走，賊遂薄壘。劭以元景壘塹未立，可得平地決戰，既至，柴柵已堅，倉卒無攻具，便使肉薄攻之。元景宿令軍中曰：「鼓繁氣易衰，叫數力易竭。但各銜枚疾戰，一聽吾營鼓音。」賊步將魯秀、王羅漢、劉簡之、騎將常伯與等及其士卒，皆殊死戰。劉簡之先攻西南，頻得燒草舫，略渡人〔一三〕。程天祚柴未立，亦爲所摧。王羅漢等攻壘北門，賊艦亦至。元景水陸受敵，意氣彌彊，麾下勇士悉遣出戰，左右唯留數人宣傳。分軍助程天祚，天祚還得固柴，因此破賊。元景察賊衰竭，乃命開壘，鼓譟以奔之，賊衆大潰，透淮死者甚多。劭更率餘衆自來攻壘，復大破之，其所殺傷，過於前戰。劭手斬退者不能禁，奔還宮，僅以身免，蕭斌被創。簡之收兵而止，陳猶未散。元景復出薄之，乃走，競投死馬澗，澗爲之滿，斬簡之及軍主姚叔藝、王江寶、朱明智、諸葛逸之等，水軍主褚湛之、副劉道存並來歸順。

上至新亭即位，以元景爲侍中，領左衞將軍，轉使持節、監雍梁南北秦四州荆州之竟陵隨二郡諸軍事、前將軍、寧蠻校尉、雍州刺史。上在巴口，問元景：「事平，何所欲？」對曰：「若有過恩，願還鄉里。」故有此授。初，臧質起義，以南譙王義宣闇弱易制，欲相推奉，潛報元景，使率所領西還。元景即以質書呈世祖，語其使曰：「臧冠軍當是未知殿下義舉爾。方應伐逆，不容西還。」質以此恨之。及元景爲雍州刺史，質慮其爲荆、江後患，建議爪牙不宜遠出。上重違其言，更以元景爲護軍將軍，領石頭戍事，不拜。徙領軍將軍，加散騎常侍，曲江縣公，食邑三千户。

孝建元年正月，魯爽反，遣左衞將軍王玄謨討之，加元景撫軍，假節置佐，係玄謨〔一四〕。復以爲都督雍梁南北秦四州荆州之竟陵隨二郡諸軍事、撫軍將軍、領寧蠻校尉、雍州刺史，持節如故。臧質、義宣並反，玄謨南據梁山，夾江爲壘，垣護之、薛安都渡據歷陽，元景出屯采石。玄謨聞賊盛，遣司馬管法濟求益兵，上使元景進屯姑孰。元景使將武念前進，質遣將龐法起襲姑孰，值念至，擊破之，法起單船走。質攻陷玄謨西壘，玄謨使垣護之告元景曰：「今餘東岸萬人，賊軍數倍，强弱不敵，謂宜還就節下協力當之。」元景謂護之曰：「師有常刑，不可先退。賊衆雖多，猜而不整，今當卷甲赴之。」護之曰：「逆徒皆云南州有三萬人〔一五〕，而麾下裁十分之一，若往造賊，虛實立見，則賊氣成矣。」元景納其言，悉遣精兵助玄謨，以羸弱居守。所遣軍多張旗幟，梁山望之如數萬人，皆曰：「京師兵悉至。」於是衆心乃安，由是克捷〔一六〕。

上遣丹陽尹顔竣宣旨慰勞，與沈慶之俱以本號開府儀同三司，改封晉安郡公，邑如故〔一七〕。固讓開府儀同，復爲領軍、太子詹事，加侍中。尋轉驃騎將軍、本州大中正，領軍、侍中如故。大明二年，復加開府儀同三司，又固讓。明年，遷尚書令，太子詹事、侍中、中正如故。以封在嶺南，秋輸艱遠，改封巴東郡公。五年，又命左光禄大夫、開府儀同三司，侍中、令、中正如故，又讓開府，乃與沈慶之俱依晉密陵侯鄭袤不受司空故事，事在慶之傳。六年，進司空，侍中、令、中正如故，又固讓，乃授侍中、驃騎大將軍、南兗州刺史〔一八〕，留衞京師。世祖晏駕，與太宰江夏王義恭、尚書僕射顏師伯並受遺詔輔幼主〔一九〕。遷尚書令，領丹陽尹，侍中、將軍如故，給班劍二十人，固辭班劍。

元景起自將帥，及當朝理務，雖非所長，而有弘雅之美。時在朝勳要，多事産業，唯元景獨無所營。南岸有數十畝菜園，守園人賣得錢二萬送還宅，元景曰：「我立此園種菜，以供家中啖爾。乃復賣菜以取錢，奪百姓之利邪。」以錢乞守園人。

世祖嚴暴異常，元景雖荷寵遇，恒慮及禍。太宰江夏王義恭及諸大臣，莫不重足屏氣，未嘗敢私往來。世祖崩，義恭、元景等並相謂曰：「今日始免横死。」義恭與義陽等諸王，元景與顏師伯等，常相馳逐，聲樂酣酒，以夜繼晝。

前廢帝少有凶德，内不能平，殺戴法興後，悖情轉露，義恭、元景等憂懼無計，乃與師伯等謀廢帝立義恭，日夜聚謀，而持疑不能速決。永光年夏〔二〇〕，元景遷使持節、督南豫之宣城諸軍事〔二一〕、即本號開府儀同三司、南豫州刺史，侍中、令如故。未拜，發覺，帝親率宿衞兵自出討之。先稱詔召元景，左右奔告兵刃非常，元景知禍至，整朝服，乘車應召。出門逢弟車騎司馬叔仁〔二二〕，戎服率左右壯士數十人欲拒命，元景苦禁之。既出巷，軍士大至，下車受戮，容色恬然，時年六十。

長子慶宗，有幹力，而情性不倫，世祖使元景送還襄陽，於道中賜死。次子嗣宗，豫章王子尚車騎從事中郎。嗣宗弟紹宗、共宗、孝宗、文宗、仲宗、成宗、季宗〔二三〕，叔仁弟衞軍諮議參軍僧珍等諸弟姪在京邑及襄陽從死者數十人〔二四〕。元景少子承宗〔二五〕，及嗣宗子纂，並在孕獲全。

太宗即位，令曰：「故侍中、尚書令、驃騎大將軍、巴東郡開國公、新除開府儀同三司、南豫州刺史元景，風度弘簡，體局深沈，正義亮時，恭素範物。幽明道盡，則首贊孝圖，盛運開曆，則毗燮皇化。方任孚漢輔，業懋殷衡，而蜂豺肆濫，顯加禍毒，冤動勳烈，悲深朝貫。朕承七廟之靈，纂臨寶業，情典既申，痛悼彌軫，宜崇賁徽册，以旌忠懿。可追贈使持節、都督南豫江三州諸軍事〔二六〕、太尉，侍中、刺史、國公如故。給班劍三十人，羽葆、鼓吹一部，謚曰忠烈公。」叔仁爲梁州刺史，黃門郎。以破臧質功，封宜陽侯，食邑八百户。

元景從兄元怙，大明末，代叔仁爲梁州，與晉安王子勛同逆，事敗歸降。

元景從父弟先宗〔二七〕，大明初，爲竟陵王誕司空參軍，誕作亂，殺之，追贈黃門侍郎。

元景從祖弟光世，先留鄉里，索虜以爲折衝將軍、河北太守，封西陵男。光世姊夫僞司徒崔浩，虜之相也。元嘉二十七年，虜主拓跋燾南寇汝、潁，浩密有異圖，光世要河北義士爲浩應。浩謀泄被誅，河東大姓坐連謀夷滅者甚衆，光世南奔得免。太祖以爲振武將軍。前廢帝景和中，左將軍，直閤。太宗定亂，光世參謀，以爲右衛將軍，封開國縣侯，食邑千户。既而四方反叛，同閤宗越、譚金又誅，光世乃北奔薛安都，安都使守下邳城。及安都招引索虜，光世率衆歸降，太宗宥之，以爲順陽太守。子欣慰謀反〔二八〕，光世賜死。

顔師伯字長淵，琅邪臨沂人，東揚州刺史竣族兄也。父邵，剛正有局力，爲謝晦所知。晦爲領軍，以爲司馬，廢立之際，與之參謀。晦鎮江陵，請爲諮議參軍，領録事，軍府之務悉委焉。邵慮晦將有禍，求爲竟陵太守，未及之郡，值晦見討，晦與邵謀起兵距朝廷，邵飲藥死。

師伯少孤貧，涉獵書傳，頗解聲樂。劉道産爲雍州，以爲輔國行參軍。弟師仲，妻，臧質女也。質爲徐州，辟師伯爲主簿。衡陽王義季代質爲徐州，質薦師伯於義季，義季即命爲征北行參軍〔二九〕。興安侯義賓代義季，世祖代義賓，仍爲輔國、安北行參軍。王景文時爲諮議參軍，愛其諧敏，進之世祖。師伯因求杖節，乃以爲徐州主簿。善於附會，大被知遇。及去鎮，師伯以主簿送故。世祖鎮尋陽，啓太祖請爲南中郎府主簿。太祖不許，謂典籤曰：「中郎府主簿那得用顔師伯。」世祖啓爲長流正佐，太祖又曰：「朝廷不能除之，郎可自板，亦不宜署長流。」世祖乃板爲參軍事，署刑獄。及入討元凶，轉主簿。

世祖踐阼，以爲黃門侍郎，隨王誕驃騎長史、南郡太守。改爲驃騎大將軍長史、南濮陽太守，御史中丞。臧質反，出爲寧遠將軍、東陽太守，領兵置佐，以備東道。事寧，復爲黃門侍郎，領步兵校尉，改領前軍將軍，徙御史中丞，遷侍中。上以伐逆寧亂，事資羣謀，大明元年，下詔曰：「昔歲國難方結，疑懦者衆，故散騎常侍、太子右率龐秀之履嶮能貞，首暢義節，用使狡狀先聞，軍備夙固，醜逆時殄，頗有力焉。追念厥誠，無忘于懷。侍中祭酒顏師伯、侍中領射聲校尉袁愍孫、豫章太守王謙之、太子前中庶子領右衛率張淹，爰始入討，預參義謀，契闊大難，宜蒙殊報。秀之可封樂安縣伯，食邑六百户，師伯平都縣子，愍孫興平縣子，謙之石陽縣子，淹廣晉縣子，食邑各五百户。」

師伯遷右衛將軍，母憂去職。二年，起爲持節、督青冀二州徐州之東安東莞兗州之濟北三郡諸軍事、輔國將軍、青冀二州刺史〔三〇〕。其年，索虜拓跋濬遣僞散騎常侍、鎮西將軍天水公拾賁敕文率衆寇清口〔三一〕，清口戍主振威將軍傅乾愛率前員外將軍周盤龍等擊大破之。世祖遣虎賁主龐孟虬〔三二〕、積射將軍殷孝祖等赴討，受師伯節度。師伯遣中兵參軍苟思達與孟虬合力。行達沙溝〔三三〕，虜窟瓌公、五軍公等馬步數萬，迎軍拒戰，孟虬等奮擊盡日，孟虬手斬五軍公，虜於是大奔。孝祖又斬窟瓌公，赴水死者千計。虜又遣河南公、黑水公、濟州公、青州刺史張懷之等屯據濟岸，師伯又遣中兵參軍江方興就傅乾愛擊破之，斬河南公樹蘭等。虜別帥它門又遣萬餘人攻清口戍城，乾愛、方興出城拒戰，即斬它門，餘衆奔走。虜天水公又率二萬人復來逼城，乾愛等出戰，又破之，追奔至赤龍門，殺賊甚衆。上嘉其功，詔曰：「虜驅率犬羊，規暴邊塞，輔國將軍、青冀二州刺史師伯宣略命師，合變應機，濟戍奮怒，一月四捷，支軍異部，騁勇齊效，頻梟名王，大殲羣醜。朕用嘉嘆，良深于懷。可遣使慰勞，并符輔國府詳考功最，以時言上。」

苟思達、龐孟虯等又追虜至杜梁，虜衆多，四面俱合，平南參軍童太壹及苟思達等並單騎出盪，應手披靡。孟虯等繼至，虜乃散走，透河死者甚多。既而虜更合衆大至，孟虯等又破之。世祖又遣司空參軍卜天生助師伯〔三四〕。張懷之據糜溝城，師伯遣天生等破之，懷之出城逆戰，天生率軍主劉懷珍、白衣客朱士義、殿中將軍孟繼祖等擊之。懷之敗走入城，僅以身免。繼祖於陳遇害，追贈郡守。又虜隴西王等屯據申城，背濟向河〔三五〕，三面險固，天生又率衆攻之，朱士義等貫甲先登，賊赴河死者無筭，即日陷城。虜天水公又攻樂安城，建威將軍、平原樂安二郡太守分武都與卜天生等拒擊，大破之，虜乃奔退，追戰克捷，直至清口。虜攻圍傅乾愛，乾愛隨方拒對，孝祖等既至，虜徹圍遁走。師伯進號征虜將軍。

三年，竟陵王誕反，師伯遣長史嵇玄敬率五千人赴難。四年，徵爲侍中，領右軍將軍，親幸隆密，羣臣莫二。遷吏部尚書，右軍如故。上不欲威柄在人，親監庶務，前後領選者，唯奉行文書，師伯專情獨斷，奏無不可。遷侍中，領右衞將軍。七年，補尚書右僕射。時分置二選，陳郡謝莊、琅邪王曇生並爲吏部尚書。師伯舉周旋寒人張奇爲公車令〔三六〕，上以奇資品不當，使兼市買丞，以蔡道惠代之。令史潘道栖、褚道惠、顏禕之、元從夫、任澹之、石道兒、黃難、周公選等抑道惠敕，使奇先到公車，不施行奇兼市買丞事。師伯坐以子領職，莊、曇生免官，道栖、道惠棄市，禕之等六人鞭杖一百。師伯尋領太子中庶子，雖被黜挫，受任如初。

世祖臨崩，師伯受遺詔輔幼主，尚書中事，專以委之。廢帝即位，復還即真，領衞尉。師伯居權日久，天下輻輳，游其門者，爵位莫不踰分。多納貨賄，家産豐積，伎妾聲樂，盡天下之選，園池第宅，冠絶當時，驕奢淫恣，爲衣冠所嫉。又遷尚書僕射〔三七〕，領丹陽尹。廢帝欲親朝政，發詔轉師伯爲左僕射，加散騎常侍，以吏部尚書王景文爲右僕射。奪其京尹，又分臺任，師伯至是始懼。尋與太宰江夏王義恭、柳元景同誅，時年四十七。六子並幼，皆見殺。

弟師仲，中書郎，晉陵太守。師叔，司徒主簿，南康相。

太宗即位，詔曰：「故散騎常侍、僕射、領丹陽尹、平都縣子師伯，昔逢代運，豫班榮賞。遭罹厄會，隕命淫刑，宗嗣殄絶，良用矜悼。但其心瀆貨，宜貶贈典，可紹封社，以慰冤魂。謚曰荒子。」師仲子幹繼封。齊受禪，國除。

沈慶之字弘先，吴興武康人也。兄敞之〔三八〕，爲趙倫之征虜參軍、監南陽郡，擊蠻有功，遂即真。

慶之少有志力。孫恩之亂也，遣人寇武康，慶之未冠，隨鄉族擊之，由是以勇聞。荒擾之後，鄉邑流散，慶之躬耕壟畝，勤苦自立。年三十，未知名，往襄陽省兄，倫之見而賞之。倫之子伯符時爲竟陵太守，倫之命伯符版爲寧遠中兵參軍。竟陵蠻屢爲寇，慶之爲設規略，每擊破之，伯符由此致將帥之稱。伯符去郡，又别討西陵蠻，不與慶之相隨，無功而反。

永初二年，慶之除殿中員外將軍。又隨伯符隸到彦之北伐。伯符病歸，仍隸檀道濟。道濟還白太祖，稱慶之忠謹曉兵，上使領隊防東掖門，稍得引接，出入禁省。出戍錢唐新城，及還，領淮陵太守。領軍將軍劉湛知之〔三九〕，欲相引接，謂之曰：「卿在省年月久，比當相論。」慶之正色曰：「下官在省十年，自應得轉，不復以此仰累。」尋轉正員將軍。及湛被收之夕〔四〇〕，上開門召慶之，慶之戎服履韎縛絝入，上見而驚曰：「卿何意乃爾急裝？」慶之曰：「夜半喚隊主，不容緩服。」遣收吴郡太守劉斌，殺之。遷始興王濬後軍行參軍，員外散騎侍郎。

元嘉十九年，雍州刺史劉道産卒，羣蠻大動，征西司馬朱脩之討蠻失利，以慶之爲建威將軍，率衆助脩之。脩之失律下獄，慶之專軍進討，大破緣沔諸蠻，禽生口七千人。進征湖陽，又獲萬餘口。遷廣陵王誕北中郎中兵參軍，領南東平太守，又爲世祖撫軍中兵參軍。世祖以本號爲雍州，隨府西上。時蠻寇大甚，水陸梗礙，世祖停大隄不得進。分軍遣慶之掩討，大破之，降者二萬口。世祖至鎮，而驛道蠻反殺深式，遣慶之又討之〔四一〕。王玄謨領荆州，王方回領臺軍並會，平定諸山，獲七萬餘口。郧山蠻最彊盛，魯宗之屢討不能克，慶之剪定之，禽三萬餘口。還京師，復爲廣陵王誕北中郎中兵參軍，加建威將軍、南濟陰太守。

雍州蠻又爲寇，慶之以將軍、太守復與隨王誕入沔。既至襄陽，率後軍中兵參軍柳元景、隨郡太守宗慤、振威將軍劉顒、司空參軍魯尚期、安北參軍顧彬、馬文恭、左軍中兵參軍蕭景嗣、前青州别駕崔目連、安蠻參軍劉雍之、奮威將軍王景式等二萬餘人伐沔北諸山蠻，宗慤自新安道入太洪山，元景從均水據五水嶺，文恭出蔡陽口取赤係隝，景式由延山下向赤圻阪，目連、尚期諸軍八道俱進，慶之取五渠，頓破隝以爲衆軍節度。前後伐蠻，皆山下安營以迫之，故蠻得據山爲阻，於矢石有用，以是屢無功。慶之乃會諸軍於茹丘山下，謂衆曰：「今若緣山列旆以攻之，則士馬必損。去歲蠻田大稔，積穀重巖，未有饑弊，卒難禽剪。今令諸軍各率所領以營于山上，出其不意，諸蠻必恐，恐而乘之，可不戰而獲也。」於是諸軍並斬山開道，不與蠻戰，鼓譟上山，衝其腹心，先據險要，諸蠻震擾，因其懼而圍之，莫不奔潰。自冬至春，因糧蠻穀。

頃之，南新郡蠻帥田彥生率部曲十封六千餘人反叛，攻圍郡城，慶之遣元景率五千人赴之。軍未至，郡已被破，焚燒城內倉儲及廨舍蕩盡，并驅略降戶，屯據白楊山。元景追之至山下，衆軍悉集，圍山數重。宗慤率其所領先登，衆軍齊力急攻，大破之〔四二〕，威震諸山，羣蠻皆稽顙。慶之患頭風，好著狐皮帽，羣蠻惡之，號曰「蒼頭公」。每見慶之軍，輒畏懼曰：「蒼頭公已復來矣。」慶之引軍自茹丘山出檢城，大破諸山，斬首三千級，虜生蠻二萬八千餘口，降蠻二萬五千口，牛馬七百餘頭，米粟九萬餘斛。隨王誕築納降、受俘二城於白楚。

慶之復率衆軍討幸諸山犬羊蠻，緣險築重城，施門櫓，甚峻〔四三〕。山多木石，積以爲礧。立部曲，建旌旗，樹長帥，鐵馬成羣。慶之連營山中，開門相通〔四四〕，又命諸軍各穿池於營內，朝夕不外汲，兼以防蠻之火。頃之風甚，蠻夜下山，人提一炬以燒營。營內多幔屋及草菴，火至輒以池水灌滅，諸軍多出弓弩夾射之，蠻散走。慶之令諸軍斬山開道攻之，而山高路險，暑雨方盛，乃置東岡、蜀山、宜民、西柴、黄徼、上夌六戍而還。蠻被圍守日久，並饑乏，自後稍出歸降。慶之前後所獲蠻，並移京邑，以爲營户。

二十七年，遷太子步兵校尉。其年，太祖將北討，慶之諫曰：「馬步不敵，爲日已久矣。請舍遠事，且以檀、到言之。道濟再行無功，彦之失利而返。今料王玄謨等未踰兩將，六軍之盛，不過往時。將恐重辱王師，難以得志。」上曰：「小醜竊據，河南脩復，王師再屈，自别有以；亦由道濟養寇自資，彦之中塗疾動。虜所恃唯馬，夏水浩汗，河水流通，泛舟北指，則碻磝必走，滑臺小戍，易可覆拔。克此二戍，館穀弔民，虎牢、洛陽，自然不固。比及冬間，城守相接，虜馬過河，便成禽也。」慶之又固陳不可。丹陽尹徐湛之、吏部尚書江湛並在坐，上使湛之等難慶之，慶之曰：「治國譬如治家，耕當問奴，織當訪婢。陛下今欲伐國，而與白面書生輩謀之，事何由濟。」上大笑。

及北討，慶之副玄謨向碻磝，戍主棄城走，玄謨圍滑臺，慶之與蕭斌留碻磝，仍領斌輔國司馬。玄謨攻滑臺，積旬不拔。虜主拓跋燾率大衆南向，斌遣慶之率五千人救玄謨。

慶之曰：「玄謨兵疲衆老，虜寇已逼，各軍營萬人，乃可進耳，少軍輕往，必無益也。」斌固遣令去，會玄謨退，斌將斬之，慶之固諫乃止。太祖後問：「何故諫斌殺玄謨？」對曰：「諸將奔退，莫不懼辠，自歸而死，將至逃散。且大兵至，未宜自弱，故以攻爲便耳。」

蕭斌以前驅敗績，欲死固碻磝，慶之曰：「夫深入寇境，規求所欲，退敗如此，何可久住。今青、冀虛弱，而坐守窮城，若虜衆東過，清東非國家有也。碻磝孤絶，復作朱脩之滑臺耳。」會詔使至，不許退，諸將並謂宜留，斌復問計於慶之，慶之曰：「閫外之事，將所得專，詔從遠來，事勢已異。節下有一范增而不能用〔四五〕，空議何施。」斌及坐者並笑曰：「沈公乃更學問。」慶之厲聲曰：「衆人雖見古今，不如下官耳學也。」玄謨自以退敗，求戍碻磝，斌乃還歷城，申坦、垣護之共據清口。慶之乘驛馳歸，未至，上驛詔止之，使還救玄謨。會虜已至彭城，不得向北，太尉江夏王義恭留領府中兵參軍。拓跋燾至卯山，義恭遣慶之率三千拒之，慶之以爲虜衆彊，往必見禽，不肯行。太祖後謂之曰：「河上處分，皆合事宜，惟恨不棄碻磝耳〔四六〕。卿在左右久，偏解我意，正復違詔濟事，亦無嫌也。」

二十八年〔四七〕，使慶之自彭城徙流民數千家於瓜步，征北參軍程天祚徙江西流民於南州，亦如之。

二十九年，復更北伐，慶之固諫不從，以立議不同，不使北出。是時亡命司馬黑石、廬江叛吏夏侯方進在西陽五水，誑動羣蠻，自淮、汝至于江沔，咸罹其患。十月，遣慶之督諸將討之，詔豫、荆、雍並遣軍，受慶之節度。三十年正月，世祖出次五洲，總統羣帥，慶之從巴水出至五洲，諮受軍略。會世祖典籤董元嗣自京師還，陳元凶弑逆，世祖遣慶之還山引諸軍，慶之謂腹心曰：「蕭斌婦人不足數，其餘將帥，並是所悉，皆易與耳。東宫同惡不過三十人，此外屈逼，必不爲用力。今輔順討逆，不憂不濟也。」衆軍既集，假慶之征虜將軍、武昌内史，領府司馬。世祖還至尋陽，慶之及柳元景等並以天下無主，勸世祖即大位，不許。賊劭遣慶之門生錢無忌齎書説慶之解甲〔四八〕，慶之執無忌白世祖。

世祖踐阼，以慶之爲領軍將軍，加散騎常侍，尋出爲使持節、督南兖豫徐兖四州諸軍事、鎮軍將軍、南兖州刺史，常侍如故，鎮盱眙。上伐逆定亂，思將帥之功，下詔曰：「朕以不天，有生罔二，泣血千里，志復深逆，鞠旅伐罪，義氣雲踴，羣帥仗節，指難如歸。故曾未積旬，宗社載穆，遂以眇身，猥纂大統。永念茂庸，思崇徽錫。新除使持節、散騎常侍、都督南兖豫徐兖四州諸軍事、鎮軍將軍、南兖州刺史沈慶之，新除散騎常侍、領軍將軍柳元景，新除散騎常侍、右衛將軍宗慤，督兖州諸軍事、輔國將軍、兖州刺史徐遺寶，寧朔將軍、始興太守沈法系，驃騎諮議參軍顧彬之，或盡誠謀初，宣綜戎略；或受命元帥，一戰寧亂；或稟奇軍統，協規効捷，偏師奉律，勢振東南。皆忠國忘身，義高前烈，功載民聽，誠簡朕心。定賞策勳，茲焉攸在，宜列土開邑，永蕃皇家。慶之可封南昌縣公，元景曲江縣公，並食邑三千户。愨洮陽縣侯，食邑二千户。遺寶益陽縣侯，食邑一千五百户。法系平固縣侯，彬之陽新縣侯，並食邑千户。」又特臨軒召拜。又使慶之自盱眙還鎮廣陵。

孝建元年正月，魯爽反，上遣左衛將軍王玄謨討之，軍泝淮向壽陽，總統諸將。尋聞荆、江二州並反，徵慶之入朝，率所領屯武帳崗，甲仗五十人入六門。魯爽先遣弟瑜進據蒙蘢，歷陽太守張幼緒率軍討瑜，值爽至，衆散而反。乃遣慶之濟江討爽。爽聞慶之至，連營稍退，自留斷後。慶之與薛安都等進與爽戰，安都臨陣斬爽。進慶之號鎮北大將軍，進督青、冀、幽三州，給鼓吹一部。前軍破賊，轉位等後至追躡一階〔四九〕。尋與柳元景俱開府儀同三司，辭。改封始興郡公，户邑如故。

慶之以年滿七十，固請辭事，上嘉其意，許之。以爲侍中、左光禄大夫、開府儀同三司，又固讓，上不許。表疏數十上，又面陳曰：「張良名賢，漢高猶許其退，臣有何用，必爲聖朝所須。」乃至稽顙自陳，言輒泣涕。上不能奪，聽以郡公罷就第，月給錢十萬，米百斛，衞史五十人。大明元年，又申前命，復固辭。

三年，司空竟陵王誕據廣陵反，復以慶之爲使持節、都督南兖徐兖三州諸軍事、車騎大將軍、開府儀同三司、南兖州刺史，率衆討之。至歐陽，誕遣客慶之宗人沈道愍齎書説慶之，餉以玉鐶刀，慶之遣道慜反，數以罪惡。慶之至城下，誕登樓謂之曰：「沈君白首之年，何爲來？」慶之曰：「朝廷以君狂愚，不足勞少壯，故使僕來耳。」上慮誕北奔，使慶之斷其走路。慶之移營白土，去城十八里。又進新亭〔五〇〕，誕果出走，不得去，還城，事在誕傳。慶之進營洛橋西，焚其東門，值雨不克。慶之兄子僧榮，時爲兗州刺史，鎮瑕丘，遣子懷明率數百騎詣受慶之節度。慶之塞壍，造攻道，立行樓土山，并諸攻具。時夏雨，不得攻城，上使御史中丞庾徽之奏免慶之官以激之，詔無所問。誕餉慶之食，提挈者百餘人，出自北門，慶之不問，悉焚之〔五一〕。誕於城上授函表，倩慶之爲送，慶之曰：「我奉詔討賊，不得爲汝送表。汝必欲歸死朝廷，自應開門遣使，吾爲汝送護之。」每攻城，輒身先士卒。上戒之曰：「卿爲統任，當令處分有方，何蒙楯城下，身受矢石邪。脱有傷挫，爲損不少。」自四月至于七月，乃屠城斬誕。進慶之司空，又固讓。於是與柳元景並依晉密陵侯鄭袤故事，朝會慶之位次司空，元景在從公之上，給卹吏五十人，門施行馬。

四年，西陽五水蠻復爲寇，慶之以郡公統諸軍討之，攻戰經年，皆悉平定，獲生口數萬人。

居清明門外，有宅四所，室宇甚麗。又有園舍在婁湖，慶之一夜攜子孫徙居之，以宅還官。悉移親戚中表於婁湖，列門同閈焉。廣開田園之業，每指地示人曰：「錢盡在此中。」身享大國，家素富厚，産業累萬金，奴僮千計。再獻錢千萬，穀萬斛。以始興優近，求改封南海郡，不許。妓妾數十人，並美容工藝。慶之優游無事，盡意歡愉，非朝賀不出門。每從遊幸及校獵，據鞍陵厲，不異少壯。太子妃上世祖金鏤匕箸及杅杓，上以賜慶之，曰：「卿辛勤匪殊，歡宴宜等，且觴酌之賜，宜以大夫爲先也。」上嘗歡飲，普令羣臣賦詩，慶之手不知書，眼不識字，上逼令作詩，慶之曰：「臣不知書，請口授師伯。」上即令顔師伯執筆，慶之口授之曰：「微命值多幸，得逢時運昌。朽老筋力盡，徒步還南崗。辭榮此聖世，何媿張子房。」上甚悦，衆坐稱其辭意之美。

世祖晏駕，慶之與柳元景等並受顧命，遺詔若有大軍旅及征討，悉使委慶之。前廢帝即位，加慶之几杖，給三望車一乘。慶之每朝賀，常乘猪鼻無幰車，左右從者不過三五人。騎馬履行園田，政一人視馬而已。每農桑劇月〔五二〕，或時無人，遇之者不知三公也。及加三望車，謂人曰：「我每遊履田園，有人時與馬成三，無人則與馬成二。今乘此車，安所之乎。」及賜几杖〔五三〕，並固讓。

廢帝狂悖無道，衆並勸慶之廢立，及柳元景等連謀，以告慶之。慶之與江夏王義恭素不厚，發其事，帝誅義恭、元景等，以慶之爲侍中、太尉，封次子中書郎文季建安縣侯，食邑千户。義陽王昶反，慶之從帝度江，總統衆軍。少子文耀，年十餘歲，善騎射，帝愛之，又封永陽縣侯，食邑千户。帝凶暴日甚，慶之猶盡言諫爭，帝意稍不説。及誅何邁，慮慶之不同，量其必至，乃閉清谿諸橋以絶之。慶之果往，不得度而還。帝乃遣慶之從子攸之齎藥賜慶之死，時年八十。是年初，慶之夢有人以兩匹絹與之，謂曰：「此絹足度。」謂人曰：「老子今年不免。兩匹，八十尺也。足度，無盈餘矣。」及死，賜與甚厚，追贈侍中，太尉如故，給鸞輅轀輬車，前後羽葆、鼓吹，謚曰忠武公。未及葬，帝敗。太宗即位，追贈侍中、司空，謚曰襄公。

長子文叔，歷中書黄門郎，景和末，爲侍中。慶之之死也，不肯飲藥，攸之以被揜殺之。文叔密取藥藏録。或勸文叔逃避，文叔見帝斷截江夏王義恭支體，慮奔亡之日，帝怒，容致義恭之變，乃飲藥自殺。子祕書郎昭明，亦自縊死。泰始七年，改封蒼梧郡公。元徽元年〔五四〕，還復先封。時改始興爲廣興，昭明子曇亮，襲廣興郡公。齊受禪，國除。

慶之弟劭之，元嘉中，爲廬陵王紹南中郎行參軍，討建安揭陽諸賊，病卒。兄子僧榮，劭之之子也。孝建初，爲安成相。荆、江反叛，發兵拒臧質，質遣其安成相臧眇之討僧榮，擊破之。大明中，爲兗州刺史。景和中，徵爲黄門郎，未還，卒。子懷明，太宗泰始初，居父憂，起爲建威將軍，東征南討有功，封吴興縣子，食邑四百户。歷位黄門侍郎，再爲南兗州刺史。元徽初，丁母艱，去職。桂陽王休範爲逆，起爲冠軍將軍，統水軍防固石頭，朱雀失守，懷明委軍奔走，頃之憂卒。

慶之從弟法系字體先，亦有將用。初爲趙伯符將佐，後隨慶之征五水蠻。世祖伐逆，以爲南中郎參軍，加寧朔將軍，領三千人前發，與柳元景旦至新亭。元景居中營，宗慤居西營，法系居東營。東營據岡，賊攻元景，法系臨射之，所殺甚衆。法系塹外樹悉伐之令倒，賊劭來攻，緣樹以進，彭排多開隙，選善射手，的發無不中，死者交横。事平，以爲寧朔將軍、始興太守，討蕭簡於廣州。聞臺軍將至，簡誑其衆曰：「臺軍是賊劭所遣。」並信之。前征北參軍顧邁被賊徙在城内，善天文，云「荆、江有大兵」。城内由此固守。初，世祖先遣鄧琬圍簡，唯治一攻道，法系至，曰：「宜四面並攻，若守一道，何時可拔。」琬慮功不在己，不從。法系曰：「更相申五十日。」日盡又不克，乃從之。八道俱攻，一日即拔，斬蕭簡，廣州平。封庫藏付鄧琬而還。官至驍騎將軍、尋陽太守，新安王子鸞北中郎司馬〔五五〕。

劭之子文秀，别有傳。

慶之羣從姻戚，由之在列位者數十人。

史臣曰：張釋之云，用法一偏，天下獄皆隨輕重。縣衡於上，四海共稟其平，法亂於朝，民無所措手足。師伯籍寵代臣，勢震朝野，傾意厮臺，情以貨結，自選部至于局曹，莫不從風而靡。曲徇私請，因停詔敕，天震賁怒，仆者相望，師伯任用無改，而王、謝免職。君子謂是舉也，豈徒失政刑而已哉！

校勘記

〔一〕久欲見屈　原作「久見屈」，殿本、局本、南史卷三八柳元景傳作「久規相屈」，今據册府卷六八七訂正。

〔二〕即以爲廣威將軍隨郡太守　「廣威將軍」，南史卷三八柳元景傳作「武威將軍」。按本書卷三九百官志上有虎威將軍而無武威將軍，南史蓋諱「虎」而改爲「武威」。南史柳元景傳載此後宋孝武帝謂元景曰：「卿昔以武威之號爲隨郡，今復以授世隆，使卿門世不乏公也。」南齊書卷二四柳世隆傳亦云「卿昔以虎威之號爲隨郡」。疑「廣威」爲「虎威」之訛。

〔三〕且表裏合攻　「攻」，原作「功」，通典卷一五六兵九、册府卷三六三、御覽卷二八七引宋書作「勢」，册府卷三五一作「計」，今據三朝本、南監本、北監本、汲本、殿本、局本改。

〔四〕招盧氏少年進入宜陽苟公谷　「苟公谷」，水經注卷一五洛水作「荀公谷」。

〔五〕招宜陽人劉寬蚪率合義徒二千餘人　「劉寬蚪」，原作「劉寬糾」，據下文改。

〔六〕初安都留住弘農　「住」，原作「任」，北監本、殿本作「屯」，今據南史卷三八柳元景傳改。

〔七〕虜洛州刺史地河公張是連提衆二萬　「張是連提」，原作「張是提」。通鑑卷一二五宋紀元嘉二十七年作「張是連提」，考異曰：「宋略作『張是連踶』，今從宋書。」據是本書原本作「張是連提」。傳本脱「連」字，今據補。下並改。

〔八〕唯著絳納兩當衫　「衫」，原作「械」，據殿本、局本、南史卷三八柳元景傳、通鑑卷一二五宋紀元嘉二十七年改。

〔九〕虜三郎將見元保軍從山下　「虜三郎」，原作「三虜郎」，孫虨考論卷四：「當乙爲『虜三郎』。」按孫説是，今訂正。

〔一〇〕時諸軍糧盡　「諸」字原闕，據南史卷三八柳元景傳補。

〔一一〕虜蒲城鎮主遣僞帥何難於封陵堆列三營以擬法起　「主」字原闕，據殿本、局本補。

〔一二〕虜蒲阪戍主泰州刺史杜道生率衆二萬至閿鄉水　「泰州」，原作「沃州」。按北魏無沃州，魏書卷六一薛安都傳、卷九七島夷劉裕傳作秦州刺史杜道生。然蒲坂之秦州，據錢大昕考異卷三〇，乃係「泰州」之訛，今改正。

〔一三〕略渡人　「渡」，原作「病」，據三朝本、南監本、北監本、汲本、殿本、局本改。

〔一四〕係玄謨　「係」，原作「後」，據南史卷三八柳元景傳、册府卷四二一改。按「係」，猶言「繼」。

〔一五〕逆徒皆云南州有三萬人　「有」字原闕，據册府卷四二一、通鑑卷一二八宋紀孝建元年補。

〔一六〕於是衆心乃安由是克捷　「衆心乃安由是」六字原闕，據册府卷四二一補。

〔一七〕與沈慶之俱以本號開府儀同三司改封晉安郡公邑如故　「改」字原闕，據南史卷三八柳元景傳補。按上文元景已封曲江縣公，食邑三千户，則此時當是改封。「邑如故」，原作「邑如故先」，據册府卷四二一删正。

〔一八〕乃授侍中驃騎大將軍南兗州刺史　「大」字原闕，據南史卷三八柳元景傳補。按據本書卷六孝武帝紀、通鑑卷一二九宋紀大明七年，柳元景時任驃騎大將軍。本書卷七前廢帝紀亦云大明八年閏五月，「驃騎大將軍柳元景加尚書令」。

〔一九〕尚書僕射顔師伯並受遺詔輔幼主　按本書卷七七顔師伯傳，大明八年孝武帝卒時，顔師伯所任乃尚書右僕射，是年冬前廢帝即位後乃單置僕射，以顔師伯任之。本書卷七前廢帝紀載大明八年，「十二月乙酉，以尚書右僕射顔師伯爲尚書僕射」，可以爲證。疑「僕射」前佚「右」字。

〔二〇〕永光年夏　「永光」下疑脱「元」字。

〔二一〕督南豫之宣城諸軍事　宣城時屬揚州，而云「督南豫之宣城」，誤。按本書卷八明帝紀：「永光元年，又出爲使持節、散騎常侍、都督南豫豫司江四州揚州之宣城諸軍事、衛將軍、南豫州刺史，鎮姑孰。」元景乃繼明帝劉彧而任，疑所督州郡與劉彧同。

〔二二〕出門逢弟車騎司馬叔仁　「逢」，原作「庭」，據南監本、殿本、局本、南史卷三八柳元景傳改。

〔二三〕嗣宗弟紹宗共宗孝宗文宗仲宗成宗季宗　「共宗」、「季宗」，殿本、南史卷三八柳元景傳作

「茂宗」、「秀宗」。

〔二四〕叔仁弟衛軍諮議參軍僧珍等諸弟姪在京邑及襄陽從死者數十人　按南史卷三八柳元景傳云元景六弟，「僧景、僧珍、叔宗、叔政、叔珍、叔仁」。則叔仁於元景諸弟中年最幼，此云僧珍爲叔仁弟，未知孰是。

〔二五〕元景少子承宗　「承宗」，原作「承」，據殿本、局本、南史卷三八柳元景傳補正。

〔二六〕都督南豫江三州諸軍事　「三州」，殿本、局本作「二州」。按本書卷六一武三王江夏文獻王義恭傳載明帝泰始三年詔云「都督南豫江豫三州軍事」，册府卷二一〇云「都督南豫江徐三州諸軍事」。疑「江」下有脱文。

〔二七〕元景從父弟先宗　「先宗」，本書卷七九文五王竟陵王誕傳作「光宗」。

〔二八〕子欣慰謀反　「欣慰」，原作「欣尉」，據殿本、南史卷三八柳元景傳改。按柳欣慰謀反事見本書卷七九文五王廬江王禕傳、卷八三吴喜傳。

〔二九〕質薦師伯於義季義季即命爲征北行參軍　「征北」，原作「征西」。按本書卷五文帝紀、卷六一武三王衡陽文王義季傳，義季元嘉二十一年爲征北大將軍、南兖州刺史，二十二年遷徐州刺史，征北大將軍如故，二十四年卒。師伯爲義季軍佐，則當是征北行參軍，今改正。

〔三〇〕督青冀二州徐州之東安東莞兖州之濟北三郡諸軍事輔國將軍青冀二州刺史　「東莞」之「東」字原闕，據殿本、局本補正。

〔三一〕索虜拓跋濬遣僞散騎常侍鎮西將軍天水公拾賁敕文率衆寇清口　「天水公」，原作「清水公」。按魏書卷一一三官氏志九，拾賁氏後改封氏，此即封敕文。敕文封天水公。本卷下文亦作天水公。作「清水公」誤，今改正。

〔三二〕世祖遣虎賁主龐孟虯　「龐孟虯」，原作「寵孟虯」，據汲本、殿本、局本改。

〔三三〕行達沙溝　「沙溝」，原作「沙構」，據殿本、局本、通鑑卷一二八宋紀大明二年改。

〔三四〕世祖又遣司空參軍卜天生助師伯　「卜天生」，原作「天生」，據殿本、局本補正。按卜天生事附見本書卷九一孝義卜天與傳。

〔三五〕背濟向河　「濟」，原作「齊」，據南監本、北監本、汲本、殿本、局本改。

〔三六〕師伯舉周旋寒人張奇爲公車令　「師伯」，原作「師伯子」。按下文載顔師伯永光元年被殺時，「六子並幼」，則此謂師伯子舉張奇爲公車令者，誤。尋上下文義，是時舉張奇者乃師伯。師伯爲尚書右僕射執掌權柄，張奇與之周旋往來，故舉之。「子」字涉下衍，今删。

〔三七〕又遷尚書僕射　「尚書僕射」，原作「尚書右僕射」，據南史卷三四顔延之傳附顔師伯傳删正。按本書卷七前廢帝紀，大明八年十二月「以尚書右僕射顔師伯爲尚書僕射」，蓋是時僅置尚書僕射，不分左右。

〔三八〕兄敞之　「敞之」，原作「敝之」，據南監本、北監本、汲本、殿本、局本改。

〔三九〕領軍將軍劉湛知之　「劉湛」，原作「劉湛之」，據南史卷三七沈慶之傳、册府卷六二七删正。

錢大昕考異卷二四：「『之』字衍。」按劉湛本書卷六九有傳。

〔四〇〕及湛被收之夕　「湛」，原作「湛之」，據南史卷三七沈慶之傳、御覽卷六八九引宋書删正。

〔四一〕遣慶之又討之　「遣」，原作「還」，孫虨考論卷四：「『還』當作『遣』。」按孫説是，今據改。

〔四二〕大破之　「之」字原闕，據南史卷三七沈慶之傳、御覽卷二七九、卷六八七引宋書補。孫虨考論卷四：「『破』下當有『之』字。」

〔四三〕慶之復率衆軍討幸諸山犬羊蠻緣險築重城施門櫓甚峻　據下文，於山中緣險築重城者，蠻也。通鑑卷一二五宋紀元嘉二十七年云：「幸諸山大羊蠻憑險築城，守禦甚固。慶之擊之，命諸軍連營於山中，開門相通，各穿池於營内。」疑「蠻」後當疊一「蠻」字。

〔四四〕慶之連營山中開門相通　「山」下，南史卷三七沈慶之傳有「下營」二字。

〔四五〕節下有一范增而不能用　「范增」，原作「范曾」，據南監本、汲本、殿本、局本、通鑑卷一二五宋紀元嘉二十七年、册府卷四〇三改。

〔四六〕惟恨不棄碻磝耳　「碻磝」，原作「碣磝」，據三朝本、南監本、北監本、汲本、殿本、局本、册府卷四〇三及上文改。

〔四七〕二十八年　原作「二十七年」。按上已有二十七年，下有二十九年，此當是二十八年，今改正。

〔四八〕賊劭遣慶之門生錢無忌齎書説慶之解甲　「劭」，原作「欲」，據殿本、局本、南史卷三七沈慶之傳、册府卷三七一改。

〔四九〕轉位等後至追躡一階　句費解，疑有訛。

〔五〇〕又進新亭　「又」，原作「夊」，南監本、北監本、汲本、殿本、局本作「夕」，今據册府卷三五一、通鑑卷一二九宋紀大明三年改。

〔五一〕慶之不問悉焚之　「不問」，南史卷三七沈慶之傳、册府卷二一六作「不開」，謂不開啓竟陵王所餉之食。通鑑卷一二九宋紀大明三年：「誕餉慶之食，提挈者百餘人，出自北門，慶之不開視，悉焚之。」疑「問」乃「開」之形訛。

〔五二〕每農桑劇月　「劇」，原作「遽」，據殿本、御覽卷七七三引沈約宋書、册府卷八五五改。

〔五三〕及賜几杖　「賜」字原闕，據三朝本、南監本、北監本、殿本、局本、御覽卷七七三引沈約宋書補。

〔五四〕元徽元年　「元徽」二字原闕，據南史卷三七沈慶之傳補。

〔五五〕新安王子鸞北中郎司馬　「中」字原闕，據殿本、局本補。

宋書卷七十八

列傳第三十八

蕭思話　劉延孫

蕭思話，南蘭陵人，孝懿皇后弟子也。父源之字君流，歷中書、黄門郎，徐、兗二州刺史，冠軍將軍、南琅邪太守。永初元年卒〔一〕，追贈前將軍。

思話年十許歲，未知書，以博誕遊遨爲事，好騎屋棟，打細腰鼓，侵暴隣曲，莫不患毒之。自此折節，數年中，遂有令譽。好書史，善彈琴，能騎射。高祖一見，便以國器許之。年十八，除琅邪王大司馬行參軍，轉相國參軍。父憂去職。服闋，拜羽林監，領石頭戍事，襲爵封陽縣侯，轉宣威將軍、彭城沛二郡太守。涉獵書傳，頗能隸書，解音律，便弓馬。元嘉元年〔二〕，謝晦爲荆州，欲請爲司馬，思話拒之。

三年，遷中書侍郎，仍督青州徐州之東莞諸軍事、振武將軍、青州刺史，時年二十七〔三〕。亡命司馬朗之、元之、可之兄弟，聚黨於東莞發干縣〔四〕，謀爲寇亂，思話遣北海太守蕭汪之討斬之，餘黨悉平。八年，除竟陵王義宣左軍司馬、南沛郡太守。未及就徵，索虜南寇，檀道濟北伐，既而迴師，思話懼虜大至，乃棄鎮奔平昌。思話先使參軍劉振之戍下邳，聞思話奔，亦委城走。虜定不至，而東陽積聚，已爲百姓所焚，由是徵下廷尉，仍繫尚方。初在青州，常所用銅斗，覆在藥廚下，忽於斗下得二死雀〔五〕，思話曰：「斗覆而雙雀殞，其不祥乎。」既而被繫。

九年，仇池大饑，益、梁州豐稔，梁州刺史甄法護在任失和，氐帥楊難當因此寇漢中。乃自徒中起思話督梁南秦二州諸軍事、橫野將軍、梁南秦二州刺史。既行，聞法護已委鎮北奔西城，遣司馬、建威將軍、南漢中太守蕭承之五百人前進〔六〕，又遣西戎長史蕭汪之係之。承之緣路收合士衆，得精兵千人。十一年正月，進據磝頭。難當焚掠漢中，引衆西還〔七〕，留其輔國將軍、梁秦二州刺史趙溫守梁州，魏興太守薛健據黃金。承之進屯磝頭，遣陰平太守蕭坦赴黃金，薛健副姜寶據鐵城，鐵城與黃金相對，去一里，斫樹塞道。坦進攻二戍，拔之。二月，趙溫又率薛健及其寧朔將軍、馮翊太守蒲早子來攻坦營〔八〕，坦奮擊，大破之。坦被創，賊退保西水。承之司馬錫文祖進據黃金，蕭汪之步騎五百相繼而至。平西將軍臨川王義慶遣龍驤將軍裴方明三千人赴，承之等進黄金，早子、健等退保下桃。思話先遣行參軍王靈濟率偏軍出洋川，因向南城。僞陵江將軍趙英堅守險，靈濟擊破之，生禽英。南城空虚，因資無所，復引軍還與承之合。

三月，承之率衆軍進據峨公固。難當遣其子和率趙温、蒲早子及左衛將軍吕平、寧朔將軍司馬飛龍〔九〕，步騎萬餘，跨漢津結柴，其間立浮橋，悉力攻承之，合圍數十重，短兵接戰，弓矢無復用。賊悉衣犀革，戈矛所不能加，承之乃截矟長數尺，以大斧椎之，一矟輒貫十餘賊。賊不能當，因大敗，燒柴奔走，退據大桃。閏月，承之及方明臺軍至，龍驤將軍楊平興、幢主殿中將軍梁坦直入角弩追之，賊又敗走，殺傷虜獲甚多。漢中平，悉收没地，置戍葭萌水。

先是，桓玄篡晉，以桓希爲梁州。希敗走〔一〇〕，氐楊盛據有漢中，刺史范元之、傅歆悉治魏興，唯得魏興、上庸、新城三郡。其後索邈爲刺史，乃治南城〔一一〕。爲賊所焚燒不可固，思話遷鎮南鄭〔一二〕，加節，進號寧朔將軍，徵承之爲太子屯騎校尉。法護，中山無極人，過江寓居南郡。弟法崇，元嘉十年，自少府爲益州刺史〔一三〕。法護委鎮之罪，統府所收，於獄賜死。太祖以法崇受任一方，令獄官言法護病卒。太祖使思話上平定漢中本末，下之史官。

十四年，遷使持節、臨川王義慶平西長史、南蠻校尉。太祖賜以弓琴，手敕曰：「丈人頃何所作？事務之暇，故以琴書爲娛耳，所得不曰義邪。眷想常不忘情，想亦同之。前得此琴，云是舊物，亦有名京邑，今以相借。因是戴顒意於彈撫，響韻殊勝，直爾嘉也。并往桑弓一張，材理乃快，先所常用，既久廢射，又多病，略不能制之，便成老公，令人歎息。良材美器，宜在盡用之地，丈人真無所與讓也。」

十六年，衡陽王義季代義慶〔一四〕，又除安西長史，餘如故。十九年，徵爲侍中，領前軍將軍，未就徵，復先職。明年，遷持節、監雍梁南北秦四州荆州之南陽竟陵順陽襄陽新野隨六郡諸軍事、寧蠻校尉、雍州刺史、襄陽太守〔一五〕。二十二年，除侍中，領太子右率。二十四年，改領左衞將軍。嘗從太祖登鍾山北嶺，中道有磐石清泉，上使於石上彈琴，因賜以銀鍾酒，謂曰：「相賞有松石間意。」又領南徐州大中正。明年，復監雍梁南北秦四州荆州之竟陵隨二郡諸軍事、右將軍、寧蠻校尉、雍州刺史如故〔一六〕。

二十六年，徵爲吏部尚書。詔思話曰：「沈尚書暴病不救，其體業貞審，立朝盡公，年時尚可，方相委任，奄忽不永，痛惋特深。銓管要機，通塞所寄，丈人才用體國，二三惟允。」思話以去州無復事力，倩府軍身九人，太祖戲之曰：「丈人終不爲田父於里閭，何應無人使邪？」未拜，二十七年，遷護軍將軍。

是年春，虜攻懸瓠，太祖將大舉北討，朝士僉同，莫或異議。思話固諫，不從。乃領精甲三千，助鎮彭城。虜退，即代世祖爲持節、監徐兗青冀四州豫州之梁郡諸軍事、撫軍將軍、兗徐二州刺史。二十九年，統揚武將軍、冀州刺史張永衆軍圍碻磝。初，鎮軍諮議參軍申坦與王玄謨圍滑臺，不克，免官。青州刺史蕭斌板坦行建威將軍、濟南平原二郡太守，守歷城，令任仲仁又爲坦副，並前鋒入河。五月，發沿口，永司馬崔訓、建武將軍齊郡太守胡景世率青州軍來會。七月，思話及衆軍並至碻磝，治三攻道。太祖遣員外散騎侍郎徐爰宣旨督戰。張永、胡景世當東攻道，申坦、任仲仁西攻道，崔訓南攻道。賊夜地道出，燒崔訓樓及蟆車，又燒胡景世樓及攻具，尋又毀崔訓攻道，城不可拔。思話馳來，退師。攻城凡十八日，解圍還歷下。崔訓以樓見燒，又不能固攻道，被誅碻磝，永、坦並繫獄。詔曰：「得撫軍將軍思話啓事，碻磝不拔，士卒疲勞，且班師清濟，更圖進討。此鎮山川嚴阻，控臨河朔，形勝之要，擅名自古，宜除其授，以允望實。思話可解徐州爲冀州〔一七〕，餘如故。彭城文武〔一八〕，復量分配，即鎮歷城。」尋爲江夏王義恭所奏免官。

元凶弒立，以爲使持節、監徐青兗冀四州豫州之梁郡諸軍事、徐兗二州刺史，將軍如故。思話即率部曲還彭城，起義以應世祖。遣使奉牋曰：「下官近在歷下，始奉國諱，所承使人，不知闊狹，既還在路，漸有所聞，猶謂人倫無容有此，私懷感慨，未敢在言。奉被今教，果出慮表，重增哀惋，不能自勝。此實天地所不覆載，人神所不容忍，率土民氓，莫不憤咽，況下官蒙荷榮渥，義兼常志。此月五日，被驛使追命騎還朝，切齒拊心，輒已鍾疾，雖百口在都，一非所顧。正欲遣啓受規略，會奉今旨，悲懼兼情。伏承司徒英圖電發，殿下神武霜斷，臧質忠義並到，不謀同時，仗順沿流，席卷江甸，前驅風邁，已應在近。下官復練始集，遣輔國將軍申坦、龍驤將軍梁坦二軍，分配精甲五千，申坦爲統，便以即日水陸齊下。下官悉率文武，駱驛繼發。憑威策懦，勢同振朽，開泰有期，悲欣交集。」世祖至新亭，坦亦進克京口。

上即位，徵爲散騎常侍、尚書左僕射，固辭，不受拜。改爲中書令、丹陽尹，常侍如故。時京邑多有劫掠，二旬中十七發，引咎陳遜，不許。明年，出爲使持節、都督徐兗青冀幽五州豫州之梁郡諸軍事、安北將軍、徐州刺史，加鼓吹一部。未行而江州刺史臧質反，復以爲使持節、都督江州豫州之西陽晉熙新蔡三郡諸軍事、江州刺史。事平，分荆、江、豫三州置郢州，復都督郢湘二州諸軍事、鎮西將軍、郢州刺史，持節、常侍如故，鎮夏口。

孝建二年卒，時年五十〔一九〕。追贈征西將軍、開府儀同三司，持節、常侍、都督、刺史如故，謚曰穆侯。思話宗戚令望，蚤見任待，凡歷州十二，杖節監、都督九焉。所至雖無皦皦清節，亦無穢黷之累。愛才好士，人多歸之。

長子惠開嗣，别有傳。次子惠明，亦有世譽，歷黄門郎，御史中丞，司徒左長史，吴興太守。後廢帝元徽末，卒官。第四子惠基，順帝昇明末，爲侍中。

源之從父弟摹之，丹陽尹，追贈征虜將軍。子斌，亦爲太祖所遇。彭城王義康鎮豫章，以爲大將軍諮議參軍、豫章太守。歷南蠻校尉，侍中，輔國將軍、青冀二州刺史。

元嘉二十七年，統王玄謨等衆軍北伐。斌遣將軍崔猛攻虜青州刺史張淮之於樂安〔二〇〕，淮之棄城走。先是，猛與斌參軍傅融分取樂安及碻磝，樂安水道不通，先并定碻磝，至是又克樂安。既而攻圍滑臺不拔，斌追還歷下，事在王玄謨傳。

二十八年，亡命司馬順則詐稱晉室近屬，自號齊王，聚衆據梁鄒城。又有沙門自稱司馬百年，號安定王，亡命秦凱之、祖元明等各據村屯以應順則。初，梁鄒戍主、宣威將軍、樂安渤海二郡太守崔勳之出州，故順則因虚竊據。勳之司馬曹敬會拒戰不敵，出走。斌即遣勳之率行建威將軍濟南平原二郡太守申坦、長流參軍羅文昌等諸軍討順則，攻之不克。勳之等始謂城内出於逼附，軍至即應奔逃，而並爲賊堅守，殺傷官軍甚多。斌又遣府司馬、建武將軍、齊郡太守龐秀之總諸軍。祖元明又據安丘城，斌更遣振武將軍劉武之及軍主劉回精兵千人，討司馬百年，斬之。順則既失據，衆稍離阻。文昌遣道連僞投賊，賊信納之，潛以官賞格示衆〔二二〕，城内賊黨李繼叔等並有歸順心。道連謀泄，爲賊所殺，繼叔踰城出降，賊黨於是大離。乃四面進攻，衝車所衝，輒三五丈崩落。時南門樓上擲下一級，并垂繩釣取外人，外人上，賊並放仗，云向已斬順則，所投首是也。秦凱之走河北。斌坐滑臺退敗，免官。久之，復起爲南平王鑠右軍長史。其後事迹在二凶傳。

斌弟簡，歷位長沙内史。廣陵王誕爲廣州〔二三〕，未之鎮，以簡爲安南諮議參軍、南海太守，行府州事。東海王禕代誕，簡仍爲前軍諮議，太守如故。世祖入討元凶，遣輔國將軍、南海太守鄧琬討簡〔二三〕，固守經時，城陷伏誅。斌、簡諸子並誅滅。

龐秀之，河南人也。以斌故吏，賊劭甚加信委，以爲遊擊將軍。奔世祖於新亭。時劭諸將未有降者，唯秀之先至，事平，以爲梁州刺史。秀之子弟爲劭所殺者將十人，而酣讌不廢，坐免官。後又爲徐州刺史，太子右衞率。孝建元年，卒，追贈本官，加散騎常侍。子彌之，順帝昇明末，廣興公相。秀之弟況之，太宗世，亦爲始興相。

劉延孫，彭城吕人，雍州刺史道産子也。

初爲徐州主簿，舉秀才，彭城王義康司徒行參軍，尚書都官郎，爲錢唐令，世祖撫軍、廣陵王誕北中郎中兵參軍、南清河太守。世祖爲徐州，補治中從事史。時索虜圍縣瓠，分軍送所掠民口在汝陽，太祖詔世祖遣軍襲之，議者舉延孫爲元帥，固辭無將用，舉劉泰之自代。泰之既行，太祖大怒，免延孫官。爲世祖鎮軍北中郎中兵參軍，南中郎諮議參軍，領録事。世祖伐逆，府缺上佐，轉補長史、尋陽太守，行留府事。

世祖即位，以爲侍中，領前軍將軍。下詔曰：「朕藉羣能之力，雪莫大之恥，以眇眇之身，託于王公之上，思所以策勳樹良，永寧世烈。新除侍中、領前軍將軍延孫率懷忠敏，器局沈正，協贊義初，誠力俱盡。左衞將軍竣立志開亮，理思清要，茂策忠謨，經綸惟始，俾積基更造，咸有勤焉。宜顯授龜社，大啓邦家。延孫可封東昌縣侯，竣建城縣侯，食邑各二千户。」其年，侍中改領衞尉。

孝建元年，遷丹陽尹。臧質反叛，上深以東土爲憂，出爲冠軍將軍、吴興太守，置佐史。事平，徵爲尚書右僕射，領徐州大中正。遣至江陵，分判枉直，行其誅賞。二年，又出爲南兖州刺史，加散騎常侍〔二四〕。仍徙爲使持節、監雍梁南北秦四州郢州之竟陵隨二郡諸軍事、鎮軍將軍、寧蠻校尉、雍州刺史，以疾不行。留爲侍中、護軍，又領徐州大中正。素有勞患，其年增篤，詔遣黄門侍郎宣旨問疾。

大明元年，除金紫光禄大夫，領太子詹事，中正如故。其年，又出爲鎮軍將軍、南徐州刺史。先是高祖遺詔，京口要地，去都邑密邇，自非宗室近戚，不得居之。延孫與帝室雖同是彭城人，别屬吕縣。劉氏居彭城縣者，又分爲三里，帝室居綏輿里〔二五〕，左將軍劉懷肅居安上里，豫州刺史劉懷武居叢亭里，及吕縣凡四劉。雖同出楚元王，由來不序昭穆。延孫於帝室本非同宗，不應有此授。時司空竟陵王誕爲徐州，上深相畏忌，不欲使居京口，遷之於廣陵〔二六〕。廣陵與京口對岸，欲使腹心爲徐州，據京口以防誕，故以南徐授延孫〔二七〕，而與之合族，使諸王序親。

三年，南兗州刺史竟陵王誕有辠，不受徵，延孫馳遣中兵參軍杜幼文率兵起討，既至，誕已閉城自守，乃還。誕遣使劉公泰齎書要之，延孫斬公泰，送首京邑。復遣幼文率軍渡江，受沈慶之節度。其年，進號車騎將軍，加散騎常侍，給鼓吹一部。

五年，詔延孫曰：「舊京樹親，由來常準。卿前出所有别議，今此防久弭，當以還授小兒。」徵延孫爲侍中、尚書左僕射，領護軍將軍。延孫疾病，不任拜起，上使於五城受封版，乘船自青谿至平昌門，仍入尚書下舍。又欲以代朱脩之爲荆州，事未行，明年，卒，時年五十二。上甚惜之，下詔曰：「故侍中、尚書左僕射、領護軍將軍東昌縣開國侯延孫，風局簡正，體識沈明，綢繆心膂，自蕃升朝，契闊唯舊，幾將二紀。靈業中圮，則首贊宏圖〔二八〕；義令既舉，則任均蕭、寇。器允棟幹，勳實佐時。歷事兩宫〔二九〕，出内尹牧，惠政茂績〔三〇〕，著自民聽，忠謨令節，簡乎朕心。方燮和台階〔三〕，永毗國道，奄至薨殞，震慟兼深。考終定典，宜盡哀敬。可贈司徒，給班劍二十人，侍中、僕射、侯如故。」有司奏謚忠穆，詔爲文穆。又詔曰：「故司徒文穆公延孫，居身寡約，家素貧虛，每念清美，良深悽歎。葬送資調，固當闕乏，可賜錢三十萬，米千斛。」

子質嗣，太宗泰始中，有罪，國除。

延孫弟延熙，義興太守，在孔覬傳。

史臣曰：延孫接欵蕃日，固出顏、袁矣。風飈局力，又無等級可言，而隆名盛寵，必擇而後授，何哉？良以休運甫開，沈疾方被，雖宿恩内積，而安私外簡。夫侮因事狎，敬由近疎，疎必相思，狎必相厭，厭思一殊，榮禮自隔，遂得爲一世宗臣，蓋由此也。子曰：「事君數，斯疏矣。」然乎！然乎！

校勘記

〔一〕永初元年卒　「元年」，原作「九年」，據三朝本、南監本、北監本、殿本、局本改。

〔三〕元嘉元年　「元年」，原作「三年」。按本書卷五文帝紀、卷四四謝晦傳，謝晦爲荆州刺史在元嘉元年，今據改。

〔三〕三年遷中書侍郎仍督青州徐州之東莞諸軍事振武將軍青州刺史時年二十七　「三年」，原作「五年」，據本書卷五文帝紀改。

〔四〕聚黨於東莞發干縣　按本書卷三五州郡志一，發干屬徐州東安，不屬東莞。

〔五〕忽於斗下得二死雀　「忽於斗下」四字原闕，據南史卷一八蕭思話傳、建康實録卷一四、御覽卷八八五引沈約宋書、卷九二二引宋書補。

〔六〕遣司馬建威將軍南漢中太守蕭承之五百人前進　「蕭承之」，原作「蕭諱」。錢大昕考異卷二四：「此傳稱『蕭諱』者，齊高帝之父承之，追謚宣帝者也。」按錢説是，今據以改正。下並改。

〔七〕十一年正月進據礙頭難當焚掠漢中引衆西還　「十一年」，原作「十年」。按下文所載之事，本書卷五文帝紀、卷九八氐胡傳、建康實録卷一二、通鑑卷一二二宋紀皆記在元嘉十一年，今據改。

〔八〕趙温又率薛健及其寧朔將軍馮翊太守蒲早子來攻坦營　「馮翊」，原作「馮冀」，據南齊書卷一高帝紀改。按本書卷三七州郡志三，秦州有馮翊郡。

〔九〕難當遣其子和率趙温蒲早子及左衞將軍吕平寧朔將軍司馬飛龍　「蒲早子」，原作「蒲蚤子」，據殿本、局本及本卷上文改。

〔一〇〕以桓希爲梁州希敗走　二「希」字，原並作「布」，據晉書卷一〇安帝紀、卷八一毛璩傳、通鑑卷一一三晉紀元興三年改。

〔二〕其後索邈爲刺史乃治南城　「乃」上原有「氏」字。按本書卷三七州郡志三、卷九八氐胡傳，索邈爲梁州刺史，治南城，非氐治南城，今删「氏」字。

〔三〕爲賊所焚燒不可固思話還鎮南鄭　「思話」上原衍「即」字，據南史卷一八蕭思話傳删。「南鄭」，原作「南城」，據本書卷三七州郡志三、南史卷一八蕭思話傳、通鑑卷一二二宋紀元嘉十一年改。按本書州郡志三：「刺史蕭思話還治南鄭。」

〔四〕弟法崇元嘉十年自少府爲益州刺史　按本書卷五文帝紀、通鑑卷一二二宋紀皆記元嘉九年十一月壬子，少府甄法崇爲益州刺史。

〔五〕衡陽王義季代義慶　「代」，原作「哀」，據南監本、北監本、汲本、殿本、局本改。

〔六〕遷持節監雍梁南北秦四州荆州之南陽竟陵順陽襄陽新野隨六郡諸軍事寧蠻校尉雍州刺史襄陽太守　上一「雍」字下原衍「州」字，據本書上下文例删。

〔七〕復監雍梁南北秦四州荆州之竟陵隨二郡諸軍事右將軍寧蠻校尉雍州刺史如故　「四」字原闕，據上下文例補。

〔七〕思話可解徐州爲冀州　「冀州」，原作「莫州」，據南監本、殿本、局本改。按本書卷五文帝紀：「（元嘉二十九年九月）己丑，撫軍將軍、徐兗二州刺史蕭思話加冀州刺史，兗州如故。」

〔八〕彭城文武　「彭城」，原作「鼓城」，據南監本、殿本、局本、册府卷四五〇改。

〔一九〕孝建二年卒時年五十　殿本考證：「按思話年十八，除琅邪王大司馬行參軍，踰年，父源之卒，是爲永初元年。至元嘉五年，任青州刺史，稱年二十七是也。自元嘉六年己巳，至孝建二年乙未，又歷二十七年。思話卒時，年五十四，今云五十，蓋脱『四』字。」孫虨考論卷四：「按思話任青州，依本紀實元嘉三年，年二十七。若五年年二十七，則其年十八時，當晉恭帝元熙元年，琅邪王已爲帝，何自除琅邪王大司馬參軍邪？以此推之，思話卒年蓋五十六也。」按本書卷五文帝紀繫思話任青州於元嘉三年，是。傳云元嘉五年爲青州刺史，實誤。元嘉三年，思話年二十七，則其卒年亦當是五十六，而非五十或五十四。

〔二〇〕斌遣將軍崔猛攻虜青州刺史張淮之於樂安　「張淮之」，原作「張准之」，據三朝本、南監本、北監本、殿本、局本、通鑑卷一二五宋紀元嘉二十七年改。下「淮之棄城走」之「淮之」，原亦作「准之」，今並改。

〔二一〕潛以官賞格示衆　「衆」，原作「永」，據南監本、殿本、局本改。

〔二二〕廣陵王誕爲廣州　據本書卷五文帝紀、卷六孝武帝紀、卷七九文五王竟陵王誕傳，劉誕於元嘉二十年四月封廣陵王，二十六年十月改封隨郡王，三十年六月改封竟陵王，其任安南將軍、廣州刺史在元嘉二十八年五月，時爲隨郡王。此云「廣陵王」，誤。

〔二三〕遣輔國將軍南海太守鄧琬討簡　「鄧琬」，原作「劉玩」，據本書卷六孝武帝紀、卷七七沈慶之傳、卷八四鄧琬傳、通鑑卷一二七宋紀元嘉三十年改。通鑑考異曰：「蕭簡傳作『劉玩』，今從本紀。」

〔二四〕二年又出爲南兖州刺史加散騎常侍　「二年」，原作「三年」，據本書卷六孝武帝紀、通鑑卷一二八宋紀改。按本書卷六孝武帝紀，劉延孫刺南兖州在孝建二年二月至八月。

〔二五〕綏輿里　原作「綏輿里」，據殿本、局本、南史卷一七劉康祖傳附劉延孫傳改。

〔二六〕時司空竟陵王誕爲徐州上深相畏忌不欲使居京口遷之於廣陵　按既云不欲使誕居京口，則是時劉誕當爲南徐州刺史。本書卷六孝武帝紀、卷七九文五王竟陵王誕傳、通鑑卷一二八，孝建二年十月，竟陵王誕爲南徐州刺史，大明元年八月，改爲南兖州刺史。疑「徐州」前佚一「南」字。下「欲使腹心爲徐州」，疑亦佚「南」字。

〔二七〕故以南徐授延孫　「南徐」，原作「南陵」，據南監本、殿本、局本、册府卷二〇〇改。

〔二八〕則首贊宏圖　「宏」，原作「出」，據册府卷四六一改。

〔二九〕歷事兩宫　原作「及累司馬兩官」，句費解，據册府卷四六一改。

〔三〇〕惠政茂績　「績」，原作「課」，據册府卷四六一改。

〔三一〕方燮和台階　「和」，原作「采」，據南監本、殿本改。按册府卷四六一作「方便台階」。

宋書卷七十九

列傳第三十九

文五王

竟陵王誕　廬江王禕　武昌王渾　海陵王休茂　桂陽王休範

竟陵王誕字休文，文帝第六子也。

元嘉二十年，年十一，封廣陵王，食邑二千户。二十一年，監南兗州諸軍事、北中郎將、南兗州刺史，出鎮廣陵。尋以本號徙南徐州刺史。

二十六年，出爲都督雍梁南北秦四州荆州之竟陵隨二郡諸軍事、後將軍、雍州刺史。以廣陵彫弊，改封隨郡王。上欲大舉北討，以襄陽外接關、河，欲廣其資力，乃罷江州軍府，文武悉配雍州，湘州入臺税租雜物，悉給襄陽。及大舉北伐，命諸蕃並出師，莫不奔敗，唯誕中兵參軍柳元景先克弘農、關、陝三城，多獲首級，關、洛震動，事在元景傳。會諸方並敗退，故元景引還。徵誕還京師，遷都督廣交二州諸軍事、安南將軍、廣州刺史，當鎮始興，未行，改授都督會稽東陽新安臨海永嘉五郡諸軍事、安東將軍、會稽太守，給鼓吹一部。

元凶弒立，以揚州浙江西屬司隸校尉，浙江東五郡立會州，以誕爲刺史。世祖入討，遣沈慶之兄子僧榮間報誕，又遣寧朔將軍顧彬之自魯顯東入，受誕節度〔一〕。誕遣參軍劉季之與彬之并勢，自頓西陵，以爲後繼。劭遣將華欽、庾導東討〔二〕，與彬之等相逢於曲阿之奔牛塘〔三〕，路甚狹，左右皆悉入菰葑，彬之軍人多齎籃屐，於菰葑中夾射之，欽等大敗。事平，徵誕爲持節、都督荆湘雍益寧梁南北秦八州諸軍事、衛將軍、開府儀同三司、荆州刺史。誕以位號正與濬同，惡之，請求回改。乃進號驃騎將軍，加班劍二十人，餘如故。南譙王義宣不肯就徵，以誕爲侍中、驃騎大將軍、揚州刺史，開府如故。改封竟陵王〔四〕，食邑五千户。顧彬之以奔牛之功，封陽新縣侯，食邑千户，季之零陽縣侯，食邑五百户。

明年，義宣舉兵反，有荆、江、兖、豫四州之力，勢震天下。上即位日淺，朝野大懼，上欲奉乘輿法物，以迎義宣，誕固執不可，然後處分。帝加誕節〔五〕，仗士五十人，出入六門。上流平定，誕之力也。初討元凶，與上同舉兵，有奔牛之捷，至是又有殊勳，上性多猜，頗相疑憚。而誕造立第舍，窮極工巧，園池之美，冠於一時。多聚才力之士，實之第内，精甲利器，莫非上品，上意愈不平。

孝建二年〔六〕，乃出爲使持節、都督南徐兗二州諸軍事、太子太傅、南徐州刺史，侍中如故。上以京口去都密邇，猶疑之，大明元年秋，又出爲都督南兗南徐兗青冀幽六州諸軍事、南兗州刺史，餘如故。誕既見猜，亦潛爲之備，至廣陵，因索虜寇邊，修治城隍，聚糧治仗。嫌隙既著，道路常云誕反。

三年，建康民陳文紹上書曰：「私門有幸，亡大姑元嘉中蒙入臺六宮，薄命早亡，先朝賜贈美人，又聽大姑二女出入問訊。父饒，司空誕取爲府史，恒使入山圖畫道路，勤劇備至，不敢有辭，不復聽歸，消息斷絶。姑二女去年冒啓歸訴，蒙陛下聖恩，賜敕解饒吏名。誕見符至，大怒，唤饒入交問：『汝欲死邪？訴臺求解。』饒即答：『官比不聽通家信，消息斷絶。若是姊爲啓聞，所不知。』誕因問饒：『汝那得入臺？』饒被問，依實啓答。既出，誕主衣莊慶、畫師王强語饒：『汝今年敗，汝姊誤汝。官云小人輩敢持臺家逼我。』饒因叛走歸，誕即遣王强將數人逐，突入家内縛録，將還廣陵。至京口客舍，乃陊死井中，託云『饒懼辠自殺』。抱痛懷冤，冒死歸訴。」吴郡民劉成又詣闕上書，告誕謀反，稱：「息道龍昔伏事誕，親見姦狀。又見誕在石頭城内，修乘輿法物，習倡警蹕。道龍私獨憂懼，向伴佀言之，語頗漏泄，誕使大吏令監内執道龍，道龍逸走，誕怒鞭殺監，又捕殺道龍。」又豫章民陳談之上書訴枉，稱：「弟詠之昔蒙誕采録，隨從歷鎮，大駕南下，爲誕奉送牋書，經涉危險，時得上聞。聖明登阼，恩澤周普，回改小人，使命微勤，賜署臺位。詠之恒見誕與左右小人莊慶、傅元祀潛圖姦逆，言詞醜悖，每云：『天下方是我家有，汝等不憂不富貴。』又常疏陛下年紀姓諱，往巫鄭師憐家祝詛。詠之既聞此語，又不見其事〔七〕，恐一旦事發，横罹其辜，密以告建康右尉黄宣達，并有啓聞，希以自免。元祀弟知詠之與宣達來往，自嫌言語漏泄，即具以告誕。誕大怒，令左右飲詠之酒，逼使大醉，因言詠之乘酒駡詈，遂被害。自顧寃枉，事有可哀。」

其年四月，上乃使有司奏曰：

臣聞神極尊明，大儀所以貞觀；皇天峻邈，玄化所以幽宣。故能經緯甿俗，大庇黔首。庶道被八紘，不遺疏賤之賞；威格天區，豈漏親貴之罰。此不刊之鴻則，古今之恒訓。

謹按元嘉之末，天綱崩褫，人神哀憤，含生喪氣。司空竟陵王誕義兼臣子，任居藩維。進不能泣血提戈，忘身徇節；退不能閉關拒險，焚符斬使。遂至拜受僞爵，欣承榮寵，沈淪姦逆，肆于昏放。以妻故司空臣湛之女，誅亡餘類，單舟遄遣，披猖千里，事哀行路，賊忍無親，莫此爲甚。故山陰令傅僧祐〔八〕，誠亮國朝，義均休戚。重門峻衞，不能拒折簡之使；巖險千里，不能庇匹夫之身。乃更助虐馮凶，抽兵勒刃，遂使頓仆牢穽，死不旋踵，妻子播流，庭筵莫立，見之者流涕，聞之者含嘆。及神鋒首路，欃槍東指，風卷四嶽，電埽三江。誕猶持疑兩端，陰規進退。陛下頻遣書檄，告譬殷勤，方改姦圖，末乃奉順。分遣弱旅，永塞符文，宴安所莅，身不越境，悖禮忘情，不顧物議，彎弧躍馬，務是畋游，致奔牛有崩碎之陳，新亭無獨克之術。假威義鋭，乞命皇旅，竟有何勞，而論功伐。既祆祲廓清，大明升曜，幽顯宅心，遠邇雲集。誕忽星行之悲，違開泰之慶，遲回顧望，淹踰旬朔。逆黨陳叔兒等，泉寶鉅億，資貨不貲，誕收籍所得，不歸天府，辭稱天軍，實入私室。又太官東傳，舊有獻御，喪亂既平，猶加斷遏，珍羞庶品，回充私贍。於號諱之辰，遽甘滋之品，當惟新之始，絕苞苴之貢，忠孝兩忘，敬愛俱盡。乃徵引巫史，潛考圖緯，自謂體應符相，富貴可期，悖意醜言，不可勝載。遂復遥諷朝廷，占求官爵，侮蔑宗室，詆毀公卿，不義不昵，人道將盡。荷任神州，方懷姦慝，每闚向宸御，妄生規幸，多樹淫祀，顯肆祆詛，遂在石頭，潛修法物，傳警稱蹕，擬則天行，皆已駭暴觀聽，彰布朝野。昔內難甫寧，珍瑋散佚，有御刀利刃，擅價諸夏，天府禁器，歷代所珍。誕密加購賞，頓藏私室。賊義宣初平，餘黨逃命，誕含縱罔忌，私竊招納，名工細巧〔九〕，悉匿私第。又引義宣故將裘興爲己腹心，事既彰露，猶執欺罔，公文面啓，矯稱舊隸。加以營宇制館〔一〇〕，僭擬天居，引石徵材，專擅興發，驅迫士族，役同輿皂，殫木土之姿，窮吞并之勢。故會稽宣長公主受遇二祖，禮級尊崇，臣湛之亡身徇國，追榮典軍。誕以廣拓宅宇〔一一〕，地妨蓺植，輒逼遺孤，頓相驅徙。遂令神主宵遷，改卜委巷，宗戚含傷，行路掩涕。又緣谿兩道，積代通衢，誕拓宇開垣，擅斷其一。致使徑塗擁隔，川陸阻礙，神怒民怨，毒徧幽顯。故丞相臨川烈武王臣道規，名德茂親，勳光常策，異禮殊榮，受自先旨者。嗣王臣義慶受任西夏，靈寢暫移，先帝親枉鑾輿，拜辭路左，恩冠終古，事絶常班。誕又以廟居宅前，固請毀換，詔旨不許，怨懟彌極〔一二〕。

有靦面目，豺狼爲性，規牧江都，希廣兵力，天德尚弘，甫申所請，仍謂應住東府，宜爲中台，貪冒無厭，人莫與比。雖聖慈全救，每垂容納，而虐戾不悛，姦詖彌甚。受命還鎮，猜怨愈深，忠規正諫，必加鴆毒，諂瀆膚躁，是與比周。又矯稱符勑，設牓開募，事發辭寢，委罪自下。及録事徐靈壽以常署受坐，將就囚執，舀韓近恭，中護軍遣吏夏嗣伯密相屬請，求寬桎梏。且王僧達臨刑之啓事，高闍即戮之辭，皆稱潛驛往來，遥相要契，醜聲穢問，宣著遐邇，含識能言，孰不憤歎。又獲吴郡民劉成、豫章民陳談之、建康民陳文紹等並如訴狀，則姦情猜志，歲月增積。昔周德初升，公旦有流言之釁，魯道方泰，季子斷逵泉之誅。近則淮厲覆車於前，義康襲軌於後，變發柴奇，禍成范、謝，亦皆以義奪親，情爲憲屈。況乃上悖天經，下誣政道，結釁於無妄之辰，希幸於文明之日，皇穹所不覆，厚土所不容。夫無禮之誡，臣子所宜服膺；干紀之刑，有國所應慎守。臣等參議，宜下有司，絕誕屬籍，削爵土，收付廷尉法獄治罪。諸所連坐，別下考論。伏願遠尋宗周之重，近監興亡之由，割恩棄私，俯順羣議，則卜世靈根，於茲克固，鴻勳盛烈，永永無窮。陛下如復隱忍，未垂三思，則覆皇基於七百，擠生民於塗炭。此臣等所以夙夜危懼，不敢避鈇鉞之誅者也。

上不許，有司又固請，乃貶爵爲侯，遣令之國。

上將誅誕，以義興太守垣閬爲兗州刺史，配以羽林禁兵，遣給事中戴明寶隨閬襲誕，使閬以之鎮爲名。閬至廣陵，誕未悟也。明寶夜報誕典籤蔣成，使明晨開門爲內應。成以告府舍人許宗之，宗之奔入告誕。誕驚起，呼左右及素所畜養數百人，執蔣成，勒兵自衞。明旦將曉，明寶與閬率精兵數百人卒至，天明而門不開〔一三〕，誕已列兵登陴，自在門上斬蔣成，焚兵籍，赦作部徒繫囚，開門遣腹心率壯士擊明寶等，破之。閬即遇害，明寶奔逃，自海陵界得還。

上乃遣車騎大將軍沈慶之率大衆討誕。誕焚燒郭邑，驅居民百姓，悉使入城，分遣書檄，要結近遠。時山陽内史梁曠家在廣陵，誕執其妻子，遣使要曠，曠斬使拒之。誕怒，滅其家。誕奉表投之城外，曰：「往年元凶禍逆，陛下入討，臣背凶赴順，可謂常節。及丞相構難，臧、魯協從，朝野恇惚，感懷憂懼，陛下欲建百官羽儀〔一四〕，星馳推奉，臣前後固執，方賜允俞，社稷獲全，是誰之力？陛下接遇慇懃，累加榮寵，驃騎、揚州，旬月移授，恩秩頻加，復賜徐、兗，仰屈皇儲，遠相餞送。臣一遇之感，感此何忘，庶希偕老，永相娛慰。豈謂陛下信用讒言，遂令無名小人來相掩襲，不任枉酷，即加誅剪。雀鼠貪生，仰違詔勑。今親勒部曲，鎮扞徐、兗。先經何福，同生皇家；今有何愆，便成胡、越？陵鋒奮戈，萬没豈顧，盪定以期，冀在旦夕。右軍、宣簡〔一五〕，爰及武昌，皆以無罪，並遇枉酷，臣有何過，復致於此。陛下宫帷之醜，豈可三緘。臨紙悲塞，不知所言。」世祖忿誕，左右腹心同籍朞親並誅之，死者以千數。或有家人已死，方自城内叛出者。

車駕出頓宣武堂，内外纂嚴。慶之進廣陵，誕幢主韓道元來降。豫州刺史宗慤、徐州刺史劉道隆率衆來會。誕中兵參軍柳光宗、參軍何康之、劉元邁、幢主索智朗謀開城北門歸順，未期而康之所鎮隊主石貝子先衆出奔，康之懼事泄，夜與智朗斬關而出〔一六〕。誕禽光宗殺之。光宗，柳元景從弟也。康之母在城内，亦爲誕所殺。

誕見衆軍大集，欲棄城北走，留中兵參軍申靈賜居守，自將騎步數百人，親信並隨，聲云出戰，邪趨海陵道。誕將周豐生馳告慶之，慶之遣龍驤將軍武念追躡。誕行十餘里，衆並不欲去，請誕還城。誕曰：「我還，卿能爲我盡力不？」衆皆曰：「願盡力。」左右楊承伯牽誕馬曰：「死生且還保城，欲持此安之？速還尚得入，不然敗矣。」慶之所遣將戴寶之單騎前至，刺誕殆獲，誕懼，乃馳還。武念去誕遠，未及至，故誕得向城。既至，曰：「城上白鬚，非沈公邪？」左右曰：「申中兵。」誕乃入。以靈賜爲驃騎府録事參軍，王璵之爲中軍長史，世子景粹爲中軍將軍，州别駕范義爲中軍長史，其餘府州文武，皆加秩。

先是，右衛將軍垣護之、左軍將軍崔道固、屯騎校尉龐沓虯〔一七〕、太子旅賁中郎將殷孝祖破索虜還，至廣陵，上並使受慶之節度。司州刺史劉季之，誕故佐也，驍果有膂力，梁山之役，又有戰功，增邑五百户。在州貪殘，司馬翟弘業諫爭甚苦，季之積忿，置毒藥食中殺之。少年時，宗慤共蒲戲，曾手侮加慤，慤深銜恨。至是慤爲豫州刺史，都督司州，季之慮慤爲禍，乃委官間道欲歸朝廷。會誕反，季之至盱眙，盱眙太守鄭瑗以季之素爲誕所遇，疑其同逆，因邀道殺之，送首詣道隆。時誕亦遣間信要季之，及季之首至，沈慶之送以示誕。季之缺齒，垣護之亦缺，誕謂衆曰：「此垣護之頭，非劉季之也。」太宗初即位，鄭瑗爲山陽王休祐驃騎中兵參軍。豫州刺史殷琰與晉安王子勛同逆〔一八〕，休祐遣瑗及左右邢龍符説琰，琰不受。鄭氏，壽陽强族。瑗即使琰鎮軍〔一九〕。子勛責琰舉兵遲晚，琰欲自解釋，乃殺龍符送首，瑗固爭不能得。及壽陽城降，瑗隨輩同出，龍符兄僧愍時在城外，謂瑗構殺龍符，輒殺瑗。即爲劉勔所録，後見原。僧愍尋擊虜於淮西戰死。此四人者，並由横殺，旋受身禍，論者以爲有天道焉。

誕幢主公孫安期率兵隊出降。誕初閉城拒使，記室參軍賀弼固諫再三，誕怒，抽刃向之，乃止。或勸弼出降，弼曰：「公舉兵向朝廷，此事既不可從，荷公厚恩，又義無違背，唯當死明心耳。」乃服藥自殺。弼字仲輔，會稽山陰人也。有文才。贈車騎參軍、山陽海陵二郡太守〔二〇〕，長史如故。幢主王璵之賞募數百人，從東門出攻龍驤將軍程天祚營，斷其弩弦，天祚擊破之，即走還城。誕又加申靈賜南徐州刺史。軍主馬元子踰城歸順，追及殺之。乃於城内建列立壇誓，誕將歃血，其所署輔國將軍孟玉秀曰：「陛下親歃。」羣臣皆稱萬歲。

初，誕使黄門吕曇濟與左右素所信者，將世子景粹藏於民間，謂曰：「事若濟，斯命全脱，如其不免，可深埋之。」分以金寶，齊送出門，並各散走。唯曇濟不去，攜負景粹，十餘日，乃爲沈慶之所捕得，斬之。

誕所署平南將軍虞季充又出降書。上使慶之於桑里置烽火三所。誕又遣千餘人自北門攻强弩將軍苟思達營，龍驤將軍宗越擊破之。開東門掩攻劉道隆營，復爲殷孝祖及員外散騎侍郎沈攸之所破。誕又加申靈賜左長史，王璵之右長史，范義左司馬、左將軍〔二一〕，孟玉秀右司馬、右將軍。范義母妻子並在城内，有勸義出降，義曰：「我人吏也，且豈能作何康活邪。」義字明休，濟陽考城人也。早有世譽。

五月十九日夜，有流星大如斗杆，尾長十餘丈，從西北來墜城内，是謂天狗。占曰：「天狗所墜，下有伏尸流血。」誕又遣二百人出東門攻劉道隆營〔二二〕，別遣疑兵二百人出北門。沈攸之於東門奮短兵接戰，大破之。門者又爲苟思達所破〔二三〕。誕又遣數百人出東門攻寧朔司馬劉勔營〔二四〕，攸之又破之。廣陵城舊不開南門，云開南門者不利其主，至誕乃開焉。彭城邵領宗在城内，陰結死士，欲襲誕。先欲布誠於慶之，乃説誕求爲間諜，見許。領宗既出，致誠畢，復還城内，事泄，誕鞭二百，考問不服，遂支解之。

上遣送章二紐，其一曰竟陵縣開國侯，食邑一千户，募賞禽誕；其二曰建興縣開國男，三百户，募賞先登。若克外城，舉一烽；克内城，舉兩烽；禽誕，舉三烽。上又遣屯騎校尉譚金、前虎賁中郎將鄭景玄率羽林兵隸慶之。誕復遣三百人自南門攻劉勔土山，爲勔所破。

慶之塡壍治攻道，值夏雨，不得攻城。上每璽書催督之，前後相繼。及晴，再怒，使太史擇發日，將自濟江。太宰江夏王義恭上表諫曰：「誕素無才略，畜養又寡，自拒王命，士庶離散。城内乏糧，器械不足，徒賴免兵倉頭三四百人，造次相附，恩怨夙結。臣始短慮，謂一旬可殄，而假息流還，七十餘日。上將受律，羣蕃岳峙〔二五〕，鋭卒精旅，動以萬計，大威所震，未有成功。臣雖凡怯，猶懷憤踊。陛下入翦封豕，出討長虵，兵不血刃，再興七百。而蕞爾小醜，遂延晷漏，致皇赫斯怒，將動乘輿。此實臣下素食駑鈍之責，行留百司，莫不仰慙俯愧。今盛暑被甲，日費千金，天威一麾，孰不幸甚。臣伏尋晉文王征淮南，淹師出二百日，方能制寇。今誕糇糧垂竭，背逆者多，慶之等轉悟遲重之非，漸見乘機之利。且成旨頻降，必應旦夕夷殄。愚又以廣陵塗近，人信易達，雖爲江水，約示不難。且覩理者寡，闇塞者衆，忽見雲旗移次，京都既當祗悚，四方之志，必有未達。臣愚伏重思計，今寧不當計小醜，省生命，以安遐邇之情。又以長江險闊，風波難期，王者尚不乘危，況乃汎不測之水。昔魏文濟江，遂有遺州之名，今雖先天不違，動干休慶，龍舟所幸，理必利涉，然居安慮危，不可不懼。私誠款款，冒啓赤心，追用悚汗，不自宣盡。」

七月二日〔二六〕，慶之率衆軍進攻，剋其外城，乘勝而進，又剋小城。誕聞軍入，與申靈賜走趨後園。隊主沈胤之、義征客周滿、胡思祖馳至，誕執玉鐶刀與左右數人散走，胤之等追及誕於橋上，誕舉刀自衞，胤之傷誕面，因墜水，引出殺之，傳首京邑。時年二十七。因葬廣陵，貶姓留氏。同黨悉誅，殺城内男爲京觀〔二七〕，死者數千，女口爲軍賞。誕母殷、妻徐，並自殺。追贈殷長寧園淑妃。嘉梁曠誠節，擢爲後將軍。封周滿山陽縣侯，食邑四百五十户，胤之末陽子，食邑三百五十户。胡思祖高平縣男，食邑二百户。臨川内史羊璿之以先協附誕伏誅〔二八〕。

誕爲南徐州刺史，在京夜，大風飛落屋瓦，城門鹿牀倒覆〔二九〕，誕心惡之。及遷鎮廣陵，入城，衝風暴起揚塵，晝晦。又中夜閑坐，有赤光照室，見者莫不怪愕。左右侍直，眠中夢人告之曰：「官須髪爲稍毦〔三〇〕。」既覺，已失髻矣，如此者數十人，誕甚怪懼。大明二年，發民築治廣陵城，誕循行，有人干輿揚聲大駡曰：「大兵尋至，何以辛苦百姓！」誕執之，問其本末，答曰：「姓夷名孫，家在海陵。天公去年與道佛共議，欲除此間民人，道佛苦諫得止。大禍將至，何不立六慎門。」誕問：「六慎門云何？」答曰：「古時有言，禍不入六慎門。」誕以其言狂悖，殺之。又五音士忽狂易見鬼，驚怖啼哭曰：「外軍圍城，城上張白布帆。」誕執録二十餘日，乃赦之。城陷之日，雲霧晦暝，白虹臨北門，亘屬城内。

八年，前廢帝即位，義陽王昶爲征北將軍、徐州刺史，道經廣陵，上表曰：「竊聞淮南中霧，眷求遺緒；楚英流殛，愛存丘墓。並難結兩臣，義開二主，法雖事斷，禮或情申。伏見故賊劉誕，稱戈犯節，自貽逆命，膏斧嬰戮，在憲已彰。但尋屬忝皇枝，位叨列辟，一以罪終，魂骸莫赦。生均宗籍，死同匹豎，旅窆委雜，封樹不修。今歲月愈邁，愆流疊往，踐境興懷，感事傷目。陛下繼明升運，咸與惟新，大德方臨，哀矜未及。夫欒布哭市，義犯雷霆；田叔鉗赭，志於夷戮。況在天倫，何獨無感。伏願稽若前准，降申丹志，乞薄改槁柎，微表窀穸。則朽骨知榮，窮泉識荷。臨紙哽慟，辭不自宣。」詔曰：「征北表如此。省以慨然。誕及妻女，並可以庶人禮葬，并置守衛。」太宗泰始四年，又更改葬，祭以少牢。

廬江王禕字休秀，文帝第八子也。

元嘉二十二年，年十歲，封東海王〔三二〕，食邑二千户。二十六年，以爲侍中、後軍將軍，領石頭戍事。遷冠軍將軍、南彭城下邳二郡太守、散騎常侍，領戍如故。出爲會稽太守，將軍如故。二十九年，遷使持節、都督廣交二州荊州之始興臨賀始安三郡諸軍事、車騎將軍、平越中郎將、廣州刺史〔三三〕。元凶弑立，進號安南將軍，未之鎮。世祖踐阼，復爲會稽太守，加撫軍將軍。明年，徵爲祕書監，加散騎常侍。尋出爲撫軍將軍、江州刺史，進號平南將軍，置吏。大明二年，徵爲散騎常侍、中書令，領驍騎將軍，給鼓吹一部，常侍如故。

又出爲南豫州刺史，常侍、將軍如故。以本號開府儀同三司，領國子祭酒，常侍如故。五年，詔曰：「昔韓、衞異姓，宗周之明憲；三封殊級，往晉之令典。唯皇家創典，盡弘斯義。朕應天命，光宅四海，思所以憲章前式，崇建懿親，永垂畫一，著于甲令。諸弟國封，並可增益千户。」七年，進司空，常侍、祭酒如故。前廢帝即位，加中書監。太宗踐阼，進太尉，加侍中、中書監，給班劍二十人。改封廬江王。

太祖諸子，禕尤凡劣，諸兄弟蚩鄙之。南平王鑠蚤薨，鑠子敬淵婚，禕往視之，白世祖借伎，世祖答曰：「婚禮不舉樂，且敬淵等孤苦，倍非宜也。」至是太宗與建安王休仁詔曰：「人既不比數西方公，汝便爲諸王之長。」時禕住西州，故謂之西方公也。泰始五年，河東柳欣慰謀反，欲立禕，禕與相訓和。欣慰要結征北諮議參軍杜幼文、左軍參軍宋祖珍、前都令王隆伯等。禕使左右徐虎兒以金合一枚餉幼文，銅鉢二枚餉祖珍、隆伯。幼文具奏其事。上乃下詔曰：

昔周室既盛，二叔流言，漢祚方隆，七蕃迷叛，斯寔事彰往代，難興自古。雖聖賢御極[三三]，寓内紓患。太尉廬江王藉慶皇枝，蚤升寵樹，幼無立德，長缺修聲，淡薄親情，厚結行路，狎昵羣細，疏澀人士。自朕撥亂定宇，受命應天，實尚敦睦，克敷友于，故崇殊爵，超居上台。而公常懷不平，表於事迹。公若德深望重，宜膺大統，朕初平暴亂，豈敢當璧，自然推符奉璽，天祚有歸。且朕雖居尊極，不敢自恃，宗室之事，無不諮公。不虞志欲難滿，妄生窺怨，積慝在衿，遂謀社稷。

曩者四方遘禍，兵斥畿甸，搢紳憂惶，親賢同憤。唯公獨幸厥灾，深抃時難，晝則從禽遊肆，夜則縱酒弦歌，側耳視陰，企賊休問。司徒休仁等並各令弟，事兼家國，推鋒履險，各伐一方，蒙霜踐棘，辛勤已甚。況身被矢石，否泰難虞，悠悠之人，尚有信分。公未曾有一函之使，遺半紙之書，志棄五弟，以餌餓賊。自謂身非勳烈，義不參謀，必期凶逆道申，以圖輔相。及皇威既震，羣凶肅蕩，九有同慶，萬國含欣。而公容氣更沮，下帷晦迹，每覘天察宿，懷協左道，呪詛禱請，謹事邪巫，常被髮跣足，稽首北極，遂圖畫朕躬，勒以名字，或加之矢刃，或烹之鼎鑊。公在江州，得一漢女，云知吉凶，能行厭呪，大設供養，朝夕拜伏，衣裝嚴整，敬事如神，令其祝詛孝武，并及崇憲，祈皇室危弱，統天稱己，巫稱神旨，必得如願，後事發覺，委臯所生，儌幸歛䧢，僅得自免。近又有道士張寶，爲公見信，事既彰露，肆之于法。公不知慙懼，猶加營理，遣左右二人，主掌殯含。顯行邪志，罔顧吏司。又挾閹豎陳道明交關不逞，傳驛音意，投金散寶，以爲信誓。又使府史徐虎兒招引邊將，要結禁旅，規害台輔，圖犯宮掖。

公受性不仁，才非治用，昔忝江州，無稱被徵，前莅會稽，以臯左黜。公稽古寡聞，嚴而無理，言不暢寒暑，惠不及帷房，朝野所輕，搢紳同侮，豈堪輔相之地，寧任莅民之職，非唯一朝，有自來矣。

大明之世，迄于永光，公常留中，未嘗外撫，何以在今，方起嫌怨。公少即長人，情無哀戚，侍拜長寧，從祀宗廟，顔無戚狀，淚不垂瞼，兄弟長幼，靡有愛心。昔因孝武御筵置酒，心誠不著，于時義陽念遇本薄，遭公此譖，益被猜嫌。朕當時狼狽，不暇自理，賴崇憲太后譬解百端，少蒙申亮，得免殃責。景和狂主，醜毒横流，初誅宰輔，豺志方扇。於建章宮召朕兄弟，逼酒使醉，公因酒勢，遂肆苦言，云朕及休仁，與太宰親數，往必清閑，贈貺豐厚。朕當時惶駭，五内崩墜，于其語次，劣得小止。往又經在尋陽長公主第，兄弟共集，忽中坐忿怒，厲色見指，以朕行止出入，每不能同〔三四〕，若得稱心，規肆忿憾。惟公此旨，蚤欲見滅，而天道愛善，朕獲南面，不長惡逆，挫公毒心。

自大明積費，國弊民凋，加景和奢虐，府藏罄盡。朕在位甫爾，卹義具瞻，仍值終阻蜂起，日耗萬金，公卿庶民，傾産歸獻。積受台奉，貲畜優廣。朕踐阼之初，公請故太宰東傳餘錢，見入數百萬，内不充養，外不助國，散賜諂諛，偏惠趨隸。推心考行，事類斯比。羣小交構，遂生異圖，籍籍之義，轉盈民口。公若地居衡寄，任專八柄，德育於民，勳高於物，勢不自安，於事爲可。公既才均櫟木，牽以曲全，因高無民，得守虛靜，而坐作凶咎，自□深釁。由朕誠感無素，爰至於此，永尋多難，惋慨實深。

凡人所行，各有本志，朕博愛尚仁，爲日已久，尚能含餬怨辠，著于觸事，豈容於公，不相隱忍。但禍萌易漸，去惡宜疾，負荷之重，寧得坐觀。且蔓草難除，燎火須撲，狡扇之徒，宜時誅剪。已詔司戮，肅正典刑。公身居戚長，情禮兼至，準之常科，顧有惻怛，宜少申國憲，以弔不臧。今以淮南、宣城、歷陽三郡還立南豫州，降公爲車騎將軍、開府儀同三司、南豫州刺史，削邑千户，侍中、王如故。

出鎮宣城，上遣腹心楊運長領兵防衛〔三五〕。同黨柳欣慰、徐虎兒、陳道明、甯敬之、閭丘邈之、樊平祖、孟敬祖並伏誅。明年六月〔三六〕，上又令有司奏：「褘忿懟有怨言，請免官，削爵土，付宛陵縣獄，依法窮治。」不許。乃遣大鴻臚持節，兼宗正爲副奉詔責褘，逼令自殺，時年三十五，即葬宣城。

子充明，輔國將軍、南彭城東莞二郡太守。廢徙新安歙縣。後廢帝即位，聽還京邑。順帝昇明二年卒，時年二十八，無子。

武昌王渾字休淵，文帝第十子也。元嘉二十四年，年九歲，封汝陰王，食邑二千户。爲後軍將軍，加散騎常侍。索虜南寇，破汝陰郡，徙渾爲武昌王。少而凶戾，嘗出石頭，怨左右人，援防身刀斫之。元凶弑立，以爲中書令。山陵夕，臝身露頭，往散騎省戲，因彎弓射通直郎周朗，中其枕，以爲笑樂。世祖即位，授征虜將軍、南彭城東海二郡太守，出鎮京口。

孝建元年，遷使持節、監雍梁南北秦四州荆州之竟陵隨二郡諸軍事、寧蠻校尉、雍州刺史，將軍如故。渾至鎮，與左右人作文檄，自號楚王，號年爲永光元年〔三七〕，備置百官，以爲戲笑。長史王翼之得其手迹，封呈世祖。上使有司奏免爲庶人，下太常，絶其屬籍，徙付始安郡。上遣員外散騎侍郎戴明寶詰渾曰：「我與汝親則同氣，義則君臣，遣任西蕃，以同盤石，云何一旦反欲見圖？文檄處分，事迹炳然，不忠不義，乃可至此。豈唯天道助順，逆志難充，如其凶圖獲逞，天下誰當相容，前事不遠，足爲鑑戒。加以頻歲釁難，非起外人，唯應相與厲精，以固七百。汝忽復構此，良可悲惋。國雖有典，我亦何忍極法，好自將養，以保松、喬之壽。」逼令自殺，即葬襄陽，時年十七。大明四年，聽還葬母江太妃墓次。太宗即位，追封爲武昌縣侯。

王翼之字季弼，琅邪臨沂人，晉黄門侍郎徽之孫也。官至御史中丞，會稽太守，廣州刺史。謚曰肅子。

海陵王休茂，文帝第十四子也。

孝建二年，年十一，封海陵王，食邑二千户。大明二年，以爲使持節、都督雍梁南北秦四州郢州之竟陵隨二郡諸軍事、北中郎將、寧蠻校尉、雍州刺史。進號左將軍，增邑千户。時司馬庾深之行府事，休茂性急疾，欲自專，深之及主帥每禁之〔三八〕，常懷忿怒。左右張伯超至所親愛，多罪過，主帥常加呵責，伯超懼罪，謂休茂曰：「主帥密疏官罪過，欲以啓聞，如此恐無好。」休茂曰：「爲何計？」伯超曰：「唯當殺行事及主帥，且舉兵自衞。此去都數千里，縱大事不成，不失入虜中爲王。」休茂從之。夜挾伯超及左右黄靈期、蔡捷世、滕穆之、王寳龍、來承道、彭叔兒、魏公子、陳伯兒、張駟奴、楊興、劉保、余雙等，率夾轂隊，於城内殺典籤楊慶，出金城，殺司馬庾深之、典籤戴雙。集徵兵衆，建牙馳檄，使佐吏上車騎大將軍、開府儀同三司，加黄鉞。侍讀博士荀詵諫爭，見殺。伯超專任軍政，殺害自己。休茂左右曹萬期挺身斫休茂，被創走〔三九〕，見殺。休茂出城行營，諮議參軍沈暢之等率衆閉門拒之，休茂馳還，不得入。義成太守薛繼考爲休茂盡力攻城，殺傷甚衆，暢之不能自固，遂得入城，斬暢之及同謀數十人。

其日，參軍尹玄慶起義，攻休茂，生禽之，將出中門斬首，時年十七。母妻皆自殺，同黨悉伏誅。城中擾亂，無相統領。時尚書右僕射劉秀之弟恭之爲休茂中兵參軍，衆共推行府州事。繼考以兵脅恭之，使作啓事云立義，自乘驛還都，上以爲永嘉王子仁北中郎諮議參軍、河南太守，封冠軍縣侯，食邑四百户。尋事泄，伏誅。恭之坐繫尚方。以玄慶爲射聲校尉。有司奏絶休茂屬籍，貶姓爲留，上不許。即葬襄陽。

庾深之字彦靜，新野人也。以事先朝見知。元嘉二十九年，自輔國長史爲長沙内史。南郡王義宣爲荆、湘二州，加深之寧朔將軍，督湘州七郡〔四〇〕。明年，義宣爲逆，深之據巴陵拒之。轉休茂司馬〔四一〕。見害之旦，子孫亦死。追贈深之冠軍將軍、雍州刺史，荀詵員外散騎侍郎，曹萬期始平太守。

桂陽王休範，文帝第十八子也。孝建三年，年九歲，封順陽王，食邑二千户。大明元年，改封桂陽王。爲冠軍將軍、南彭城下邳太守。三年，出爲江州刺史，尋加征虜將軍，邑千户。入爲祕書監，領前軍將軍。

七年，遷左衞將軍，加給事中。前廢帝永光元年〔四二〕，轉中護軍，領崇憲衞尉。太宗定亂，以爲使持節、都督南徐徐南兗兗四州諸軍事、鎮北將軍、南徐州刺史，給鼓吹一部。時薛安都據彭城反叛，遣從子索兒南侵，休範進據廣陵，督北討諸軍事，加南兗州刺史，進征北大將軍，加散騎常侍，還京口，解兗州，增邑二千户，受五百户。泰始五年，徵爲中書監、中軍將軍〔四三〕、揚州刺史，常侍如故。明年，出爲使持節、都督江郢司廣交五州豫州之西陽新蔡晉熙湘州之始興四郡諸軍事、征南大將軍、江州刺史。尋加開府儀同三司，未拜，改授都督南徐徐南兗兗青冀六州諸軍事、驃騎大將軍、南徐州刺史，持節、常侍、開府如故。未拜，以驃騎大將軍還爲江州，進督越州諸軍事，給三望車一乘。太宗遺詔，進位司空，改常侍爲侍中，加班劍三十人。

休範素凡訥，少知解，不爲諸兄所齒遇。太宗常指左右人謂王景文曰：「休範人才不及此，以我弟故，生便富貴。釋氏願生王家，良有以也。」及太宗晚年，晉平王休祐以狼戾致禍〔四四〕，建安王休仁以權逼不見容，巴陵王休若素得人情，又以此見害〔四五〕。唯休範謹澀無才能，不爲物情所向〔四六〕，故得自保，而常懷憂懼，恒慮禍及。及太宗晏駕，主幼時艱，素族當權，近習秉政，休範自謂宗戚莫二，應居宰輔，事既不至，怨憤彌結。招引勇士，繕治器械，行人經過尋陽者，莫不降意折節，重加問遺，□□留則傾身接引，厚相資給，於是遠近同應，從者如歸〔四七〕。朝廷知其有異志，密相防禦，雖未表形迹，而釁難已成。母荀太妃薨，葬廬山，以示不還之志。解侍中。

時夏口闕鎮，朝議以居尋陽上流，欲樹置腹心，重其兵力。元徽元年，乃以第五皇弟晉熙王燮爲郢州刺史，長史王奂行府州事，配以資力，出鎮夏口。慮爲休範所攔留，自太洑去〔四八〕，不過尋陽。休範大怒，欲舉兵襲朝廷，密與典籤新蔡人許公輿謀之。表治城池，修起樓堞，多解榜板，擬以備用。其年，進位太尉。明年五月，遂舉兵反。虜發百姓船乘，使軍隊稱力請受，付以榜解板，合手裝治，二三日間，便悉整辦。率衆二萬，鐵騎數百匹，發自尋陽，晝夜取道。書與袁粲、褚淵、劉秉曰：

夫治政任賢，宜親疏相輔，得其經緯，則結繩可及，失其規矩，則危亡可期。漢承戰國之餘，傷周室衰殄，立磐石之宗，而致七國之亂。魏革漢典，創於前失，遂使諸王絶朝聘之禮，是以根疎葉枯，政移異族。今宗室衰微，自昔未有，泰寧之世，足以爲譬。孤子忝枝皇族，預關興毁，雖欲忘言，其可得乎。

高祖武皇帝升叡三光，滌紛四表。太祖文皇帝欽明冠古，資乾承曆，秉鉞西服，鳴鑾東京，搜賢選能，納奇賞異。孝武皇帝岐嶷天縱，先機雷發，陵波靜亂，宏業中興，儲嗣不腆，遂貽禍難。于時建安王以家難頻遘，宜立長主，明皇帝恢朗淵懿，仁潤含遠，奉戴南面，允合天人。而太尉以年長居卑，怨心形色，柳欣慰等規行不軌，事迹披猖。驃騎以忤顏失旨，應對不順，在蕃刻削，怨結人鬼。先帝明於號令，豈枉法爲親，二王之釁，實自由己。但司徒巴陵王勞謙爲國，中流事難，有不世之勳，奉時如天，事兄猶父，非唯令友，信爲國器。唐叔之忠，而受管、蔡之罪，親戚哀憤，行路嗟歎。王地籍光潔，德猒民望，並無寸罪，受斃讒邪。先帝穆於友于，留心親戚，去昔事平之後，面受詔誨，禮則君臣，樂則兄弟，升級賜賞，動不移年，撫慰孜孜，恒如不足，豈容一旦鬩牆，致此禍害，良有由也。先帝寢疾彌年，體疲膳少，雖神照無虧，而慮有失德，補闕拾遺，責在左右。于時出入卧內，唯有運長、道隆，羣細無狀，因疾遘禍，見上不和，知無瘳拯，慮晏駕之日，長王作輔，奪其寵柄，不得自專。是以內假帝旨，外託朝議，諛辭詭貌，萬類千端，升進姦回，屠斥賢哲，外矯天則，內誣人鬼。是以星紀違常，義望失度。昔魏顆擇命，春秋美之；秦穆殉良，詩有明刺。臣子之節，得失必書，不及匡諫，猶以爲罪。交間蒼蠅，驅扇禍戮，爵以貨重，才由貧輕，先帝舊人，無罪黜落，薦致鄉親，偏布朝省。諂諛親狎者，飛榮玉除；靜立貞粹者，柴門生草。事先關己，雖非必行；若不諮詢，雖是必抑。海內遠近，人誰不知，未解執事，不加斧鉞，遂致先帝有殺弟之名，醜聲遺於君父，格以古義，豈得爲忠。先帝崩殂，若無天地，理痛常情，便應赴泣。但兄弟枉酷，已陷讒細，孤子已下，復觸姦機。是以望陵墳而摧裂，想鑾旂而抽慟。雖復才違寄寵，而地屬負荷，顧命之辰，曾不見及。分崩之際，詔出兩豎，天誘其衷，得居乎外。若受制羣邪，則玉石同碎矣。以宇宙之基，一旦受制卑瑣，劉氏家國，使小人處分，終古以來，未有斯酷。昔石顯、曹節，方今爲優，而望之、仲舉，由以致弊。至於遭逢醜慝，豈有古今者乎。

諸賢冑籍冠冕，世歷忠貞，位非恩樹，勳豈寵結，憂國勤王，社稷之鎮，豈可含縱讒凶，坐觀傾覆。自惟宋室未殞，得以推移者，正内賴諸賢，防勒姦軌，外有孤子，跨據中流。而人非金石，何能支久，使一虧落〔四九〕，則本根莫庇。當今主上沖幼，宜明典章，征虜之鎮，不見慰省，逆旅往來，尚有顧眄，骨肉何讎，逼使離隔。禽獸之心，横生疑貳，經由此者，每加約截，同惡相求，有若市賈。以孤子知其情狀，恒恐以此乘之，鉗勒州郡，過見防禦。近遣西南二使，統内宣傳，不容恐懼，即遣啓并有别書。若以孤子有過，便應鳴鼓見伐；如其不爾，宜令各有所歸。與殺不辜，憲有常辟，三公之使，無罪而斬，鄙雖不肖，天子之季父，卑小主者，敢不如是乎。孤子承奉今上，如事先朝，夙宵恭謹，散心雲日，晦望表驛，相從江衢，有何虧違，頓至於此。既已甘心，其可再乎。如往來所説，以孤子納士爲尤，此輩懼其身罪，豈爲國計。在昔四豪，列國公子，猶博引廣納，門客三千。況孤子位居鼎司，捍衛畿甸，且今與昔異，咸所知也。狡虜陵掠，江、淮侵逼，主上年穉，宗室衰微，邪僭用命，親賢結舌，疆埸嬰塗炭之苦，征夫有勤役之勞，瓜時不代，齊猶致禍，況長淮戍卒，歷年怨思，不務拓遠强邊，而先事國君親戚，以此求心，何事非亂。又以繕治盆壘，復致囂聲。自晉、宋之災，積貯百萬，孤子到鎮，曾不數千里[五〇]，且修城池，整郭邑，爲治常理，復何足致嫌邪。若以中流清蕩，則任農夫不應實力强兵，作鎮姑孰，俱防寇害，豈得獨嫌於此。昔成王之明，而爲流言致惑，若使金縢不開，則周公無以自保。樂毅歸趙，不忍謀燕，況孤子禮則君臣，恩猶父子者乎。所以枕戈泣血，衹以兄弟之讎爾。觀其不逞之意，豈可限量。設使遂其虐志，諸君欲安坐得乎？脣亡齒寒，理不難見。桂蠹必除，人邪必翦，枉突徙薪，何勞多力。望便執録二豎，以謝寃魂，則先帝不失順悌之名，宋世無枉筆之史。

此州地居形要，路枕九江，控弦跨馬，越關而至。重氣輕死，排藪競出，練甲照水，總戈成林，剿此纖隸，何患不克。但千鈞之弩，不爲鼷鼠發機，欲使薰蕕内辨，晉陽外息爾，功有所歸，不亦可乎。便當投命有司，謝罪天闕，同奉温清，齊心庶事。伊、霍之任，非君而誰；周、邵之職，頗以自許。左提右挈，無愧古人。昔平、勃剛斷，産、禄蚤誅；張温趑趄，文臺扼腕。事之樞機，得失俄頃，往車今轍，庶無惑焉。近持此意，申之沈攸，其憤難不解諸王致此，既知禍原，鋭然奮發，蓄兵厲卒，以俟同舉。張興世發都日，受制凶黨，揚飆直逝，遂不見遇，孤子近遣信申述姦禍，方大惆惋，追恨前迷，比者信使，每申勤款。王奂佐郢，兵權在握，厥督屠枉〔五一〕，朝野嗟痛，猶父之怨，寧可與之比肩。孤子此舉，增其忼慨，義之所勸，其應猶響。諸君或未得此意，故先告懷。徙倚一隅，遲及委問。孤子哀疾尪毁，窮盡無日，庶規史鰌，死不忘本。臨紙荒哽，言不詮第。

大雷戍主杜道欣馳下告變。道欣至一宿，休範已至新林，朝廷震動。平南將軍齊王出次新亭壘，領軍將軍劉勔、前兗州刺史沈懷明據石頭〔五二〕，征北將軍張永屯白下，衞將軍袁粲、中軍褚淵、尚書左僕射劉秉等入衞殿省。時事起倉卒，不暇得更處分，開南北二武庫，隨將士意取。

休範於新林步上，及新亭壘，自臨城南，於臨滄觀上〔五三〕，以數十人自衞。屯騎校尉黄回見其可乘，乃僞往請降，并宣齊王意旨，休範大悦，以二子德宣、德嗣付回與爲質，至即斬之。回與越騎校尉張敬兒直前斬休範首，持還，左右並奔散。

初休範自新林分遣同黨杜耳、丁文豪、杜墨蠡等〔五四〕，直向朱雀門。休範雖死，墨蠡等不相知聞。王道隆率羽林兵在朱雀門内，聞賊至，急召劉勔。勔自石頭來赴，仍進桁南，戰敗，死之。墨蠡等乘勝直入朱雀門，王道隆爲亂兵所殺。墨蠡等唱云：「太尉至。」休範之死也，齊王遣隊主陳靈寶齎首詣臺〔五五〕，道逢賊，棄首於水，挺身得達，雖唱云「已平」，而無以爲據，衆愈疑惑。張永棄衆於白下，沈懷明於石頭奔散，撫軍典籤茅恬開東府納賊〔五六〕。墨蠡逕至杜姥宅，中書舍人孫千齡開承明門出降〔五七〕，宫省恇擾，無復固志。時庫藏賞賜已盡，皇太后、太妃剔取宫内金銀器物以充用。羽林監陳顯達率所領於杜姥宅與墨蠡戰，破之。至宣陽御道，諸賊一時奔散，斬墨蠡、文豪及同黨姜伯玉、柳仲虔、任天助等。許公輿走還新蔡〔五八〕，村民斬送之。晉熙王爕自夏口遣軍平尋陽〔五九〕，德嗣弟青牛、智藏並伏誅。詔建康、秣陵二縣收斂諸軍死者，并殺賊屍，並加藏埋。

史臣曰：語有之，投鼠而忌器，信矣。阮佃夫、王道隆專用主命，臣行君道，識義之徒，咸思戮以馬劍。休範馳兵象魏，矢及君屋，忠臣義士，莫不銜膽爭先。夫以邪附君，猶或自免，況於仗正順以爭主哉。

校勘記

〔一〕又遣寧朔將軍顧彬之自魯顯東入受誕節度　「魯顯」，原作「曾顯」。孫虨考論卷四：「『曾』當作『魯』。鄧琬傳曰，太宗恐劉胡步向京邑，使廣德令王蘊防魯顯。按方輿紀要，寧國宣城縣南有魯山，其下爲魯顯水。」按孫説是，今改正。又「誕節度」三字原闕，殿本、局本有「節度」二字，無「誕」字，今據南史卷一四宋宗室及諸王下宋文帝諸子竟陵王誕傳補。按通鑑卷一二七宋紀元嘉三十年：「世祖遣寧朔將軍顧彬之將兵東入，受隨王誕節度。」

〔二〕劭遣將華欽庾導東討　「華欽」，本書卷九九二凶傳、通鑑卷一二七宋紀元嘉三十年作「燕欽」。「庾導」，南史卷一四宋宗室及諸王下宋文帝諸子竟陵王誕傳作「庾遵」。

〔三〕與彬之等相逢於曲阿之奔牛塘　「等」，原作「弟」。張森楷校勘記：「上下皆不及彬之弟，此『弟』字疑係『等』字之誤。」按張校是，今據改。

〔四〕南譙王義宣不肯就徵以誕爲侍中驃騎大將軍揚州刺史開府如故改封竟陵王　按本書卷六孝武帝紀，劉誕改封竟陵王在元嘉三十年六月辛未，改爲揚州刺史在元嘉三十年閏六月甲午。南史卷二宋本紀中、通鑑卷一二七宋紀元嘉三十年同。是劉誕改封竟陵王在前，刺揚州在後，此序次錯訛。

〔五〕帝加誕節　「帝加」二字原闕，殿本有「加」字，無「帝」字，今據南史卷一四宋宗室及諸王下宋文帝諸子竟陵王誕傳、册府卷二九〇補。

〔六〕孝建二年　「孝建」，原作「建平」，據殿本、南史卷一四宋宗室及諸王下宋文帝諸子竟陵王誕傳改。按本書卷六孝武帝紀：孝建二年冬十月壬午，以「竟陵王誕爲司空、南徐州刺史」。

〔七〕詠之既聞此語又不見其事　按上文云竟陵王誕「又常疏陛下年紀姓諱，往巫鄭師憐家祝詛」。通鑑卷一二九宋紀大明三年：「詠之在誕左右，見誕疏陛下年紀姓諱，往巫鄭師憐家祝詛。」則詠之既聞誕丑悖之語，又見其悖逆巫蠱之事。疑「又不見其事」之「不」字衍。

〔八〕故山陰令傅僧祐　「令」字原闕。孫虨考論卷四：「『山陰』下脱『令』字，見臧燾傳。」按孫説是，今據補。

〔九〕名工細巧　「細」，原作「納」，據殿本、局本改。

〔一〇〕加以營宇制館　「宇」，原作「于」。張元濟校勘記：「『于』疑『宇』之訛。」按張校是，今據改。

〔一一〕誕以廣拓宅宇　「拓」，原作「托」，汲本、局本作「託」，今改正。

〔一二〕怨懟彌極　「極」，原作「地」，據南監本、北監本、殿本、局本改。

〔一三〕天明而門不開　「天」字原闕，據殿本補。

〔一四〕陛下欲建百官羽儀　「建」字原闕，據魏書卷九七島夷劉裕傳補。

〔一五〕右軍宣簡　「宣簡」，原作「宣蘭」，據魏書卷九七島夷劉裕傳改。按右軍謂南平王鑠，宣簡，建平王宏之謚。

〔一六〕夜與智朗斬關而出　「智朗」，原作「智明」，據殿本、局本改。按上文有索智朗。

〔一七〕屯騎校尉龐沓虯　「龐沓虯」，疑當作「龐孟虯」，龐孟虯事見本書卷七七顔師伯傳、卷八四鄧琬傳等處。

〔一八〕豫州刺史殷琰與晉安王子勛同逆　「豫」，原作一字空格，南監本作「荆」，今據北監本、汲本、殿本、局本、册府卷九四一補。

〔一九〕瑗即使琰鎮軍　册府卷九四一作「琰即使瑗鎮軍」。孫虨考論卷四：「句疑誤。」

〔二〇〕贈車騎參軍山陽海陵二郡太守　「參軍」，原作「將軍」。孫虨考論卷四：「當作『參軍』。」按孫説是，今改正。

〔二一〕范義左司馬左將軍　「左將軍」之「左」字原闕，據殿本補。孫虨考論卷四：「蓋左將軍，脱『左』字。」

〔二二〕誕又遣二百人出東門攻劉道隆營　「劉道隆」，原作「劉道産」，據殿本、局本改。殿本考證：「按劉道産卒於元嘉十九年，今定作『劉道隆』。」按上文云「開東門掩攻劉道隆營」，與此合。

〔二三〕門者又爲荀思達所破　孫虨考論卷四：「門者有脱文，蓋謂出北門者。」

〔二四〕誕又遣數百人出東門攻寧朔司馬劉勔營　孫虨考論卷四：「出東門攻劉勔營，疑是南門之訛。故云『舊不開南門』，『至誕乃開』。下文『誕復遣人自南門攻劉勔土山』，劉勔營南門外，此尤可證也。」

〔二五〕羣蕃岳峙　「岳」，原作「兵」，據殿本、局本改。

〔二六〕七月二日　本書卷六孝武帝紀、南史卷二宋本紀中、卷一四宋宗室及諸王下宋文帝諸子竟陵王誕傳、建康實録卷一二皆云是年秋七月己巳，克廣陵城，斬誕。按陳垣二十史朔閏表，大明三年七月丁卯朔，己巳爲七月三日。

〔二七〕殺城内男爲京觀　「爲」字原闕，據殿本、局本、南史卷一四宋宗室及諸王下宋文帝諸子竟陵王誕傳補。

〔二八〕臨川内史羊璿之以先協附誕伏誅　「羊璿之」，原作「羊濬之」，據本書卷六七謝靈運傳、通鑑卷一二九宋紀大明三年改。

〔二九〕城門鹿牀倒覆　「鹿」，原作「及」，據南史卷一四宋宗室及諸王下宋文帝諸子竟陵王誕傳、御覽卷八七六引沈約宋書改。

〔三〇〕官須髮爲矟毦　「矟毦」，原作「鞘毦」，據局本、南史卷一四宋宗室及諸王下宋文帝諸子竟陵王誕傳改。按晉宋書故：「宋書禮志五，孝建二年，有司奏槊毦不得用孔雀白鷺。是知槊上有毦。（中略）『鞘毦』當爲『矟毦』，並字形之誤，失於校正。矟毦即禮志所謂槊毦者也。」

〔三一〕元嘉二十二年年十歲封東海王　「十歲」，南史卷一四宋宗室及諸王下宋文帝諸子廬江王禕傳作「十一歲」。按本書卷五文帝紀、南史卷二宋本紀中、建康實録卷一二、通鑑卷一二四宋紀皆記禕封王在元嘉二十二年二月。通鑑卷一三二又記禕被逼令自殺在泰始五年六月。今以泰始五年禕年三十五計之，元嘉二十二年封王時年十一歲。

〔三二〕遷使持節都督廣交二州荊州之始興臨賀始安三郡諸軍事車騎將軍平越中郎將廣州刺史

「荊州之始興臨賀始安三郡諸軍事」，原作「荊州之始興臨安二郡諸軍事」，錢大昕考異卷二四：「按『臨安』非郡名，當云『荊州之始興、臨賀、始安三郡』，傳寫脱誤耳。州郡志於始興、臨賀、始安郡，並云晉成帝度荊州，宋元嘉二十九年度廣州。據此傳，知元嘉二十九年，特以廣州刺史兼督此三郡，其地猶屬荊州也。」錢説是，今據改。又下文云：「元凶弒立，進號安南將軍，未之鎮。世祖踐阼，復爲會稽太守，加撫軍將軍。」據本書卷四〇百官志下，車騎將軍位第二品，高於位第三品之安南將軍及撫軍將軍。即東海王禕如由車騎而爲安南，不得云進號。本書卷七八蕭思話傳云：「斌弟簡，歷位長沙内史。（中略）東海王禕代誕，簡仍爲前軍諮議，太守如故。」蕭簡元嘉二十九年轉爲禕之軍佐，爲前軍諮議參軍，則禕是年任廣州刺史軍號爲前將軍而非車騎將軍。本書卷四〇百官志下，安南將軍與前將軍雖同爲三品，然安南位次又高於前將軍，故此後禕得進號安南，前後正相合。疑「車騎將軍」爲「前將軍」之訛。

〔二三〕雖聖賢御極　「極」，原作「寓」，據三朝本、北監本、汲本、殿本、局本改。

〔二四〕每不能同　「同」，原作「固」，據南監本、局本改。

〔二五〕上遺腹心楊運長領兵防衛　「領」，原作「鎮」，據南監本、南史卷一四宋宗室及諸王下宋文帝諸子廬江王禕傳、通鑑卷一三二宋紀泰始五年改。

〔二六〕明年六月　張森楷校勘記：「據本紀即在是年，不得云明年。」按本書卷八明帝紀、通鑑卷一三二宋紀，此乃泰始五年六月事，此云「明年」，誤。

〔三七〕號年爲永光元年　「永光」，南史卷一四宋宗室及諸王下宋文帝諸子武昌王渾傳、建康實録卷一三作「元光」，册府卷二九九作「允光」。

〔三八〕深之及主帥每禁之　「禁」，原作「案」，據南史卷一四宋宗室及諸王下宋文帝諸子海陵王休茂傳、册府卷二九九、通鑑卷一二九宋紀大明五年改。

〔三九〕被創走　「被」，原作「破」，據南監本、北監本、汲本、殿本、局本改。

〔四〇〕督湘州七郡　「湘州」，原作「湘川」，據殿本改。

〔四一〕深之據巴陵拒之轉休茂司馬　「之轉」二字原闕，據殿本、局本補。

〔四二〕前廢帝永光元年　「永光」，原作「永元」，據南監本、殿本、局本改。按本書卷七前廢帝紀，永光元年春正月，「左衛將軍桂陽王休範爲中護軍」。

〔四三〕中軍將軍　「將軍」之「軍」字原闕，據南監本、殿本、局本、本書卷八明帝紀補。

〔四四〕狼戾　南史卷一四宋宗室及諸王下宋文帝諸子桂陽王休範傳作「狠戾」。

〔四五〕又以此見害　「此見」二字，原作「貲」一字，據南監本、殿本、南史卷一四宋宗室及諸王下宋文帝諸子桂陽王休範傳改。

〔四六〕不爲物情所向　「情」字原闕，據南史卷一四宋宗室及諸王下宋文帝諸子桂陽王休範傳補。按通鑑卷一三三宋紀元徽元年作「物情亦不向之」。

〔四七〕於是遠近同應從者如歸　「應從者」，原作三字空格，南史卷一四宋宗室及諸王下宋文帝諸子

〔四八〕桂陽王休範傳作「應至者」，今據三朝本、南監本、北監本、汲本、殿本、局本訂補。

〔四八〕自太洑去　「太洑」，殿本、局本、南史卷一四宋宗室及諸王下宋文帝諸子桂陽王休範傳作「太子洑」。

〔四九〕使一虧落　「使」，原作「走」，據南監本、局本改。

〔五〇〕曾不數千里　李慈銘札記：「『里』字衍文。」孫虨考論卷四：「此謂積貯，『里』字當衍。」

〔五一〕厥督屠杻　「杻」，原作「狃」，據殿本、局本改。孫虨考論卷四：「奐，景文兄子。『厥督屠杻』疑是『厥叔』，謂景文也。」

〔五二〕前兗州刺史沈懷明據石頭　「兗州」，通鑑卷一三三宋紀元徽二年作「南兗州」。按本書卷八明帝紀、卷七七沈慶之傳附沈懷明傳、萬斯同宋方鎮年表，沈懷明泰始七年七月爲南兗州刺史，至元徽二年由張永繼任，未嘗任兗州刺史。

〔五三〕於臨滄觀上　「觀」，原作一字空格，據通鑑卷一三三宋紀元徽二年補。通鑑胡三省注：「臨滄觀在勞山上，江寧縣南十五里。亦曰勞勞亭。」

〔五四〕杜墨蠡　南齊書卷一高帝紀上、通鑑卷一三三宋紀元徽二年考異引宋書作「杜黑蠡」，魏書卷九七島夷劉裕傳作「杜墨騾」，通鑑卷一三三宋紀元徽二年從宋略作「杜黑騾」。朱季海南齊書校議以爲宋書原作「杜墨蠡」。

〔五五〕墨蠡等唱云太尉至休範之死也齊王遣隊主陳靈寶齎首詣臺　「太尉至休範之死也齊王」十字

原闕，據殿本、局本、南史卷一四宋宗室及諸王下宋文帝諸子桂陽王休範傳補。

〔五六〕撫軍典籤茅恬開東府納賊　「撫軍典籤茅恬」，南齊書卷一高帝紀上作「車騎典籤茅恬」，南史卷一四宋宗室及諸王下宋文帝諸子桂陽王休範傳、通鑑卷一三三宋紀元徽二年從宋略作「撫軍長史褚澄」。通鑑考異云：「宋書、南齊書蓋皆爲褚澄諱耳。」

〔五七〕中書舍人孫千齡開承明門出降　「承」，原作一字空格，據通鑑卷一三三宋紀元徽二年補。

〔五八〕許公輿走還新蔡　「新蔡」，原作「新茶」，局本作「新茶」。龔道耕蛛隱廬日箋（稿本）：「『新茶』當作『新蔡』。上文有新蔡人許公輿，是其證。」按龔說是，今改正。

〔五九〕晉熙王燮自夏口遣軍平尋陽　「燮」，原作「爕」，據殿本、局本改。

宋書卷八十

列傳第四十

孝武十四王

孝武帝二十八男：文穆皇后生廢帝子業、豫章王子尚，陳淑媛生晉安王子勛，阮容華生安陸王子綏，徐昭容生皇子子深，何淑儀生松滋侯子房，史昭華生臨海王子頊，殷貴妃生始平孝敬王子鸞，次永嘉王子仁，與皇子子深同生，何婕妤生皇子子鳳，謝昭容生始安王子真，江婕妤生皇子子玄，史昭儀生邵陵王子元，次齊敬王子羽〔一〕，與始平孝敬王子鸞同生，江美人生皇子子衡，楊婕妤生淮南王子孟，次皇子子況，與皇子子玄同生，次南平王子産，與永嘉王子仁同生，次晉陵孝王子雲，次皇子子文，並與始平孝敬王子鸞同生，次廬陵王子輿，與淮南王子孟同生，次南海哀王子師，與始平孝敬王子鸞同生，次淮陽思王子霄〔二〕，與皇子子玄同生，次皇子子雍，與始安王子真同生，次皇子子趨，與皇子子鳳同生，次皇子子期，與皇子子衡同生，次東平王子嗣，與始安王子真同生，杜容華生皇子子悦〔三〕。安陸王子綏、南平王子産、廬陵王子輿並出繼。皇子子深、子鳳、子玄、子衡、子況、子文、子雍未封，早夭。子趨、子期、子悦未封，爲明帝所殺。

豫章王子尚字孝師，孝武帝第二子也。

孝建三年，年六歲，封西陽王，食邑二千户。仍都督南徐兗二州諸軍事、北中郎將、南兗州刺史〔四〕。其年，遷揚州刺史。大明二年，加撫軍將軍。三年，分浙江西立王畿〔五〕，以浙江東爲揚州，命子尚都督揚州江州之鄱陽晉安建安三郡諸軍事、揚州刺史〔六〕，將軍如故，給鼓吹一部。五年，改封豫章王，户邑如先，領會稽太守。七年，加使持節，進號車騎將軍。其年，又加散騎常侍，以本號開府儀同三司。時東土大旱，鄞縣多畯田，世祖使子尚上表至鄞縣勸農。又立左學，召生徒，置儒林祭酒一人，學生師敬，位比州治中；文學祭酒一人，比西曹；勸學從事二人，比祭酒從事。前廢帝即位，罷王畿復舊，徵子尚都督揚、南徐二州諸軍事，領尚書令，解督東揚州，餘如故。

初孝建中，世祖以子尚太子母弟，上甚留心。後新安王子鸞以母幸見愛，子尚之寵稍衰。既長，人才凡劣，凶慝有廢帝風。太宗殞廢帝，稱太皇后令曰：「子尚頑凶極悖，行乖天理。楚玉淫亂縱慝，義絶人經。並可於第賜盡。」子尚時年十六〔七〕。

楚玉，山陰公主也。廢帝改封爲會稽郡長公主，食湯沐邑二千户，給鼓吹一部，加班劍二十人。未及拜受而廢帝敗。楚玉肆情淫縱，以尚書吏部郎褚淵貌美，請自侍十日，廢帝許之。淵雖承旨而行，以死自固，楚玉不能制也。

晉安王子勛字孝德，孝武帝第三子也。大明四年，年五歲，封晉安王，食邑二千户。仍都督南兗州徐州之東海諸軍事、征虜將軍、南兗州刺史。七年，改督江州南豫州之晉熙新蔡郢州之西陽三郡諸軍事、前將軍、江州刺史。八年，遷使持節、都督雍梁南北秦四州郢州之竟陵隨二郡諸軍事、鎮軍將軍、寧蠻校尉、雍州刺史。未拜而世祖崩，以鎮軍將軍還爲江州，本官如故。眼患風，爲世祖所不愛。景和元年，加使持節。

時廢帝狂凶，多所誅害。前撫軍諮議參軍何邁少好武，頗招集才力之士。邁先尚太祖女新蔡公主，帝詐云主薨，殺宫人代之，顯加殯葬，而納主於後宫。深忌邁，邁慮禍及，謀因帝出行爲變，迎立子勛。事泄，帝自率宿衛兵誅邁，使八座奏子勛與邁通謀。又手詔子勛曰：「何邁殺我立汝，汝自計孰若孝武邪？可自爲其所。」遣左右朱景雲送藥賜子勛死。景雲至盆口，停不進，遣信使報長史鄧琬。琬等因奉子勛起兵，以廢立爲名。

太宗定亂，進子勛號車騎將軍、開府儀同三司。琬等不受命，傳檄京邑。泰始二年正月七日，奉子勛爲帝，即僞位於尋陽城，年號義嘉元年，備置百官，四方並響應，威震天下。是歲四方貢計，並詣尋陽。遣左衛將軍孫沖之等下據赭圻，又遣豫州刺史劉胡率大衆來屯鵲尾，又遣安北將軍袁顗總統衆軍。臺軍屯據錢谿〔八〕，斷顗等糧援，胡遣將攻之，大敗，於是焚營遁走。顗聞胡去，亦棄衆南奔。沈攸之諸軍至尋陽，誅子勛及其母，同逆皆夷滅。子勛死時年十一，即葬尋陽廬山。

松滋侯子房字孝良，孝武帝第六子也。大明四年，年五歲，封尋陽王，食邑二千户。仍爲冠軍將軍、淮南宣城二郡太守。五年，遷豫州刺史〔九〕，將軍、淮南太守如故。六年，改領宣城太守。七年，進號右將軍，解宣城，餘如故。前廢帝永光元年，遷東揚州刺史，將軍如故。景和元年，罷東揚州，子房以本號督會稽東陽新安臨海永嘉五郡諸軍事、會稽太守。

太宗即位，改督爲都督，進號安東將軍，太守如故。又徵爲撫軍，領太常。長史孔覬不受命〔一〇〕，舉兵反，應晉安王。子勛即僞位，進子房號車騎將軍、開府儀同三司。三吴晉陵並受命於覬。太宗遣衛將軍巴陵王休若督諸將吴喜等東討，戰無不捷，以次平定。上虞令王晏起兵殺覬，囚子房，送還京都，上宥之，貶爲松滋縣侯，食邑千户。

司徒建安王休仁以子房兄弟終爲禍難，勸上除之。乃下詔曰：「不虞之釁，著自終古，情爲法屈，聖達是遵。朕埽穢定傾，再全寶業，遠惟鴻基，猥當負何。思弘治道，務盡敦睦，而妖豎遘扇，妄造異圖。自西南阻兵，東夏侵斥，都邸羣凶，密相脣齒。路休之兄弟，專作謀主，規興禍亂，令舍人嚴龍覘覦宫省，以羽林出討，宿衛單罄，候隙伺間，將謀竊發。劉祇在蕃，規相應援，通言北寇，引令過淮。頊休範濟江，潛欲拒捍，賴卜祚靈長，姦回弗逞。陰慝已露，宜盡憲辟，寔以方難未夷，曲加遵養。今王化帖泰，宜辨忠邪，涓流不壅，燎火難滅。便可委之有司，肅正刑典。松滋侯子房等淪陷逆徒，協同醜悖，遂與籛帥羣小，潛通南釁，連結祇等，還圖朕躬。雖咎戾已彰，在法無宥，猶子之情，良所未忍。可廢爲庶人，徙付遠郡。」於是並殺之。子房時年十一。

路休之等以崇憲太后既崩，自慮將來不立，不自安。劉祇在南兗州，有志爲逆。嚴龍，太祖元嘉中，已爲中書舍人、南臺御史，世祖又以爲舍人，甚見委信。景和、泰始之際，至越騎校尉，右軍將軍。至是懷異端，故及於誅。

臨海王子頊字孝列〔二二〕，孝武帝第七子也。大明四年，年五歲，封歷陽王，食邑二千户。仍爲冠軍將軍、吴興太守。五年，改封臨海王，户邑如先。其年，遷使持節、都督廣交二州湘州之始興始安臨賀三郡諸軍事、征虜將軍、平越中郎將、廣州刺史。未之鎮，徙荆州刺史，將軍如故。八年，進號前將軍。前廢帝即位，以本號都督荆、湘、雍、益、梁、寧、南北秦八州諸軍事，刺史如故。明帝即位，解督雍州，以爲鎮軍將軍、丹陽尹。尋留本任，進督雍州，又進號平西將軍。長史孔道存不受命，舉兵反，以應晉安王子勛。子勛即僞位，進號衞將軍、開府儀同三司。鵲尾奔敗，吴喜、張興世等軍至，子頊賜死，時年十一。葬巴陵。

始平孝敬王子鸞字孝羽，孝武帝第八子也。

大明四年，年五歲，封襄陽王，食邑二千户。仍爲東中郎將、吴郡太守。其年，改封新安王，户邑如先。五年，遷北中郎將、南徐州刺史，領南琅邪太守。母殷淑儀，寵傾後宫，子鸞愛冠諸子，凡爲上所盼遇者，莫不入子鸞之府、國。及爲南徐州，又割吴郡以屬之〔一二〕。

六年，丁母憂。追進淑儀爲貴妃，班亞皇后，謚曰宣。葬給轀輬車，虎賁、班劍，鑾輅九旒，黄屋左纛，前後部羽葆、鼓吹。上自臨南掖門，臨過喪車，悲不自勝，左右莫不感動。上痛愛不已，擬漢武李夫人賦，其詞曰：

朕以亡事棄日，閱覽前王詞苑，見李夫人賦，悽其有懷，亦以嗟詠久之，因感而會焉。

巡靈周之殘册，略鴻漢之遺篆。弔新宫之奄映，喭璧臺之蕪踐。賦流波以謡思，詔河濟以崇典。雖媛德之有載，竟滯悲其何遺。訪物運之榮落，訊雲霞之舒卷〔一三〕。念桂枝之秋霣，惜瑶華之春翦。桂枝折兮沿歲傾，瑶華碎兮思聯情。彤殿閉兮素塵積〔一四〕，翠阯蕪兮紫苔生。寶羅暍兮春幌垂，珍簟空兮夏幬扃。秋臺惻兮碧煙凝，冬宫冽兮朱火青〔一五〕。流律有終，深心無歇。徙倚雲日，裴回風月。思玉步於鳳墀，想金聲於鸞闕。竭方池而飛傷，損圜淵而流咽。端蚤朝之晨罷，泛輦路之晚清。轥南陸，躍閶闔，轢北津，警承明。面縞館之酸素，造松帳之葱青。俛衆胤而慟興，撫藐女而悲生。雖哀終其已切，將何慰於爾靈。存飛榮於景路，没申藻於服車。垂葆旒於昭術，竦鸞劍於清都。朝有儷於徽準，禮無替於粹圖。閟瑶光之密陛，宫虚梁之餘陰。俟玉羊之晨照，正金雞之夕臨。升雲轚以引思，鏘鴻鐘以節音。文七星於霜野，旗二燿於寒林。中雲枝之夭秀，寓坎泉之曾岑。屈封嬴之自古，申反周乎在今。遺雙靈兮達孝思，附孤魂兮展慈心。伊鞠報之必至，諒顯晦之同深。予棄西楚之齊化，略東門之遥衽。淪漣兩拍之傷，奄抑七萃之箴。

又諷有司曰〔一六〕：「典禮云，天子有后，有夫人。檀弓云，舜葬蒼梧，二妃不從〔一七〕。昏義云，后立六宫，有三夫人。然則三妃則三夫人也。后之有三妃，猶天子之有三公也。按周禮，三公八命，諸侯七命。三公既尊於列國諸侯，三妃亦貴於庶邦夫人。據春秋傳，仲子非魯惠公之元嫡，尚得考彼別宮；今貴妃蓋天秩之崇班，理應創立新廟。」尚書左丞徐爰之又議：「宣貴妃既加殊命，禮絕五宮，考之古典，顯有成據。廟堂克構，宜選將作大匠卿。」

葬畢，詔子鸞攝職，以本官兼司徒，進號撫軍、司徒，給鼓吹一部，禮儀並依正公。又加都督南徐州諸軍事。八年，加中書令，領司徒。前廢帝即位，解中書令、領司徒，加持節之鎮。

帝素疾子鸞有寵，既誅羣公，乃遣使賜死，時年十歲。子鸞臨死，謂左右曰：「願身不復生王家。」同生弟妹並死，仍葬京口。太宗即位，詔曰：「夫紓冤申痛，雖往必追，緣情惻愛，感事彌遠。故使持節、都督南徐州諸軍事、撫軍將軍、南徐州刺史新安王子鸞，夙表成器，蚤延殊寵，方樹美業，克光蕃維。而凶心肆忌，奄羅橫禍，興言永傷，有兼常懷，宜旌夭秀，以雪沈魂。可贈使持節、侍中、都督南徐兗二州諸軍事、司徒、南徐州刺史，王如故。第十二皇女、第二十二皇子子師〔二八〕，俱嬰謬酷，有增酸悼，皇女可贈縣公主，子師復先封爲南海王，並加徽謚。」又曰：「哀枉追遠，仁道所弘，興滅繼絕，盛典斯貴。朕務古思治，恩禮必敷，異族猶敦，況在近戚。故新除使持節、侍中、都督南徐兗二州諸軍事、司徒、南徐州刺史新安王子鸞，年雖沖弱，性識早茂，鍾慈世祖，冠寵列蕃。值景和凶虐，横羅酷禍，國胤無主，冤祀莫寄，尋念痛悼，夙軫于懷。可以建平王景素息延年爲嗣。」追改子鸞封爲始平王，食邑千户，改葬秣陵縣龍山。

延年字德沖，泰始四年薨，時年四歲，謚曰沖王。明年，復以長沙王纂子延之爲始平王，紹子鸞後。順帝昇明三年薨，國除。

永嘉王子仁字孝和，孝武帝第九子也。

大明五年，年五歲，監雍梁南北秦四州郢州之竟陵隨二郡諸軍事、北中郎將、寧蠻校尉、雍州刺史，封永嘉王，食邑二千户。仍遷東中郎將、吴郡太守。六年，又遷丹陽尹。七年，兼衞尉。前廢帝即位，加征虜將軍，領衞尉，丹陽尹如故。尋出爲左將軍、南兗州刺史。景和元年，遷南徐州刺史，將軍如故。泰始元年，又遷中軍將軍，領太常。未拜，徙護軍將軍。四方平定，以爲使持節、都督湘廣交三州諸軍事、平南將軍、湘州刺史。

太宗遣主書趙扶公宣旨於子仁曰：「汝一家門户不建，幾覆社稷。天未亡宋，景命集我。上流迷愚相扇，四海同惡，若非我脩德御天下，三祖基業，一朝墜地，汝輩便應淪於異族之手。我昔兄弟近二十人，零落相繼，存者無幾。唯司徒年長，令德作輔，皇家門戶所憑，唯我與司徒二人而已，尚未能厭百姓姦心，餘諸王亦未堪贊治。我惟有太子一人，司徒世子，年又幼弱，桂陽、巴陵並未有繼體，正賴汝輩兄弟，相倚爲彊，庶使天下不敢闚覘王室。汝輩始十餘歲，裁知俛仰，當今諸舍細弱，殆不免人輕陵。若非我爲主，劉氏不辦今日。汝諸兄弟沖眇，爲羣凶所逼誤，遂與百姓還圖骨肉，於汝在心，不得無媿。即日四海就寧，恩化方始，方今處汝湘州。汝年漸長，足知善惡，當每思刻厲，奉朝廷爲心，爵秩自然與年俱進。我垂猶子之情，著於萬物；汝亦當知好，憶我敕旨。」時司徒建安王休仁南討猶未還，既還白上，以將來非社稷計，宜並爲之所。未拜，賜死，時年十歲。

始安王子真字孝貞，孝武帝第十一子。

大明五年，年五歲，封始安王，食邑二千戶。仍爲輔國將軍、吳興太守。七年，遷使持節、監廣交二州湘州之始興始安臨賀三郡諸軍事、平越中郎將、廣州刺史〔一九〕，將軍如故，不之鎮。遷征虜將軍、南彭城太守，領石頭戍事。景和元年，爲丹陽尹，將軍如故。尋復爲南兗州刺史，將軍如故。泰始二年，遷左將軍、丹陽尹。未拜，賜死，時年十歲。

邵陵王子元字孝善，孝武帝第十三子也。大明六年，年五歲，封邵陵王，食邑二千户。八年，以爲度支校尉、秦南沛二郡太守。仍爲冠軍將軍、南琅邪泰山二郡太守。景和元年，出爲湘州刺史，將軍如故，未之鎮。至尋陽，值晉安王子勛爲逆，留不之鎮。進號撫軍將軍。事平，賜死，時年九歲。

齊敬王子羽字孝英，孝武帝第十四子也。大明二年生，三年卒，追加封謚。

淮南王子孟字孝光，孝武帝第十六子也。大明七年，年五歲，封淮南王，食邑二千户。時世祖改豫州之南梁郡爲淮南國，罷南豫州之淮南郡并宣城。前廢帝即位，二郡並復舊，子孟仍國名度食淮南郡。景和元年，爲冠軍將軍、南琅邪彭城二郡太守。泰始二年，改封安成王，户邑如先。未拜，賜死，時年八歲。

晉陵孝王子雲字孝舉，孝武帝第十九子也。大明六年，年四歲，封晉陵王，食邑二千户。未拜，其年薨。

南海哀王子師字孝友，孝武帝第二十二子也。大明七年，年四歲，封南海王，食邑二千户。未拜，景和元年，爲前廢帝所害，時年六歲。太宗即位，追謚。

淮陽思王子霄，字孝雲，孝武帝第二十三子也。大明五年生，八年薨，追加封謚。

東平王子嗣字孝叔，孝武帝第二十七子也。大明七年生，仍封東平王，食邑二千户。繼東平沖王休倩。休倩母顔性理嚴酷，泰始二年，子嗣所生母景寧園昭容謝上表曰：「故東平沖王休倩託荄璿極，岐嶷夙表，降年弗永，遺胤莫傳。孝武皇帝敕妾子臣子嗣出繼爲後，既承國祀，方奉烝薦，庶覃遐慶，式延于遠。而妾顔訓養非恩，撫導乖理，情闕引進，義違負螟。昔世祖平日，詭申慈愛，崩背未幾，真性便發，猶逼畏崇憲，少欲藏奄。自茲以後，專縱嚴酷，寔顯布宗戚，宣灼宮闈，用傷人倫，爰惻行路。妾天屬冥至，感切實深，伏願乾渥廣臨，曲垂照賜，復改命還依本屬，則妾母子雖隕之辰，猶生之年〔二〇〕。」許之。其年賜死，時年四歲。

武陵王贊字仲敷，明帝第九子也。泰始六年生。其年，詔曰：「世祖孝武皇帝雖恃尊愎惠，勳狹政弛，樂飲無饜，事因於寧泰，任威縱費，義緣於務寡。故以積怨動天，流殃胤嗣，景和肇釁，義嘉成禍，世祖繼體，陷憲無遺。昔皇家中圮，含生懼滅，賴英孝感奮，掃雪冤恥，勳纘墜歷，拯茲窮氓。繼絶追遠，禮訓攸尚，況既帝且兄，而缺斯典。今以第九子智隨奉世祖爲子，武陵郡大明之世，事均代邦，可封智隨武陵王，食邑五千户。尋世祖一門女累不少，既無釐總，義須防閑，諸侯雖不得祖稱天子，而事有一家之切。且歸寧有所，疹疾相營，得失是任，閨房有稟。朕應天在位，恩深九族，庶此足申追睦之懷，敷愛之旨。」

後廢帝元徽四年，出爲使持節、督南徐兗青冀五州諸軍事、北中郎將、南徐州刺史〔二一〕。順帝昇明元年，遷持節、督郢州司州之義陽諸軍事、前將軍、郢州刺史。二年，爲沈攸之所圍，徙都督荆湘雍益梁寧南北秦八州諸軍事、安西將軍、荆州刺史，持節如故。攸之平，乃之鎮。其年薨，時年九歲，國除〔二二〕。

史臣曰：晉安諸王，提挈羣下，以成其釁亂，遂至九域沸騰，難結天下，而世祖之胤亦殲焉。彊不如弱〔二三〕，義在於此也。

校勘記

〔一〕次齊敬王子羽　「子羽」，原作「子師」，據南監本、殿本、局本、南史卷一四宋宗室及諸王下孝武諸子傳改。

〔二〕次淮陽思王子霄　「次」字原闕，據南史卷一四宋宗室及諸王下孝武諸子傳補。

〔三〕杜容華生皇子子悦　「杜容華」，南史卷一四宋宗室及諸王下孝武諸子傳作「張容華」。

〔四〕仍都督南徐兗二州諸軍事北中郎將南兗州刺史　「仍」，原作「西」，册府卷二七九無此字，今據南監本、北監本、汲本、殿本、局本改。「南徐兗」，册府卷二七九作「南徐南兗」，張森楷校勘記：「子尚爲南兗州刺史，則當云都督南兗徐二州諸軍事。」

〔五〕分浙江西立王畿　「分」字原闕，據南監本、北監本、汲本、殿本、局本、南史卷一四宋宗室及諸王下孝武諸子豫章王子尚傳補。

〔六〕命子尚都督揚州江州之鄱陽晉安建安三郡諸軍事揚州刺史　「子尚」上原有「王」字，據册府卷二七九删。李慈銘札記、張森楷校勘記、孫虨考論卷四並云「王」字衍。

〔七〕子尚時年十六　本書卷八明帝紀，子尚於景和元年十一月己未爲明帝所殺。今由景和元年年十六計之，子尚生於文帝元嘉二十七年，孝建三年封西陽王時年七歲。而上文云「孝建三年，年六歲，封西陽王」。本書卷六孝武帝紀、通鑑卷一二八宋紀皆云孝建三年正月戊戌，立皇子子尚爲西陽王。是子尚孝建三年封王不誤，而上文之「年六歲」與此「年十六」二者之間應有一誤。

〔八〕臺軍屯據錢谿　「錢谿」，原作「前谿」，據本書卷五〇張興世傳、卷八四鄧琬傳、袁顗傳改。

〔九〕五年遷豫州刺史　本書卷六孝武帝紀、通鑑卷一二九宋紀皆云子房大明五年九月爲南豫州刺史。按本書孝武帝紀、建康實録卷一三、通鑑卷一二九宋紀，大明五年九月，南豫州州治由歷陽移至淮南于湖。子房時既領淮南太守，則是時所任，當爲南豫州刺史。

〔一〇〕長史孔覬不受命　「孔覬」，原作「孔顗」，據局本、本書卷八四孔覬傳改。

〔一一〕臨海王子頊字孝列　「孝列」，南史卷一四宋宗室及諸王下孝武諸子臨海王子頊傳、册府卷二六四作「孝烈」。

〔一二〕又割吳郡以屬之　「吳郡」，原作「吳都」，據本書卷五三張茂度傳附張永傳、類聚卷四〇引沈約宋書、南史卷一四宋宗室及諸王下孝武諸子臨海王子頊傳、册府卷二七六改。

〔一三〕訊雲霞之舒卷　「雲霞」，原作「雲霜」，據北監本、汲本、殿本、局本改。

〔一四〕彤殿閉兮素塵積　「閉」字原闕，據南監本、北監本、汲本、殿本、局本、類聚卷三四引宋孝武帝擬漢武帝李夫人賦補。

〔一五〕冬宮洌兮朱火青　「洌」，原作「列」，據南監本、殿本、局本、類聚卷三四引宋孝武帝擬漢武帝李夫人賦改。

〔一六〕又諷有司曰　「有司」下疑脱「奏」字。

〔一七〕二妃不從　「二妃」，南監本、局本、禮記卷七檀弓上作「三妃」，北監本、殿本作「云二妃」，汲本作「云三妃」。

〔一八〕第二十二皇子子師　「第二十二皇子」，原作「第二皇子」，據本卷南海哀王子師傳訂正。

〔一九〕遷使持節監廣交二州湘州之始興始安臨賀三郡諸軍事平越中郎將廣州刺史　「湘州之」三字

原闕，錢大昕考異卷二四：「按是時始興三郡屬湘州，當云『湘州之始興、始安、臨賀』，此脱去三字，以臨海王子頊傳證之可知也。」今據補。

〔二〇〕猶生之年　「年」，原作「願」，據北監本、殿本、局本改。

〔二一〕後廢帝元徽四年出爲使持節督南徐兖青冀五州諸軍事北中郎將南徐州刺史　按五州數之止四州，疑「南徐」下脱「徐」字。

〔二二〕攸之平乃之鎮其年薨時年九歲國除　本書卷一〇順帝紀、建康實録卷一四、通鑑卷一三五宋紀皆記沈攸之亂平在昇明二年正月，武陵王贊卒在昇明三年四月甲戌。此云沈攸之亂平之年贊薨，恐誤。又上文云贊生於泰始六年，由此計之，其於昇明三年卒時年十歲。

〔二三〕彊不如弱　「如」，原作「知」，據殿本、局本改。按南史卷一四宋宗室及諸王傳下史臣論曰亦云「强不如弱」。

宋書卷八十一

列傳第四十一

劉秀之　顧琛　顧覬之

劉秀之字道寶，東莞莒人，司徒劉穆之從兄子也。世居京口。祖爽，尚書都官郎，山陰令。父仲道，高祖克京城，以補建武參軍，與孟昶留守，事定，以爲餘姚令，卒官。

秀之少孤貧，有志操。十許歲時，與諸兒戲於前渚，忽有大虵來，勢甚猛，莫不顛沛驚呼，秀之獨不動，衆並異焉。東海何承天雅相知器，以女妻之。兄欽之爲朱齡石右軍參軍，隨齡石敗没，秀之哀戚，不歡宴者十年。景平二年，除駙馬都尉、奉朝請。家貧，求爲廣陵郡丞。仍除撫軍江夏王義恭、平北彭城王義康行參軍，出爲無錫、陽羨、烏程令，並著能名。

元嘉十六年，遷建康令，除尚書中兵郎，重除建康。性纖密，善糾擿微隱，政甚有聲。吏部尚書沈演之每稱之於太祖。世祖鎮襄陽，以爲撫軍録事參軍、襄陽令。襄陽有六門堰，良田數千頃，堰久決壞，公私廢業。世祖遣秀之脩復，雍部由是大豐。改領廣平太守。二十五年，除督梁南北秦三州諸軍事、寧遠將軍、西戎校尉、梁南秦二州刺史。時漢川飢儉，境内騷然，秀之善於爲政，躬自儉約。先是漢川悉以絹爲貨，秀之限令用錢，百姓至今受其利。

二十七年，大舉北伐，遣輔國將軍楊文德、巴西梓潼二郡太守劉弘宗受秀之節度〔一一〕，震蕩汧、隴。秀之遣建武將軍錫千秋二千人向子午谷南口，府司馬竺宗之三千人向駱谷南口，威遠將軍梁尋千人向斜谷南口。氐賊楊高爲寇，秀之討之，斬高兄弟。元凶弑逆，秀之聞問，即日起兵，求率衆赴襄陽，司空南譙王義宣不許。事寧，遷使持節、督益寧二州諸軍事、寧朔將軍、益州刺史。折留俸禄二百八十萬，付梁州鎮庫，此外蕭然。梁、益二州土境豐富，前後刺史，莫不營聚蓄〔一二〕，多者致萬金。所攜賓寮，並京邑貧士，出爲郡縣，皆以苟得自資。秀之爲治整肅，以身率下，遠近安悦焉。

南譙王義宣據荊州爲逆，遣參軍王曜徵兵於秀之，秀之即日斬曜戒嚴。遣中兵參軍韋山松萬人襲江陵，出峽。竺超民遣將席天生逆之，山松一戰，即梟其首。進至江陵，爲魯秀所敗〔三〕，山松見殺。其年，進號征虜將軍，改督爲監，持節、刺史如故。以起義功，封康樂縣侯，食邑六百户。明年，遷監郢州諸軍事、郢州刺史，將軍如故。未就。

大明元年，徵爲右衞將軍。明年，遷丹陽尹。先是，秀之從叔穆之爲丹陽，與子弟於廳事上飲宴，秀之亦與焉。廳事柱有一穿，穆之謂子弟及秀之曰：「汝等試以栗遥擲此柱，若能入穿，後必得此郡。」穆之諸子並不能中，唯秀之獨入焉。時賒市百姓物，不還錢，市道嗟怨，秀之以爲非宜，陳之甚切，雖納其言，竟不從用。廣陵王誕爲逆〔四〕，秀之入守東城。其年，遷尚書右僕射。四年，改定制令，疑民殺長吏科，議者謂值赦宜加徙送，秀之以爲：「律文雖不顯民殺官長之旨，若值赦但止徙送，便與悠悠殺人曾無一異。民敬官長，比之父母，行害之身，雖遇赦，謂宜長付尚方，窮其天命，家口令補兵。」從之。明年，領太子右衞率。

五年，雍州刺史海陵王休茂反，爲土人所誅，遣秀之以本官慰勞，分别善惡。事畢還都，出爲使持節、散騎常侍、都督雍梁南北秦四州郢州之竟陵隨二郡諸軍事、安北將軍、寧蠻校尉、雍州刺史，上車駕幸新亭視秀之發引。將徵爲左僕射，事未行，八年卒，時年六十八。上甚痛惜之，詔曰：「秀之識局明遠，才應通暢，誠著蕃朝，績宣累嶽。往歲逆臣交構，首義萬里，及職司端尹，贊戎兩宫，嘉謀徽譽，寔彰朝野。漢南法繁民嗛，屬佇良牧，故暫輟心膂，外弘風規，出未踰朞，德庇西服。詳考古烈，旅觀終始，淳心忠概，無以尚兹。方式亮皇猷，入衞根本，奄至薨逝，震慟于朕心。生榮之典，未窮寵數，哀終之禮，宜盡崇飾。兼履謙守約，封社弗廣，興言悼往，益增痛恨。可贈侍中、司空，持節、都督、刺史、校尉如故，并增封邑爲千户。謚爲忠成公。」秀之野率無風采，而心力堅正。上以其莅官清潔，家無餘財，賜錢二十萬，布三百匹。

子景遠嗣，官至前軍將軍。景遠卒，子儁，齊受禪，國除。

秀之弟粹之，晉陵太守。

顧琛字弘瑋，吴郡吴人也。曾祖和，晉司空。祖履之，父惔，並爲司徒左西掾。琛謹確不尚浮華，起家州從事，駙馬都尉，奉朝請。少帝景平中，太皇太后崩，除大匠丞。彭城王義康右軍驃騎參軍，晉陵令，司徒參軍，尚書庫部郎，本邑中正。元嘉七年，太祖遣到彦之經略河南大敗，悉委棄兵甲，武庫爲之空虚。後太祖宴會，有荒外歸化人在坐，上問琛：「庫中仗猶有幾許？」琛詭答：「有十萬人仗。」舊武庫仗祕不言多少，上既發問，追悔失言，及琛詭對，上甚喜。尚書寺門有制，八座以下門生隨入者各有差，不得雜以人士。琛以宗人顧碩頭寄尚書張茂度門名，而與碩頭同席坐。明年，坐遣出，免中正。凡尚書官，大罪則免，小罪則遣出。遣出者百日無代人，聽還本職。琛仍爲彭城王義康所請，補司徒録事參軍，山陰令，復爲司徒録事，遷少府。十五年，出爲義興太守。初，義康請琛入府，欲委以腹心，琛不能承事劉湛，故尋見斥外。十九年，徙東陽太守，欲使琛防守大將軍彭城王義康，固辭忤旨，廢黜還家積年。

二十七年，索虜南至瓜步，權假琛建威將軍。尋除東海王禕冠軍司馬，行會稽郡事。隨王誕代禕，復爲誕安東司馬。元凶弒立，分會稽五郡置會州，以誕爲刺史，即以琛爲會稽太守〔五〕，加五品將軍，置將佐。誕起義，加冠軍將軍。事平，遷吴興太守。孝建元年，徵爲五兵尚書。未拜，復爲寧朔將軍、吴郡太守。以起義功，封永新縣五等侯。大明元年，吴縣令張闓坐居母喪無禮，下廷尉。錢唐令沈文秀判劾違謬，應坐被彈。琛宣言於衆：「闓被劾之始，屢相申明。」又云：「當啓文秀留縣。」世祖聞之大怒，謂琛賣惡歸上，免官。琛母老，仍停家。

琛及前西陽太守張牧，並司空竟陵王誕故佐，誕待琛等素厚。三年，誕據廣陵反，遣客陸延稔齎書板琛爲征南將軍，牧爲安東將軍，琛子前尚書郎寶素爲諮議參軍，寶素弟前司空參軍寶先爲從事中郎，牧兄前吴郡丞濟爲冠軍將軍，從弟前司空主簿晏爲諮議參軍。

時世祖以琛素結事誕，或有異志，遣使就吴郡太守王曇生誅琛父子。會延稔先至，琛等即執斬之，遣二子送延稔首啓世祖曰：「劉誕猖狂，遂構釁逆，凡在含齒，莫不駭惋，臣等預荷國恩，特百常憤。忽以今月二十四日中獲賊誕疏，欲見邀誘。臣即共執録僞使，并得誕與撫軍長史沈懷文、揚州别駕孔道存、撫軍中兵參軍孔璪、前司兵參軍孔桓之、前司空主簿張晏書，具列本郡太守王曇生。臣即日便應星馳歸骨輦轂，臣母年老，身在侍養，輒遣息寶素、寶先束骸詣闕。」世祖所遣誅琛使其日亦至，僅而獲免。上嘉之，召琛出，以爲西陽王子尚撫軍司馬，牧爲撫軍中兵參軍。琛母孔氏，時年百餘歲。晉安帝隆安初，琅邪王廞於吴中爲亂，以女爲貞烈將軍，悉以女人爲官屬，以孔氏爲司馬。及孫恩亂後，東土飢荒，人相食，孔氏散家糧以賑邑里，得活者甚衆，生子皆以孔爲名焉。

琛仍爲吴興太守。明年，坐郡民多翦錢及盜鑄，免官。六年，起爲大司農，都官尚書，新安王子鸞北中郎司馬、東海太守、行南徐州事〔六〕，隨府轉撫軍司馬，太守如故。前廢帝即位，復爲吴郡太守。太宗泰始初，與四方同反，兵敗，奉母奔會稽，臺軍既至，歸降。寶素與琛相失，自殺。琛尋丁母憂，服闋，起爲員外常侍、中散大夫。後廢帝元徽三年，卒，時年八十六。

寶先大明中爲尚書水部郎。先是，琛爲左丞荀萬秋所劾，及寶先爲郎，萬秋猶在職，自陳不拜。世祖詔曰：「敕違糾慢，憲司之職，若理有不公，自當更有釐正。而自頃劾無輕重，輒致私絶。此風難長，主者嚴爲其科。寶先蓋依附世准，不足問。」

先是，宋世江東貴達者，會稽孔季恭，季恭子靈符，吴興丘淵之及琛，吴音不變。淵之字思玄，吴興烏程人也。太祖從高祖北伐，留彭城，爲冠軍將軍、徐州刺史，淵之爲長史。太祖即位，以舊恩歷顯官，侍中，都官尚書，吴郡太守。卒於太常，追贈光禄大夫。

顧覬之字偉仁，吴郡吴人也。高祖謙字公讓，晉平原内史陸機姊夫。祖崇，大司農。父黄老，司徒左西掾。

覬之初爲郡主簿。謝晦爲荆州，以爲南蠻功曹，仍爲晦衞軍參軍。晦愛其雅素，深相知待。王弘辟爲揚州主簿，仍爲弘衞軍參軍，鹽官令，衡陽王義季右軍主簿，尚書都官郎，護軍司馬。時大將軍彭城王義康秉權，殷、劉之隙已著，覬之不欲與殷景仁久接事，乃辭脚疾自免歸。在家每夜常於牀上行脚，家人竊異之，而莫曉其意〔七〕。後義康徙廢，朝廷多以異同受禍。復爲東遷、山陰令。山陰民户三萬，海内劇邑，前後官長，晝夜不得休，事猶不舉。覬之理繁以約，縣用無事，晝日垂簾，門階閑寂，自宋世爲山陰，務簡而績脩，莫能尚也。

還爲揚州治中從事史，廣陵王誕、廬陵王紹北中郎左軍司馬〔八〕，揚州別駕從事史，尚書吏部郎。嘗於太祖坐論江左人物，言及顧榮，袁淑謂覬之曰：「卿南人怯懦，豈辦作賊〔九〕。」覬之正色曰：「卿乃復以忠義笑人！」淑有愧色。元凶弑立，朝士無不移任，唯覬之不徙官。世祖即位，遷御史中丞。孝建元年，出爲義陽王昶東中郎長史、寧朔將軍、行會稽郡事。尋徵爲右衛將軍，領本邑中正。明年，出爲湘州刺史，善於莅民，治甚有績。大明元年，徵守度支尚書，領本州中正。二年，轉吏部尚書。四年致仕，不許。

時沛郡相縣唐賜往比邨朱起母彭家飲酒還，因得病，吐蠱蟲十餘枚。臨死語妻張，死後刳腹出病。後張手自破視，五藏悉縻碎。郡縣以張忍行刳剖，賜子副又不禁駐，事起赦前，法不能決。律傷死人，四歲刑，妻傷夫，五歲刑，子不孝父母，棄市，並非科例。三公郎劉勰議：「賜妻痛遵往言〔一〇〕，兒識謝及理，考事原心，非存忍害，謂宜哀矜。」覬之議曰：「法移路尸，猶爲不道，況在妻子，而忍行凡人所不行。不宜曲通小情，當以大理爲斷，謂副爲不孝，張同不道。」詔如覬之議。

加左軍將軍，出爲吴郡太守。八年，復爲吏部尚書，加給事中，未拜，欲以爲會稽，不果。還爲吴郡太守。幸臣戴法興權傾人主，而覬之未嘗降意。左光禄大夫蔡興宗與覬之善，嫌其風節過峻。覬之曰：「辛毗有云：孫、劉不過使吾不爲三公耳。」及世祖晏駕，法興遂以覬之爲光禄大夫，加金章紫綬。

太宗泰始初，四方同反，覬之家尋陽，尋陽王子房加以位號，覬之不受〔一一〕，曰：「禮年六十不服戎，以其筋力衰謝，非復軍旅之日，況年將八十，殘生無幾，守盡家門，不敢聞命。」孔覬等不能奪。時普天叛逆，莫或自免，唯覬之心迹清全，獨無所與。太宗甚嘉之，東土既平，以爲左將軍、吴郡太守，加散騎常侍。泰始二年，復爲湘州刺史〔一二〕，常侍、將軍如故。三年卒，時年七十六。追贈鎮軍將軍，常侍、刺史如故。謚曰簡子。

覬之家門雍睦，爲州鄉所重。五子約、緝、綽、縝、緄。綽私財甚豐，鄉里士庶多負其責，覬之每禁之不能止。及後爲吴郡，誘綽曰：「我常不許汝出責，定思貧薄亦不可居。民間與汝交關有幾許不盡，及我在郡，爲汝督之。將來豈可得。凡諸券書皆何在？」綽大喜，悉出諸文券一大廚與覬之，覬之悉焚燒，宣語遠近：「負三郎責，皆不須還，凡券書悉燒之矣。」綽懊歎彌日。

覬之常謂秉命有定分，非智力所移，唯應恭己守道，信天任運，而闇者不達，妄求僥倖，徒虧雅道，無關得喪。乃以其意命弟子愿著定命論，其辭曰：

仲尼云：「道之將行，命也；道之將廢，命也。」丘明又稱：「天之所支不可壞，天之所壞不可支。」卜商亦曰：「死生有命，富貴在天。」孟軻則以不遇魯侯爲辭。斯則運命奇偶，生數離合，有自來矣。馬遷、劉向、揚雄、班固之徒，著書立言，咸以爲首，世之論者，多有不同。嘗試申之曰：

夫生之資氣，清濁異源；命之禀數，盈虚乖致。是以心貌詭貿，性運舛殊，故有邪正昏明之差，脩夭榮枯之序，皆理定於萬古之前，事徵於千代之外，沖神寂鑒，一以貫之。至乃卜相末技，巫史賤術，猶能豫題興亡，逆表成敗。禍福指期，識照不能徙；吉凶素著，威衞不能防。若夏氓宅生於帝宫，豈鷵殘傷之祟；漢臣衍貨於天府，寧免餧斃之魂。且又善惡之理雖詳，而禍福之驗常昧；逆順之體誠分，而吉凶之効常隱。智絡天地，猶罹沈牖之災；明照日月，必嬰深匡之難。增信積德，離患於長飢；席義枕仁，徼禍於促筭。何則？理運苟其必至，聖明其猶病諸。況乃蕞迹流惑之徒，投心顓蒙之域，而欲役慮以揣利害，策情以筭窮通，其爲重傷，豈不惑甚。是以通人君子，閑泰其神，沖緩其度，不矯俗以延聲，不依世以期榮。審乎無假，自求多福，榮辱脩夭，夫何爲哉。

問曰：夫書稱惠迪貽吉，易載履信逢祐，前哲餘議，亦以將迎有會，淪塞無兆，宣攝有方，夭閼無命。善游銷魂於深梁，工騎燼生於曠野，明珠招駭於闇至，蟠木取悦於先容。是以罕、樂以陽施長世；景、惠以陰德遐紀。彭、竇以繕衞延命；盈、忌以荒湎促齡。陳、張稱台鼎之崇；嚴、辛衍宰司之盛。若乃遊惡蹈凶，處逆踐禍，宣昭史策，易以研正。至如神仙所序，天竺所書，事雖難徵，理未易詰，留滯傾光，思聞通裁。

對曰：子可謂扶繩而辨，循刻而議。若乃宣攝有方，豈非吉運所屬；將迎有會，實亦凶數自挺。若夫陽施陰德，長世遐年，揆厥所原，孰往非命。研復來旨，讎校往說，起予惟商，未識所異。資生稟運，參差萬殊，逆順吉凶，理數不一。原夫飡椒非養生之術，咀劍豈衞性之經。命之所延，人肉其骨，而含嚼膏粱，時或嬰患。深澗乖徼寵之津，空谷絶探榮之轍，運之所集，物稊其枯，而俯仰笄幘，終然離沮。爾乃蹻、跖横行；曾、原窘步。湯、周延世；詡、邑絶緒。吉凶徵應，糾纆若茲。畢萬保軀，宓賤琖領〔一三〕，梁野之言，豈不或妄。穀南、魯北，甘此促生；彭翁、竇叟，將以何術。晉平、趙敬，淫放已該；漢主、魏相，奚獨傷夭。同異若斯，是非孰正。至如雷濱凝分，挫志遠圖；棘津陰拱，振功高世。樊生沖矯，鑣旌善之文；華子高抗，銘懲非之策，皆士衡所云「同川而異歸」者也。殊塗均致，寔繁有徵。即理易推，在言可略。昔兩都全盛，六合殷昌，霧集貴寵之間，雲動權豪之術，鈞貿貽談，豈唯陳、張而已。觀夫二子，才未越衆，而此以藉榮揮價，彼獨擯景淪聲，通否之運，斷可知矣。嚴、辛不安時任命，而委罪亮直，亦地脉之徒歟。若神仙所序，顯明脩習，齊彊燕平，厥驗未著，李覃董芬，其効安在。喬、松之侶，雲飛天居，夷、列之徒，風行水息，良由理數懸挺，實乃鍾兹景命。天竺遺文，星華方策，因造前定，果報指期，貧豪莫差，脩夭無爽，有允瑣辭，無愆鄙説，統而言之，孰往非命。冥期前定，各從所歸，善惡無所矯其趨，愚智焉能殊其理。若乃得議其工，失蚩其拙，操之則慄，舍之則悲，斯固染情於近累，豈不貽誚於通識。

問曰：清論光心，英辯溢目，求諸鄙懷，良有未盡。若動止皆運，險易自天，理定前期，靡非闇至。玉門犂丘，叡識弗免。豈非聖愚齊致，仁虐同功。昏明之用，將何施而可？

對曰：夫聖人懷虚以涵育，凝明以洞照。惟虚也，故無往而不通；惟明也，故無來而不燭。涸海流金，弗染温凉之岨；嚴兵猛兕，無累爪刃之災。忘生而生愈全，遺神而神彌暢。若玉門犂丘，蓋同迹於人，故同人有患，然而均心於天，亦均天無害。是大賢則體備形器，慮盡藏假，静默以居否，深拱以違礩，皆數在清全，故鍾兹妙識。是以稟仲尼之道，不在奔車之上；資伯夷之運，不處覆舟之下。若乃越難趨險，逡巡弗獲，履危踐機，僶俛從事，愚之所司，聖亦何爲。及中下之流，馳心妄動，是非舛斡，倚伏移貿，故北宮意逆而功順，東門心晦而迹明；宣應遺筮而逢吉，張松協數而遘禍。且智防有紀，患累無方。爾乃猘狗逐而華子奔，腐鼠遺而虞氏滅；匣猨逸而林木殘，櫝珠亡而池水竭。凡厥條流，曲難詳備，傜形役思，其效安徵。豈若澡雪靈府，洗練神宅，據道爲心，依德爲慮，使迹窮則義斯暢，身泰則理兼通，豈不美哉！何必遺此而取彼。

問曰：夫建極開化，樹聲貽則，典防之興，由來尚矣。必乃幽符懸兆，冥數指期，善惡前徵，是非素定，名教之道，不亦幾乎息哉。

對曰：天生蒸民，樹之物則，教義所稟，豈非冥數。何則？形氣之具，必有待而存；顓蒙之倫，豈無因而立。必假纖紈以安生，藉粱豢以延祀，資信禮以繕性，秉廉義以効情。聖人聰明深懿，履道測化，通體天地，同情日月，仰觀俯察，撫運裁風。於是乎昭日星之紀，正霜雨之度，張雲霞之明，衍風露之渥，浮舟翼滯，騰駕振幽。又乃甄理三才，辨綜五德，弘鋪七體之端，宣昭八經之緒。是以時雍在運，羣方自通，抱德煬和，全真保性。故信食相資，代爲脣齒；富教相假，遞成輔車。今弛棄纖紈，損絶粱豢，必云徼生委命，豈不已曉其迷。至乎湮斥廉義，屏黜信禮，責以祈存推數，遂乃未辨其惑，連類若斯，乖妄滋甚。然則教義之道，生運所資，寵辱榮枯，常由此作。斯固命中之一物，非所以爲難也。

問曰：循復前旨，既以理命縣兆，生數冥期。研覆後文，又云依杖名教，帥循訓範。若藉數任天，則放情蕩思；拘訓馴範，則防慮檢喪。函矢殊用，矛戈異適，雙美之談，豈能兩遂。

對曰：夫性運乖舛，心貌詭殊，請布末懷，略言其要。若乃吉命所鍾，縱情蹈道，訓性而順，因心則靈。凶數所挻，率由踐逆，聞言不信，長惡無悛。此愚智不移，聲訓所遺者也。其有見善如不及，從諫如順流，是則命待教全，運須化立。譬以良醫之室，病者所存，至如澄神清魂，平心實氣，無妄之痾，勿藥有喜，所謂縱情蹈道，無假隱括。若膏肓之疾，長桑不治，體府之病，陽慶弗理，此則率由踐逆，自絶調御。至乃趙儲之命宜永，須扁鵲而後全，齊后之數必延，待文摯而後濟。亦猶運鍾循奬，彝範所興，善惡無主，唯運所集而異。膏粱方丈，沈疾弗顧；瑶碧盈尺，阽危弗存。夫靜躁之容，造次必於是；曲直之性，顛沛不可移。是以夷、惠均聖而異方；遵、竦齊通而殊事。雖復鉗梏羿、奡，思服巢、許之情；捶勒曾、史，言膺蹻、跖之慮。不然之事，斷可知也。必幽符鑽仰，冥數脩習，雖存陵惰，其可得乎。故運屬波流，勢無防慮，命傲山立，理無放情。用殊函矢，雙美奚躓；談異矛戈，兩濟何傷。

問曰：夫君臣恩深，師資義固，所以霑榮塗施，提飾荷聲。故刳心流腸，捐生以亢節；火妻灰子，蘊名以償義。若幽期天兆，則明勛可遺；冥數自賓，則感効宜絶。豈其然乎？

對曰：論之所明，原本以爲理，難之所疑，即末以爲用。蓋陰閉之巧不傳，萌漸之調長絶。故知妄言賞理，古人所難。吾所謂命，固以綿絡古今，彌貫終始，爰及君臣父子，師友夫妻，皆天數冥合，神運玄至。逮乎睽愛離會，既命之所甄，昏爽順戾，亦運之所漸。爾乃松柳異質，薺荼殊性，故疾風知勁草，嚴霜識貞木，何異忠孝之質，資行夙昭。至於刻志酬生，題誠復施，殉節投命，馴義忘己。亦由石雖可毀，堅不可銷，丹雖可磨，赤不可滅。因斯而言，君臣師資，既幽期自賓，心力感効，亦冥數天兆。夫獨何怪哉。

愿字子恭，父淵之，散騎侍郎。愿好學，有文辭於世。大明中舉秀才，對策稱旨，擢爲著作佐郎，太子舍人。早卒。

史臣曰：孝建啓基，西楚放命，難連淮、濟，勢盛江服。朱脩之著節漢南，劉秀之推鋒萬里，並誠載艱一〔一四〕，忠惟帝念。而踰峴之鋒，戰有獨克，出硤之師，舟無隻反，雖霜霰並時，而計功則異也。及定終之命，等數相懸，蓋由義結蕃朝，故恩有厚薄。雖故舊不遺，聞之前訓，隆名爽實，亦無取焉。

校勘記

〔一〕遺輔國將軍楊文德巴西梓潼二郡太守劉弘宗受秀之節度　「西」字原闕，據本書卷九五索虜傳、南史卷一五劉穆之傳附劉秀之傳補。

〔二〕莫不營聚蓄　「營聚蓄」，南史卷一五劉穆之傳附劉秀之傳作「大營聚畜」，册府卷六七四作「經營聚蓄」。

〔三〕爲魯秀所敗　「魯秀」，原作「魯爽」，據本書卷七四魯爽傳附魯秀傳改。孫虨考論卷四：「案是魯秀。」

〔四〕廣陵王誕爲逆　按本書卷五文帝紀、卷六孝武帝紀、卷七九文五王竟陵王誕傳，劉誕於元嘉二十年四月甲午封廣陵王，二十六年十月改封隨郡王，三十年六月改封竟陵王。大明三年劉誕改封竟陵王已久，此仍其始封之號。

〔五〕即以琛爲會稽太守　「以」字原闕，據南史卷三五顧琛傳補。孫虨考論卷四：「『即』下脱『以』字。」

〔六〕新安王子鸞北中郎司馬東海太守行南徐州事　按顧琛既以北中郎司馬行南徐州事，則當爲南東海太守。本書卷六孝武帝紀、卷八〇孝武十四王始平孝敬王子鸞傳，子鸞大明五年十月爲北中郎將、南徐州刺史。是時南徐州治南東海之京口，見本書卷三五州郡志一。疑「東海」上佚「南」字。

〔七〕而莫曉其意　「意」字原闕，據北監本、汲本、殿本、局本、南史卷三五顧覬之傳、建康實録卷一四、明本册府卷七九〇補。

〔八〕廣陵王誕廬陵王紹北中郎左軍司馬　「軍」字原闕。孫虨考論卷四：「蓋『左』下脱『軍』字。北中郎，竟陵王誕也。左軍，廬陵王紹也。」按本書卷五文帝紀、卷六一武三王傳、卷七五文五王傳，竟陵王誕元嘉二十一年至二十六年爲北中郎將，廬陵王紹元嘉二十六年至二十九年爲左將軍，覬之先後任二王軍府司馬，則當云「北中郎左軍司馬」，今補「軍」字。

〔九〕豈辨作賊　「辨」字原闕，據殿本、南史卷三五顧覬之傳補。

〔一〇〕賜妻痛遵往言　「痛遵往言」，原作「痛往遵言」，據通典卷一六七刑法五乙正。

〔一一〕覬之家尋陽尋陽王子房加以位號覬之不受　孫虨考論卷四：「覬之吴人，不家尋陽。此後人見尋陽王子房加以位號，逞臆改爾。又按時尋陽王子房爲會稽太守，鎮山陰，亦去尋陽遠也。疑是家富陽。」

〔一二〕復爲湘州刺史　「湘州」，原作「相州」，據南監本、殿本、局本改。按南史卷三五顧覬之傳云

「後卒於湘州刺史」。

〔三〕宓賤琖領　「宓賤」，原作「密賤」，據殿本、局本改。「琖」，殿本作「喪」，局本作「傷」。

〔四〕並誠載艱一　「一」，原作一字空格，據北監本、汲本、殿本、局本補。

宋書卷八十二

列傳第四十二

周朗　沈懷文

周朗字義利，汝南安成人也。祖文，黄門侍郎。父淳，宋初貴達，官至侍中，太常。兄嶠，尚高祖第四女宣城德公主。二女適建平王宏、廬江王褘。以貴戚顯官，元嘉末，爲吴興太守。賊劭弑立，隨王誕舉義於會稽，劭加嶠冠軍將軍，誕檄又至。嶠素懼怯，回惑不知所從，爲府司馬丘珍孫所殺。朝庭明其本心，國婚如故。

朗少而愛奇，雅有風氣，與嶠志趨不同，嶠甚疾之。初爲南平王鑠冠軍行參軍，太子舍人，司徒主簿，坐請急不待對，除名。又爲江夏王義恭太尉參軍。元嘉二十七年春，朝議當遣義恭出鎮彭城，爲北討大統。朗聞之解職。及義恭出鎮，府主簿羊希從行，與朗書戲之，勸令獻奇進策。朗報書曰：

羊生足下：豈當適使人進哉，何卿才之更茂也。宅生結意，可復佳耳，屬華比綵，何更工邪。視已反覆，慰亦無已。觀諸紙上，方審卿復逢知己。動以何術，而能每降恩明，豈不爲足下欣邪，然更憂不知卿死所處耳。

夫匈奴之不誅有日，皇居之亡辱舊矣。天下孰不憤心悲腸，以忿胡人之患，靡衣媮食，以望國家之師。自智士鉗口，雄人蓄氣，不得議圖邊之事者，良淹歲紀。今天子以炎、軒之德，冢輔以姬、吕之賢，故赫然發怒，將以匈奴釁旗，惻然動仁，欲使餘氓被惠。及取士之令朝發，宰王暮登英豪〔一〕；調兵之詔夕行，主公旦升雄俊。延賢人者，固非一日，況復加此焉。夫天下之士，砥行磨名，欲不辱其志氣；選奇蓄異，將進善於所天。非但有建國之謀不及，安民之論不與，至反以孝潔生議於鄉曲〔二〕，忠烈起謗於君宷。身不絓王臣之籙，名不廁通人之班，顛倒國門，湮銷丘里者，自數十年以往，豈一人哉。若吾身無他伎，而出值明君，變官望主，歲增恩價，竟不能柔心飾帶，取重左右。校於向士，則榮已多，料於今識，則笑亦廣。而足下方復廣吾以馳志之時，求予以安邊之術，何足下不知言也。若以賢未登，則今之登賢如此；以才應進，則吾之非才若是。豈可欲以殞海之譽，望鼓鰓於暨鱗之肆；墜風之羽，覬振翮於軒毳之間。其不能俱陪淥水，並負青天，可無待於明見。若乃闚奇謀深智之術，無悦主狎俗之能，亦不可復稍爲卿説。但觀以上國再毁之臣，望府一逐之吏〔三〕，當復是天下才否，此皆足下所親知。

吾雖疲冗，亦嘗聽君子之餘論，豈敢忘之。凡士之置身有三耳：一則雲户岫寢，欒危桂榮，秫芝浮霜，翦松沈雪，憐肌蓄髓，寶氣愛魂，非但土石侯卿，腐鳩粱錦，實迺竚意天后，睨目羽人。次則刳心掃智，剖命驅生，横議於雲臺之下，切辭於宣室之上，衍主德而批民患〔四〕，進貞白而黜姦猾〔五〕，委玉入而齊聲禮，揭金出而烹勍寇，使車軌一風，甸道共德，令功日濟而己無跡，道日富而君難名，致諸侯斂手，天子改觀。其末則饜粭而出，望旃而入，結冕兩宫之下〔六〕，鼓袖六王之間，俛眉脅肩，言天下之道德，瞋目扼腕，陳從横於四海，理有泰則止而進，調覺迕則反而還，閑居違官，交造頓罷，捐慕遺憂，夷毁銷譽，呼噏以補其氣，繕嚼以輔其生。凡此三者，皆志士仁人之所行，非吾之所能也。若吾幸病不及死，役不至身，蓬藜既滿，方杜長者之轍；穀稼是諂，自絶世豪之顧。廛生牀帷，苔積堦月，又檐中山木，時華月深，池上海草，歲榮日蔓。且室間軒左，幸有陳書十篋，席隅奥右，頗得宿酒數壺。按絃拭徽，雠方校石，時復陳局露初，奠爵星晚，驩然不覺是羲、軒後也。近春田三頃，秋園五畦，若此無災，山裝可具。候振飲之罷，侯封勒之畢，當敬觀郤、酆，肅尋伊、鄗，傍眺燕、隴，邪履遼、衛，覘我周之軫迹，弔他賢之憂天。當其少涉，未休此欲，但理實詭固，物好交加，或徵勢而笑其言，或觀謀而害其意。夫楊朱以此，猶見嗤於梁人，況才減楊子之器，物甚魏君之意者哉。若如漢宗之言李廣，此固許天下之有才，又知天下之時非也。豈若黨巷閭里之間，忌見貞士之遭遇〔七〕，便謂是臧獲庸人之徒耳。士固願呈心於其主，露奇於所歸。卿相，末事也。若廣者，何用侯爲。至迺復有致謁於爲亂之日，被詘於害正之徒，心奇而無由露，事直而變爲枉，豈不痛哉！豈不痛哉！

若足下可謂冠負日月，籍踐淵海，心支身首，無不通照。今復出入燕、河，交關姬、衛，整笏振豪，已議於帷筵之上，提鞭鳴劍，復呵於軍場之間，身超每深恩之所集，心動必明主之所亮。可不直議正身，輔人君之過誤，明目張膽，謀軍家之得失，拔志勇之將〔八〕，薦俊正之士，此迺足下之所以報也。不爾，便擐甲脩戈，徘徊左右，衛君王之身，當馬首之鏑，闢必固之壘，交死進之戰，使身分而主豫，寇滅而兵全，此亦報之次也。如是，則繫匈奴於北闕無日矣。亡但默默，窺寵而坐。謂子有心，敢書薄意。

朗之辭意倜儻，類皆如此。

復起爲通直郎。世祖即位，除建平王宏中軍録事參軍。時普責百官讜言，朗上書曰：

昔仲尼有言：「治天下若寘諸掌。」豈徒言哉。方策之政，息舉在人，蓋當世之君不爲之耳。況乃運鍾澆暮，世膺亂餘，重以宮廟遭不更之酷，江服被未有之痛，千里連死，萬井共泣。而秦、漢餘敝，尚行於今，魏、晉遺謬，猶布於民，是而望國安於今，化崇於古，卻行及前之言，積薪待然之譬，臣不知所以方。然陛下既基之以孝，又申之以仁，民所疾苦，敢不略薦。

凡治者何哉？爲教而已。今教衰已久，民不知則，又隨以刑逐之，豈爲政之道歟。欲爲教者，宜二十五家選一長，百家置一師。男子十三至十七，皆令學經；十八至二十，盡使脩武。訓以書記圖律，忠孝仁義之禮，廉讓勤恭之則；授以兵經戰略，軍部舟騎之容，挽彊擊刺之法。官長皆月至學所，以課其能。習經者五年有立，則言之司徒；用武者三年善蓺，亦升之司馬。若七年而經不明，五年而勇不達，則更求其言政置謀，迹其心術行履，復不足取者，雖公卿子孫，長歸農畝，終身不得爲吏。其國學則宜詳考占數，部定子史，令書不煩行，習無糜力。凡學，雖凶荒不宜廢也。

農桑者，實民之命，爲國之本，有一不足，則禮節不興。若重之，宜罷金錢，以穀帛爲賞罰。然愚民不達其權，議者好增其異。凡自淮以北，萬匹爲市；從江以南，千斛爲貨。亦不患其難也。今且聽市至千錢以還者用錢，餘皆用絹布及米，其不中度者坐之。如此，則墾田自廣，民資必繁，盜鑄者罷，人死必息。又田非疁水〔九〕，皆播麥菽，地堪滋養，悉藝紵麻，蔭巷緣藩，必樹桑柘，列庭接宇，唯植竹栗。若此令既行，而善其事者，庶民則敍之以爵，有司亦從而加賞。若田在草間，木物不植，則撻之而伐其餘樹，在所以次坐之。

又取税之法，宜計人爲輪，不應以貲。云何使富者不盡，貧者不蠲。乃令桑長一尺，圍以爲價，田進一畝，度以爲錢，屋不得瓦，皆責貲實。民以此，樹不敢種，土畏妄墾，棟焚榱露，不敢加泥。豈有剝善害民，禁衣惡食，若此苦者。方今若重斯農，則宜務削茲法。

凡爲國，不患威之不立，患恩之不下；不患土之不廣，患民之不育。自華、夷爭殺，戎、夏競威，破國則積屍竟邑，屠將則覆軍滿野，海内遺生，蓋不餘半。重以急政嚴刑，天災歲疫，貧者但供吏，死者弗望薶，鰥居有不願娶，生子每不敢舉。又戍淹徭久〔一〇〕，妻老嗣絶，及婬奔所孕，皆復不收。是殺人之日有數途，生人之歲無一理，不知復百年間，將盡以草木爲世邪，此最是驚心悲魂慟哭太息者。法雖有禁殺子之科，設蚕娶之令，然觸刑罪，忍悼痛而爲之，豈不有酷甚處邪。今宜家寬其役，户減其稅。女子十五不嫁，家人坐之。特雉可以娉妻妾，大布可以事舅姑，若待禮足而行〔一一〕，則有司加糾。凡宫中女隸，必擇不復字者。庶家内役，皆令各有所配。要使天下不得有終獨之生，無子之老。所謂十年存育，十年教訓，如此，則二十年間，長户勝兵，必數倍矣。

又亡者亂郊，饉人盈甸，皆是不爲其存計，而任之遷流，故饑寒一至，慈母不能保其子，欲其不爲寇盜，豈可得邪。既御之使然，復止之以殺，彼於有司，何酷至是。且草樹既死，皮葉皆枯，是其粱肉盡矣。冰霜已厚，苫蓋難資，是其衣裘敗矣。比至陽春，生其餘幾。今自江以南，在所皆穰，有食之處，須官興役，宜募遠近能食五十口一年者，賞爵一級。不過千家，故近食十萬口矣。使其受食者，悉令就佃淮南，多其長帥，給其糧種。凡公私遊手，歲發佐農，令堤湖盡脩，原陸並起。仍量家立社，計地設閭，檢其出入，督其游惰。須待大熟，可移之復舊。淮以北悉使南過江，東旅客盡令西歸。

故毒之在體，必割其緩處，函、渭靈區，闃爲荒窟，伊、洛神基，蔚成茂草，豈可不懷歟？歷下、泗間，何足獨戀。議者必以爲胡衰不足避，而不知我之病甚於胡矣。

若謂民之既徙，狄必就之，若其來從，我之願也。胡若能來，必非其種，不過山東雜漢，則是國家由來所欲覆育。既華得坐實，戎寇自遠〔一二〕，其爲來，利固善也。今空守孤城，徒費財役，亦行見淮北必非境服有矣，不亦重辱喪哉。使虜但發輕騎三千，更互出入，春來犯麥，秋至侵禾，水陸漕輸，居然復絕。於賊不勞，而邊已困，不至二年，卒散民盡，可蹻足而待也。設使胡滅，則中州必有興者，決不能有奉土地、率民人以歸國家矣。誠如此，則徐、齊終逼，亦不可守。

且夫戰守之法，當恃人之不敢攻。頃年兵之所以敗，皆反此也。今人知不以羊追狼，蟹捕鼠，而令重車弱卒，與肥馬悍胡相逐，其不能濟，固宜矣。漢之中年能事胡者，以馬多也，胡之後服漢者，亦以馬少也。既兵不可去，車騎應蓄。今宜募天下使養馬一匹者，蠲一人役，三疋者，除一人爲吏，自此以進，階賞有差，邊亭徼驛，一無發動。

又將者，將求其死也。自能執干戈，幸而不亡，筋力盡於戎役，其於望上者，固已深矣。重有澄風掃霧之懃，驅波滌塵之力，此所自矜，尤復爲甚。近所功賞，人知其濃，然似頗謬虛實，怨怒寔衆。垂臂而反脣者，往往爲部，耦語而觖望者〔一三〕，處處成羣。凡武人意氣，特易崩沮，設一旦有變，則向之怨者皆爲敵也〔一四〕。今宜國財與之共竭，府粟與之同罄，去者應遣，濃加寵爵，發所在禄之，將秩未充，餘費宜闕，他事負輦，長不應與，唯可教以蒐狩之禮，習以鉦鼓之節。若假勇以進，務黜其身。老至而罷，賞延於嗣。

又緣淮城壘，皆宜興復，使烽鼓相達，兵食相連。若邊民請師，皆宜莫許。遠夷貢至，止於報答，語以國家之未暇，示以何事而非君。須内教既立，徐料寇形，辦騎卒四十萬，而國中不擾，取穀支二十歲，而遠邑不驚，然後越淮窮河，跨隴出漠，亦何適而不可。

又教之不敦，一至於是。今士大夫以下，父母在而兄弟異計，十家而七矣。庶人父子殊産，亦八家而五矣。凡甚者，乃危亡不相知，飢寒不相卹，又嫉謗譏害，其間不可稱數。宜明其禁，以革其風，先有善於家者，即務其賞，自今不改，則没其財。

又三年之喪，天下之達喪，以其哀並衷出，故制同外興，日久均痛，故愈遲齊典。漢氏節其臣則可矣，薄其子則亂也。云何使衰苴之容盡，嗚號之音息。夫佩玉啓旒，深情弗忍，冕珠視朝，不亦甚乎。凡法有變於古而刻於情，則莫能順焉。至乎敗於禮而安於身，必遽而奉之，何乃厚於惡，薄於善歟。今陛下以大孝始基，宜反斯謬。

且朝享臨御，當近自身始，妃主典制，宜漸加矯正。凡舉天下以奉一君，何患不給。或帝有集皂之陋，后有帛布之鄙，亦無取焉。且一體炫金，不及百兩〔一五〕，一歲美衣，不過數襲，而必收寶連櫝，集服累笥，目豈常視，身未時親，是爲櫝帶寶，笥著衣，空散國家之財，徒奔天下之貨，而主以此惰禮，妃以此傲家，是何糜蠹之劇，惑鄙之甚。逮至婢豎，皆無定科，一婢之身，重婢以使，一豎之家，列豎以役。瓦金皮繡〔一六〕，漿酒藿肉者，故不可稱紀。至有列軿以遊遨，飾兵以驅叱，不亦重甚哉。若禁行賜薄，不容致此。且細作始并，以爲儉節，而市造華怪，即傳於民。如此，則遷也，非罷也。凡天下得治者以實，而治天下者常虚，民之耳目，既不可誑，治之盈耗，立亦隨之。故凡厥庶民，制度日侈，商販之室，飾等王侯，傭賣之身，製均妃后。凡一袖之大，足斷爲兩，一裾之長，可分爲二，見車馬不辨貴賤，視冠服不知尊卑。尚方今造一物，小民明已睥睨。宫中朝制一衣，庶家晚已裁學。侈麗之原，實先宫閫。又妃主所賜，不限高卑，自今以去，宜爲節目。金魄翠玉，錦繡縠羅，奇色異章，小民既不得服，在上亦不得賜。若工人復造奇伎淫器，則皆焚之，而重其罪。

又置官者，將以燮天平氣，贊地成功，防姦御難，治煩理劇，使官稱事立，人稱官置，無空樹散位，繁進冗人。今高卑貿實〔一七〕，大小反稱，名之不定，是謂官邪。而世廢姬公之制，俗傳秦人之法，惡明君之典，好闇主之事，其憎聖愛愚，何其甚矣。今則宜先省事，從而并官，置位以周典爲式，變名以適時爲用，秦、漢末制，何足取也。當使德厚者位尊，位尊者禄重，能薄者官賤，官賤者秩輕。纓冕紱佩，稱官以服，車騎容衛，當職以施。

又寄土州郡，宜通廢罷，舊地民户，應更置立。豈吴邦而有徐邑，揚境而宅兗民，上淆辰紀，下亂畿甸。其地如朱方者，不宜置州，土如江都者，應更建邑。

又民少者易理，君近者易歸，凡吏皆宜每詳其能，每厚其秩，爲縣不得復用恩家之貧，爲郡不得復選勢族之老。

又王侯識未堪務，不應强仕，須合冠而啓封，能政而議爵。且帝子未官，人誰謂賤。但宜詳置賓友，選擇正人，亦何必列長史、參軍、别駕從事，然後爲貴哉。又世有先後，業有難易，明帝能令其兒不匹光武之子，馬貴人能使其家不比陰后之族，盛矣哉，此於後世不可忘也。至當輿抑碎首之忿，陛殿延辟戟之威，此亦復不可忘也。

内外之政，實不可雜。若妃主爲人請官者，其人宜終身不得爲官，若請罪者，亦終身不得赦罪。

凡天下所須者才，而才誠難知也。有深居而言寡，則蘊學而無由知；有卑處而事隔，則懷奇而無由進。或復見忌於親故，或亦遭讒於貴黨，其欲致車右而動御席，語天下而辯治亂，焉可得哉。漫言舉賢，則斯人固未得矣。宜使世之所稱通經達史、辨詞精數、吏能將謀、偏術小道者，使獵纓危㓶，博求其用。制內外官與官之遠近及仕之類〔一八〕，令各以所能而造其室，降情以誘之，卑身以安之，然後察其擢脣吻，樹頰胲，動精神，發意氣，語之所至，意之所執，不過數四間，不亦盡可知哉。若忠孝廉清之比，強正惇柔之倫，難以檢格立，不可須臾定，宜使鄉部求其行，守宰察其能，竟皆見之於選貴，呈之於相主，然後處其職宜，定其位用。如此，故應愚鄙盡捐，賢明悉舉矣。又俗好以毀沈人，不知察其所以致毀；以譽進人，不知測其所以致譽。毀徒皆鄙，則宜擢其毀者；譽黨悉庸，則宜退其譽者。如此，則毀譽不妄，善惡分矣。又既謂之才，則不宜以階級限，不應以年齒齊。凡貴者好疑人少，不知其少於人矣。老者亦輕人少，不知其不及少矣。

自釋氏流教，其來有源，淵檢精測，固非深矣。舒引容潤，既亦廣矣。然習慧者日替其脩，束誡者月繁其過，遂至糜散錦帛，侈飾車從。復假糅醫術〔一九〕，託雜卜數，延姝滿室〔二〇〕，置酒浹堂，寄夫託妻者不無，殺子乞兒者繼有。而猶倚靈假像，背親傲君，欺費疾老，震損宮邑，是乃外刑之所不容戮，內教之所不悔罪，而橫天地之間，莫之糾察〔二一〕。人不得然，豈其鬼歟。今宜申嚴佛律，裨重國令，其疵惡顯著者，悉皆罷遺〔二二〕，餘則隨其藝行〔二三〕，各爲之條，使禪義經誦，人能其一，食不過蔬，衣不出布。若應更度者，則令先習義行，本其神心，必能草腐人天，竦精以往者，雖侯王家子，亦不宜拘。

凡鬼道惑衆，妖巫破俗，觸木而言怪者不可數，寓采而稱神者非可筭。其原本是亂男女，合飲食，因之而以祈祝，從之而以報請，是亂不誅，爲害未息。凡一苑始立，一神初興，淫風輒以之而甚，今脩隄以北，置園百里，峻山以右，居靈十房，糜財敗俗，其可稱限。又針藥之術，世寡復脩，診脉之伎，人鮮能達，民因是益徵於鬼，遂棄於醫，重令耗惑不反，死夭復半。今太醫宜男女習教，在所應遣吏受業，如此故當愈於媚神之愚，懲艾溱理之敝矣〔二四〕。

凡無世不有言事，未時不有令下，然而升平不至，昏危是繼，何哉？蓋設令之本非實也。又病言不出於謀臣，事不便於貴黨，輕者抵訾呵駭，重者死壓窮擯，故西京有方調之誅，東都有黨錮之戮〔二五〕。陛下若欲申常令，循末典，則羣臣在焉；若欲改舊章，興王道，則微臣存矣。敢昧死以陳，唯陛下察之。

書奏忤旨，自解去職。

又除太子中舍人，出爲廬陵内史。郡後荒蕪，頻有野獸，母薛氏欲見獵，朗乃合圍縱火，令母觀之。火逸燒郡廨，朗悉以秩米起屋，償所燒之限，稱疾去官，遂爲州司所糾。還都謝世祖曰：「州司舉臣愆失，多有不允。臣在郡，虎三食人，蟲鼠犯稼，以此二事上負陛下。」上變色曰：「州司不允，或可有之。蟲虎之災，寧關卿小物。」朗尋丁母艱，有孝性，每哭必慟，其餘頗不依居喪常節。大明四年，上使有司奏其居喪無禮，請加收治。詔曰：「朗悖禮利口，宜令翦戮，微物不足亂典刑，特鏁付邊郡。」於是傳送寧州，於道殺之，時年三十六。

子仁昭，順帝昇明末爲南海太守。

沈懷文字思明，吳興武康人也。祖寂，晉光禄勳。父宣，新安太守。懷文少好玄理，善爲文章，嘗爲楚昭王二妃詩，見稱於世。初州辟從事，轉西曹，江夏王義恭司空行參軍，隨府轉司徒參軍事，東閤祭酒。丁父憂，新安郡送故豐厚，奉終禮畢，餘悉班之親戚，一無所留。太祖聞而嘉之，賜奴婢六人。服闋，除尚書殿中郎。隱士雷次宗被徵居鍾山，後南還廬岳，何尚之設祖道，文義之士畢集，爲連句詩〔二六〕，懷文所作尤美，辭高一座。以公事例免，同輩皆失官，懷文乃獨留〔二七〕。隨王誕鎮襄陽，出爲後軍主簿，與諮議參軍謝莊共掌辭令，領義成太守。元嘉二十八年，誕當爲廣州，欲以懷文爲安南府記室〔二八〕，先除通直郎，懷文固辭南行，上不悦。

弟懷遠納東陽公主養女王鸚鵡爲妾，元凶行巫蠱，鸚鵡預之，事泄，懷文因此失調，爲治書侍御史。元凶弑立，以爲中書侍郎。世祖入討，劭呼之使作符檄，懷文固辭，劭大怒，投筆於地曰：「當今艱難，卿欲避事邪！」旨色甚切。值殷沖在坐，申救得免。託疾落馬，間行奔新亭。以爲竟陵王誕衞軍記室參軍、新興太守。又爲誕驃騎録事參軍、淮南太守。時國哀未釋，誕欲起内齋，懷文以爲不可，乃止。尋轉揚州治中從事史。

時議省録尚書，懷文以爲非宜，上議曰：「昔天官正紀，六典序職，載師掌均，七府成務，所以翼平辰衡，經贊邦極。故總屬之原，著夫官典，和統之要，昭于國言。夏因虞禮，有深冢司之則；周承殷法，無損掌邦之儀。用乃調佐王均，緝亮帝度。而式憲之軌，弘正漢庭；述章之範，崇明魏室。雖條録之名，立稱於中代，總釐之實，不愆於自古，比代相沿，歷朝罔貳。及乎爵以事變，級以時改，皆興替之道，無害國章，八統元任，靡或省革。按台輔之職，三曰禮典，以和邦國，以統百官。四曰政典，以平邦國，以正百官。鄭康成云：『冢宰之於庶僚，無所不總也。』考于兹義，備於典文，詳古準今，不宜虚廢。」不從。遷别駕從事史，江夏王義恭遷，西陽王子尚爲揚州，居職如故。

時熒惑守南斗，上乃廢西州舊館，使子尚移居東城以厭之。懷文曰：「天道示變，宜應之以德。今雖空西州，恐無益也。」不從，而西州竟廢矣〔二九〕。大明二年，遷尚書吏部郎。時朝議欲依古制置王畿，揚州移治會稽，猶以星變故也。懷文曰：「周制封畿，漢置司隸，各因時宜，非存相反，安民寧國，其揆一也。苟民心所安，天亦從之，未必改今追古，乃致平壹。神州舊壤，歷代相承，異於邊州，或罷或置，既物情不説，容虧化本。」又不從。三年，子尚移鎮會稽，遷撫軍長史，行府州事。時囚繫甚多，動經年月，懷文到任，訊五郡九百三十六獄，衆咸稱平。

入爲侍中，寵待隆密，將以爲會稽，其事不行。竟陵王誕據廣陵反，及城陷，士庶皆贏身鞭面，然後加刑，聚所殺人首於石頭南岸，謂之髑髏山。懷文陳其不可，上不納。揚州移會稽，上忿浙江東人情不和，欲貶其勞禄，唯西州舊人不改。懷文曰：「揚州徙治，既乖民情，一州兩格，尤失大體。臣謂不宜有異。」上又不從。

懷文與顏竣、周朗素善，竣以失旨見誅，朗亦以忤意得罪，上謂懷文曰：「竣若知我殺之，亦當不敢如此。」懷文默然。嘗以歲夕與謝莊、王景文、顏師伯被敕入省，未及進，景文因言次稱竣、朗人才之美，懷文與相訓和，師伯後因語次白上，敍景文等此言。懷文屢經犯忤，至此上倍不説。上又壞諸郡士族，以充將吏，並不服役，至悉逃亡，加以嚴制不能禁。乃改用軍法，得便斬之，莫不奔竄山湖，聚爲盜賊。懷文又以爲言。齋庫上絹，年調鉅萬匹，緜亦稱此。期限嚴峻，民間買絹一匹，至二三千，緜一兩亦三四百，貧者賣妻兒，甚者或自縊死。懷文具陳民困，由是緜絹薄有所減，俄復舊。子尚諸皇子皆置邸舍，逐什一之利，爲患徧天下。懷文又言之曰：「列肆販賣，古人所非，故卜式明不雨之由，弘羊受致旱之責。若以用度不充，頓止爲難者，故宜量加減省。」不聽。孝建以來，抑黜諸弟，廣陵平後，復欲更峻其科。懷文曰：「漢明不使其子比光武之子，前史以爲美談。陛下既明管、蔡之誅，願崇唐、衞之寄。」及海陵王休茂誅，欲遂前議，太宰江夏王義恭探得密旨，先發議端，懷文固謂不可，由是得息。

時游幸無度，太后及六宮常乘副車在後，懷文與王景文每陳不宜亟出。後同從坐松樹下，風雨甚驟。景文曰：「卿可以言矣。」懷文曰：「獨言無係，宜相與陳之。」江智淵卧草側，亦謂言之爲善。俄而被召俱入雉場，懷文曰：「風雨如此，非聖躬所宜冒。」景文又曰：「懷文所啓宜從。」智淵未及有言，上方注弩，作色曰：「卿欲效顏竣邪？何以恒知人事。」又曰：「顏竣小子〔三〇〕，恨不得鞭其面！」上每宴集，在坐者咸令沈醉，懷文素不飲酒，又不好戲調，上謂故欲異己。謝莊嘗誡懷文曰：「卿每與人異，亦何可久。」懷文曰：「吾少來如此，豈可一朝而變。非欲異物，性所得耳。」

五年，乃出爲晉安王子勛征虜長史、廣陵太守。明年，坐朝正，事畢被遣還北〔三一〕，以女病求申。臨辭，又乞停三日，訖猶不去。爲有司所糾，免官，禁錮十年。既被免，賣宅欲還東〔三二〕。上大怒，收付廷尉，賜死，時年五十四。三子：淡、淵、沖。

弟懷遠，爲始興王濬征北長流參軍，深見親待。坐納王鸚鵡爲妾，世祖從之廣州，使廣州刺史宗慤於南殺之。會南郡王義宣反，懷遠頗閑文筆，慤起義，使造檄書，并銜命至始興，與始興相沈法系論起義事。事平，慤具爲陳請，由此見原。終世祖世不得還。懷文雖親要，屢請終不許。前廢帝世，流徙者並聽歸本，官至武康令。撰南越志，及懷文文集並傳於世。

史臣曰：昔婁敬戍卒，委輅而遷帝都；馮唐老賤，片詞以悟明主。素無王公卿士之貴，非有積譽取信之資，徒以一言合旨，仰感萬乘。自此山壑草萊之人，布衣韋帶之士，莫不踵闕縣書，煙霏霧集。自漢至魏，此風未爽。暨于晉氏，浮僞成俗，人懷獨善，仕貴遺務。降及宋祖，思反前失，雖革薄捐華，抑揚名教，而闢聰之路未啓，采言之制不弘。至於賤隸卑臣，義合朝筭，徒以事非己出，知允莫從。昔之開之若彼，今之塞之若此，非爲徐樂、嚴安，偏富漢世，東方、主父，獨闕宋時，蓋由用與不用也。徒置乞言之旨，空下不諱之令，慕古飾情，義非側席，文士因斯，各存炫藻。周朗辯博之言，多切治要，而意在摘詞，文實忤主。文詞之爲累，一至此乎。

校勘記

〔一〕宰王暮登英豪　「宰王」，原作「宰士」，據宋本册府卷九〇五改。吴金華續議：「宰王，謂劉義恭。」

〔二〕至反以孝潔生議於鄉曲　「反」，宋本册府卷九〇五作「乃」。

〔三〕望府一逐之吏　「一逐」，宋本册府卷九〇五作「三逐」。吴金華續議以爲作「三逐」是。

〔四〕衍主德而批民患　「主」，原作「王」，據册府卷九〇五改。

〔五〕進貞白而黜姦猾　「猾」，原作「猜」，據册府卷九〇五改。

〔六〕結冕兩宫之下　「冕」，原作「冤」，據册府卷九〇五改。

〔七〕忌見貞士之遭遇　「忌」，宋本册府卷九〇五作「妄」。

〔八〕拔志勇之將　「拔」，原作「操」，據册府卷九〇五改。

〔九〕又田非疁水　「疁」，原作「膠」，據册府卷五二九改。説文：「疁，燒種也。漢律曰：疁田茠艸。」段玉裁注云：「篇、韻皆云田不耕火種也。謂焚其草木而下種，蓋治山田之法謂然。史記曰：楚、越之地或火耕。」

〔一〇〕又戍淹徭久　「徭」，原作「滛」，據三朝本、南監本、北監本、汲本、殿本、局本改。

〔一一〕若待禮足而行　「禮」字原闕，據册府卷五二九補。

〔一二〕戎寇自遠　「戎寇」，原作「戎空」，據册府卷五二九改。吴金華續議：「疑此『空』字涉下句『今空守孤城』而誤。」

〔一三〕耦語而觖望者　「觖」，原作「呼」，據册府卷五二九改。

〔一四〕則向之怨者皆爲敵也　「皆」字原闕，據册府卷五二九補。

〔一五〕不及百兩　「百」，原作「伯」，據册府卷五二九、通鑑卷一二七宋紀元嘉三十年改。

〔一六〕瓦金皮繡　册府卷五二九作「塗金披繡」。

〔一七〕今高卑貿實　「貿」，原作「賈」，據北監本、殿本、局本、册府卷五二九改。

〔一八〕制内外官與官之遠近及仕之類　「官與官之」，原作「與官之官」，册府卷五二九作「與官之」，今據殿本、局本改。

〔一九〕復假糅醫術　「糅」，原作「粗」，明本册府卷五二九作「精」，今據廣弘明集卷六、宋本册府卷五二九改。

〔二〇〕延姝滿室　「姝」，原作「妹」，據宋本册府卷五二九改。孫虨考論卷四：「『妹』當作『姝』。」

〔二一〕莫之糾察　「之」，原作「不」，據廣弘明集卷六、册府卷五二九改。

〔二二〕悉皆罷遣　「罷」，原作「能」，據南監本、局本、册府卷五二九、廣弘明集卷六改。

〔一三〕餘則隨其藝行　「餘」，原作「除」，據廣弘明集卷六、册府卷五二九改。孫彪考論卷四：「『除』字依文義當是『餘』字。」

〔一四〕懲艾淒理之敝矣　「懲艾」，原作「徵正」，據册府卷五二九改。

〔一五〕東都有黨錮之戮　「東都」，原作「東郡」，據册府卷五二九改。按東都言後漢都城洛陽。

〔一六〕爲連句詩　「詩」，原作「許」，據南監本、汲本、殿本、局本、南史卷三四周朗傳改。

〔一七〕懷文乃獨留　「乃獨」，原作二字空格，據北監本、汲本、殿本、局本補。

〔一八〕欲以懷文爲安南府記室　「安」字原闕，據南史卷三四沈懷文傳補。按本書卷五文帝紀，元嘉二十八年五月「壬子，以後將軍隨王誕爲安南將軍、廣州刺史」。

〔一九〕而西州竟廢矣　「西」字原闕，據南史卷三四沈懷文傳、册府卷七一七補。

〔二〇〕顏竣小子　「顏竣」，原作「顏峻」，據本書卷七五顏竣傳、南史卷三四沈懷文傳、御覽卷四五三引宋書改。

〔二一〕事畢被遣還北　「還」，原作「遷」，據南史卷三四沈懷文傳、通鑑卷一二九宋紀大明六年改。

〔二二〕賣宅欲還東　「賣」，原作「買」，據南史卷三四沈懷文傳改。

宋書卷八十三

列傳第四十三

宗越　吴喜　黄回

宗越，南陽葉人也。本河南人，晉亂，徙南陽宛縣，又土斷屬葉。本爲南陽次門，安北將軍趙倫之鎮襄陽，襄陽多雜姓，倫之使長史范覬之條次氏族，辨其高卑，覬之點越爲役門〔一〕。

出身補郡吏。父爲蠻所殺，殺其父者嘗出郡，越於市中刺殺之，太守夏侯穆嘉其意，擢爲隊主。蠻有爲寇盜者，常使越討伐，往輒有功。家貧無以市馬，常刀楯步出，單身挺戰，衆莫能當。每一捷，郡將輒賞錢五千，因此得市馬。後被召，出州爲隊主。世祖鎮襄陽，以爲揚武將軍，領臺隊。元嘉二十四年，啓太祖求復次門，移户屬冠軍縣，許之。二十七年，隨柳元景北伐，領馬幢，隸柳元怙，有戰功，事在元景傳。還補後軍參軍督護，隨王誕戲之曰：「汝何人，遂得我府四字。」越答曰：「佛貍未死，不憂不得諮議參軍。」誕大笑。

隨元景伐西陽蠻，因值建義，轉南中郎長兼行參軍，新亭有戰功。世祖即位，以爲江夏王義恭大司馬行參軍，濟陽太守，尋加龍驤將軍。臧質、魯爽反，越率軍據歷陽。爽遣將軍鄭德玄前據大峴，德玄分遣偏師楊胡興、劉蜀馬步三千〔二〕，進攻歷陽。越以步騎五百於城西十餘里拒戰，大破斬胡興、蜀等。爽平，又率所領進梁山拒質，質敗走，越戰功居多。因追奔至江陵。時荆州刺史朱脩之未至，越多所誅戮，又逼略南郡王義宣子女，坐免官繫尚方。尋被宥，復本官，追論前功，封筑陽縣子，食邑四百户〔三〕。遷西陽王子尚撫軍中兵參軍，將軍如故。大明三年，轉長水校尉。

竟陵王誕據廣陵反，越領馬軍隸沈慶之攻誕。及城陷，世祖使悉殺城内男丁，越受旨行誅，躬臨其事，莫不先加捶撻，或有鞭其面者，欣欣然若有所得，所殺凡數千人。四年，改封始安縣子，户邑如先。八年，遷新安王子鸞撫軍中兵參軍，加輔國將軍。其年，督司州豫州之汝南新蔡汝陽潁川四郡諸軍事、寧朔將軍、司州刺史，尋領汝南、新蔡二郡太守。

前廢帝景和元年，召爲遊擊將軍，直閤。頃之，領南濟陰太守，進爵爲侯，增邑二百户。又加冠軍將軍，改領南東海太守，游擊如故。帝凶暴無道，而越及譚金、童太壹並爲之用命，誅戮羣公及何邁等，莫不盡心竭力，故帝憑其爪牙，無所忌憚。賜與越等美女金帛，充牣其家。越等武人麤彊，識不及遠，咸一往意氣〔四〕，皆無復二心。帝將欲南巡，明旦便發，其夕悉聽越等出外宿，太宗因此定亂。明晨，越等並入，上撫接甚厚，越改領南濟陰太守，本官如故。

越等既爲廢帝盡力，慮太宗不能容之，上接待雖厚，内並懷懼。上亦不欲使其居中，從容謂之曰：「卿等遭離暴朝，勤勞日夕〔五〕，苦樂宜更，應得自養之地。兵馬大郡，隨卿等所擇。」越等素已自疑，及聞此旨，皆相顧失色，因謀作難。以告沈攸之，攸之具白太宗，即日收越等下獄死。越時年五十八。

越善立營陣，每數萬人止頓，越自騎馬前行，使軍人隨其後，馬止營合，未嘗參差。及沈攸之代殷孝祖爲南討前鋒，時孝祖新死，衆並懼，攸之歎曰：「宗公可惜，故有勝人處。」而御衆嚴酷，好行刑誅，睚眦之間，動用軍法。時王玄謨御下亦少恩，將士爲之語曰：「寧作五年徒，不逐王玄謨。玄謨尚可，宗越殺我。」

譚金，荒中傖人也。在荒中時，與薛安都有舊，後出新野，居牛門村。及安都歸國，金常隨征討。自北入峭陝，及巴口建義，恒副安都，排堅陷陣，氣力兼人，平元凶及梁山破臧質，每有戰功。稍至建平王宏中軍參軍事，加建武將軍，尋轉龍驤將軍、南下邳太守，參軍如故。孝建三年，遷屯騎校尉、直閤，領南清河太守。景和元年，前廢帝誅羣公，金等並爲之用。帝下詔曰：「屯騎校尉南清河太守譚金、彊弩將軍童太壹、車騎中兵參軍沈攸之，誠略沈果，忠幹勇鷙，消蕩氛翳，首制鯨凶，宜裂河山，以酬勳義。金可封平都縣男，太壹宜陽縣男，攸之東興縣男，食邑各三百户。」金遷驍騎將軍，增邑百户。太壹，東莞人也。自彊弩遷左軍將軍，增邑百户。金、太壹並與宗越俱死。

越州里劉胡、武念、佼長生、蔡那、曹欣之，並以將帥顯。劉胡事在鄧琬傳。武念，新野人也。本三五門，出身郡將。蕭思話爲雍州，遣土人龐道符統六門田，念爲道符隨身隊主。後大府以念有健名，且家富有馬，召出爲將。世祖臨雍州，念領隊奉迎。時沔中蠻反，世祖之鎮，緣道討伐，部伍至太堤巖洲〔六〕，蠻數千人忽至，乘高矢射雨下。念馳赴奮擊，應時摧退，即擢爲參軍督護。其後每軍旅，常有戰功。世祖孝建中，爲建威將軍、桂陽太守。竟陵王誕反，念以江夏王義恭太宰參軍、龍驤將軍，隸沈慶之攻廣陵城。誕出城走，既而復還，念追之不及，坐免官。復以爲冗從僕射，出爲龍驤將軍、南陽太守。前廢帝景和中，爲右軍將軍，直閤，封開國縣男，食邑二百户。太宗初即位，四方反叛，遣念乘驛還雍州，綏慰西土，因以爲南陽太守。念既至，人情並向之，劉胡遣腹心數騎詐詣念降，於坐縛念，袁顗斬之，送首詣晉安王子勛。念黨袁處珍逃亡至壽陽，爲逆黨劉順所得，考楚備至，秉義不移，後得叛奔劉勔，太宗嘉之，以爲奉朝請。追贈念冠軍將軍、南陽新野二郡太守，封綏安縣侯，食邑四百户。泰始四年，綏安縣省，改封邵陵縣。

佼長生，廣平人也。出身爲縣將，大府以其有膂力，召爲府將。朱脩之拒魯秀於峴南，長生有戰功，稍見任使。太宗初，爲建安王休仁司徒中兵參軍，加寧朔將軍。南討有功，封遷陵縣侯，食邑八百户。後爲張悦寧遠司馬、寧蠻校尉。泰始五年，卒，追贈征虜將軍、雍州刺史。

蔡那，南陽冠軍人也。家素富，而那兄局善接待賓客，客至無少多，皆資給之，以此爲郡縣所優異，蠲其調役。那始爲建福戍主，漸至大府將佐。太宗初，爲建安王休仁司徒中兵參軍，南討。那子弟皆在襄陽，爲劉胡所執，胡每戰輒懸之城外，那進戰愈猛。以功封平陽縣侯，食邑五百户。稍至劉韞撫軍司馬、寧蠻校尉，加寧朔將軍。泰豫元年，以本號爲益州刺史、宋寧太守，未拜，卒，追贈輔師將軍，餘如故，謚曰平侯。

曹欣之，新野人也。積勤勞，後廢帝元徽初，爲軍主。以平桂陽王休範功，封新市縣子，食邑五百户。爲左軍、驍騎將軍，加輔國將軍。元徽四年，以本號爲徐州刺史、鍾離太守，進號冠軍將軍。順帝昇明二年，徵爲散騎常侍、驍騎將軍。三年，卒。

吴喜，吴興臨安人也。本名喜公，太宗減爲喜。

初出身爲領軍府白衣吏。少知書，領軍將軍沈演之使寫起居注，所寫既畢，闇誦略皆上口。演之嘗作讓表，未奏，失本，喜經一見，即便寫赴，無所漏脱，演之甚知之。因此涉獵史、漢，頗見古今。演之門生朱重民入爲主書，薦喜爲主書書史，進爲主圖令史。太祖嘗求圖書，喜開卷倒進之，太祖怒，遣出。

會太子步兵校尉沈慶之征蠻，啓太祖請喜自隨，使命去來，爲世祖所知賞。世祖於巴口建義，喜遇病，不堪隨慶之下。事平，世祖以喜爲主書，稍見親遇，擢爲諸王學官令，左右尚方令，河東太守，殿中御史。大明中，黟、歙二縣有亡命數千人，攻破縣邑，殺害官長。豫章王子尚爲揚州，在會稽，再遣主帥〔七〕，領三千人水陸討伐，遂再往，失利，世祖遣喜將數十人至二縣，誘説羣賊，賊即日歸降。

太宗初即位，四方反叛，東兵尤急。喜請得精兵三百，致死於東，上大説，即假建武將軍，簡羽林勇士配之。議者以喜刀筆主者，不嘗爲將，不可遣。中書舍人巢尚之曰：「喜昔隨沈慶之，屢經軍旅，性既勇決，又習戰陳，若能任之，必有成績。諸人紛紛，皆是不別才耳。」喜乃率員外散騎侍郎竺超之、殿中將軍杜敬真馬步東討。既至永世，得庾業、劉延熙書，送尋陽王子房檄文。與喜書曰：「知統戎旅，已次近路，卿所在著名，今日何爲立忠於彼邪？想便倒戈，共受河、山之賞。」喜報書曰：「前驅之人，忽獲來翰，披尋狂惑，良深悵駭。聖主以神武撥亂，德盛勳高，羣逆交扇，滅在晷刻。君等勳義之烈，世荷國恩，事愧嗚鴞，不懷食椹。今練勒所部，星言進邁，相見在近，不復多陳。」喜孝武世見驅使，常充使命，性寬厚，所至人並懷之。及東討，百姓聞吴河東來，便望風降散，故喜所至克捷，事在孔覬傳。遷步兵校尉，將軍如故。封竟陵縣侯，食邑千户。東土平定，又率所領南討，遷輔國將軍、尋陽太守。南賊退走，喜追討平定荆州，遷前軍將軍，增邑三百户。泰始四年，改封東興縣侯，户邑如先。

仍除使持節、督交州廣州之鬱林寧浦二郡諸軍事、輔國將軍、交州刺史。不行，又除右軍將軍、淮陵太守，假輔師將軍，兼太子左衞率。五年，轉驍騎將軍，假號、太守、兼率如故。其年，虜寇豫州，喜統諸軍出討，大破虜於荆亭，僞長社公遁走，戍主帛乞奴歸降。軍還，復以本位兼左衞將軍。六年，又率軍向豫州拒索虜，加節、督豫州諸軍事，假冠軍將軍，驍騎、太守如故。明年，還京都。

初喜東征，白太宗得尋陽王子房及諸賊帥，即於東梟斬。東土既平，喜見南賊方熾，慮後翻覆受禍，乃生送子房還都，凡諸大主帥顧琛、王曇生之徒〔八〕，皆被全活。上以喜新立大功，不問也，而內密銜之。及平荆州，恣意剽虜，贓私萬計；又嘗對賓客言漢高、魏武本是何人，上聞之，益不説。其後誅壽寂之，喜內懼，因啓乞中散大夫，上尤疑駭。至是會上有疾，爲身後之慮，以喜素得人情，疑其將來不能事幼主，乃賜死，時年四十五。喜將死之日，上召入內殿與共言謔，酬接甚款。既出，賜以名饌，并金銀御器，敕將命者勿使食器宿喜家。上素多忌諱，不欲令食器停凶禍之室故也。喜未死一日，上與劉勔、張興世、齊王詔曰：

吴喜出自卑寒，少被驅使，利口任詐，輕狡萬端。自元嘉以來，便充刀筆小役，賣弄威恩，苟取物情，處處交結，皆爲黨與，衆中常以正直爲詞，而內實阿媚。每仗計數，運其佞巧，甘言説色，曲以事人，不忠不平，彰於觸事。從來作諸署，主意所不協者，覓罪委頓之，以示清直，而餘人恣意爲非，一不檢問，故甚得物情。

昔大明中，黟、歙二縣有亡命數千人，攻破縣邑，殺害官長，劉子尚在會稽〔九〕，再遣主帥，領三千精甲水陸討伐，再往失利。孝武以喜將數十人至二縣説誘羣賊，賊即歸降。詭數幻惑，乃能如此，故每豫驅馳，窮諸狡慝。及泰始初東討，正有三百人，直造三吴，凡再經薄戰，而自破岡以東至海十郡，無不清蕩。百姓聞吴河東來，便望風自退，若非積取三吴人情，何以得弭伏如此。其統軍寬慢無章，放恣諸將，無所裁檢，故部曲爲之致力。觀其意趣，止在賊平之後，應力爲國計。喜初東征發都，指天畫地，云得劉子房即當屏除，袁標等皆加斬戮，使略無生口。既平之後，緩兵施恩，納罪人之貨，誘諸賊帥，令各逃藏，受賂得物，不可稱紀。聽諸賊帥假稱爲降，而擁衛子房遂得生歸朝庭。收羅羣逆，皆作爪牙，撫接優密，過於義士。推此意，正是聞南賊大盛，殷孝祖戰亡，人情大惡，慮逆徒得志，規以自免。喜善爲姦變，每以計數自將，於朝廷則三吴首獻慶捷〔一〇〕，於南賊則不殺其黨，頗著陰誠，當云東人恇怯，望風自散，皆是彼無處分，非其苦相逼迫，保全子房及顧琛等，足表丹誠，進退二塗，可以無患。

南賊未平，唯以軍糧爲急，西南及北道斷不通，東土新平，商運稀簡，朝廷乃至鬻官賣爵，以救災困，斗斛收斂，猶有不充。喜在赭圻，軍主者頓偷一百三十斛米，初不問罪，諸軍主皆云宜治，喜不獲已，止與三十鞭，又不責備，凡所曲意，類皆如此。

喜至荆州，公私殷富，錢物無復孑遺。喜乘兵威之盛，誅求推檢，凡所課責，既無定科，又嚴令驅蹙，皆使立辦。所使之人，莫非姦猾，因公行私，迫脅在所，入官之物，侵竊過半，納資請託，不知厭已。西難既殄，便應還朝，而解故槃停，託云扞蜀。實由貨易交關，事未回展。又遣人入蠻，矯詔慰勞，賧伐所得，一以入私。又遣部下將吏，兼因土地富人，往襄陽或蜀、漢，屬託郡縣，侵官害民，興生求利，千端萬緒。從西還，大艑小䑿，爰及草舫，錢米布絹，無船不滿。自喜以下，迨至小將，人人重載，莫不兼資。

喜本小人，多被使役，經由水陸，州郡殆徧，所至之處，輒結物情，妄竊善稱，聲滿天下，密懷姦惡，人莫之知。喜軍中諸將，非劫便賊，唯云：「賊何須殺，但取之，必得其用。」雖復羸弱，亦言：「健兒可惜，天下未平，但令以功贖罪。」處遇料理，反勝勞人，此輩所感唯喜，莫云恩由朝廷。凶惡不革，恒出醜聲，勞人義士，相與歎息，並云：「我等不愛性命，擊擒此賊，朝廷不肯殺去，反與我齊。今天下若更有賊，我不復能擊也。」此等既隨喜行，多無功效，或隱在衆後，或在幔屋中眠。賊既破散，與勞人同受爵賞。既被詰問，辭白百端，云：「此輩既見原宥，擊賊有功，那得不依例加賞。」

褚淵往南選諸將卒，喜爲軍中經爲賊者，就淵求官，倍於義士。淵以喜最前獻捷，名位已通，又爲統副，難相違拒，是以得官受賞，反多義人。義人雖忿喜不平，又懷其寬弛。往歲竺超之聞四方反叛，人情畏賊，無敢求爲朝廷行者，乃慨然攘步，隨喜出征，爲其軍副。身經臨敵，自東還，失喜意，說超之多酒，不堪驅使，遂相委棄。高敬祖年雖少宿，氣力實健，其有處分，爲軍中所稱，喜薄其衰老，云無所施。正以二人忠清，與己異行。超之爲人，乃多飲酒，計喜軍中主帥，豈無飲酒者，特是不利超之，故以酒致言耳。敬祖既無餘事，直云年老，託爲乞郡，潛相遣斥。其餘主帥，並貪濁諂媚之流，皆提攜東西，不相離捨。喜聞天壤間有罪人死或應繫者，必啓以入軍，皆得官爵，厚被處遇。應入死之人，緣己得活，非唯得活，又復如意，人非木石，何能不感。設令吾攻喜門，此輩誰不致力，但是喜不敢生心耳。喜軍中人皆是喜身爪牙，豈關於國。

喜自得軍號以來，多置吏佐，是人加板，無復限極。爲兄弟子姪及其同堂羣從，乞東名縣，連城四五，皆灼然巧盜，侵官奪私。亡命罪人，州郡不得討，崎嶇蔽匿，必也黨護，臺州符旨，殆不復行。船車牛犢，應爲公家所假借者，託之於喜，吏司便不敢問。它縣奴婢，入界便略。百姓牛犢，輒牽殺噉。州郡應及役者，並入喜家。喜兄茹公等悉下取錢，盈村滿里。諸吴姻親，就人間徵求，無復紀極，百姓嗷然，人人悉苦。喜具知此，初不禁呵。

索惠子罪不甚江悆，既已被恩，得免憲辟，小小忤意，輒加刑斬。張悦賊中大帥，逼迫歸降，沈攸之録付喜，云：「殺活當由朝廷。」將帥征伐，既有常體，自應執歸之有司，喜即便打鏁，解襦與著，對膝圍棊，仍造重義，私惠招物，觸事如斯。張靈度凶愚小人，背叛之首，喜在西輒恕其罪，私將下都，與之周旋，情若同體。狼子野心，獨懷毒性，遂與柳欣慰等謀立劉禕〔一〕，吾使喜録之，而喜密報令去，去未得遠，爲建康所録。喜背國親惡，乃至於是。

初從西反，圖兼右丞，貪因事物，以行私詐，吾患其諂曲，抑而不許，從此怨懟，意用不平。

喜西救汝陰，縱肆兵將，掠暴居民，姦人婦女，逼奪鷄犬，虜略縱橫，緣路官長，莫敢呵問。脱誤有縛録一人，喜輒大怒。百姓呼嗟，人人失望。近段佛榮求還，乃欲用喜代之，西人聞其當來，皆欲叛走，云：「吴軍中人皆是生劫，若作刺史，吾等豈有活路。既無他計，正當叛投虜耳。」夫伐罪弔民，用清國道，豈有殘虐無辜，剥奪爲務，害政妨國，罔上附下，罪疊若此，而可久容。臧文仲有云：「見有善於其君，如孝子之養父母；見有惡於君，若鷹鸇之逐鳥雀。」耿弇不以賊遺君父，前史以爲美談。而喜軍中五千人，皆親經反逆，攜養左右，豈有奉上之心。喜意志張大，每稱漢高、魏武，本是何人。近忽通啓，求解軍任，乞中散大夫。喜是何人，乃敢作此舉止。且當今邊疆未寧，正是喜輸蹄領之日，若以自處之宜，當節儉廉慎，靜掃閉門，不與外物交關，專心奉上，何得以其雌螭，高自比擬。當是自顧愆釁，事宣遐邇，又見壽寂之流徙，施脩林被擊，物惡傷類，內懷憂恐，故興此計，圖欲自安。

朝廷之士及大臣藩鎮，喜殆無所畏者，畏者唯吾一人耳。人生脩短，不可豫量，若吾壽百年，世間無喜，何所虧損。若使吾四月中疾患不得治力，天下豈可有喜一人。尋喜心迹，不可奉守文之主，豈可遭國家間隙，有可乘之會邪。世人多云，「時可畏，國政嚴」。歷觀有天下，御億兆，杖威齊衆，何代不然。故上古象刑，民淳不犯，後聖懲僞，易以剠墨。唐堯至仁，不赦四凶之罪；漢高大度，而急三傑之誅。且太公爲治，先華士之刑；宣尼作宰，肆少正之戮。自昔力安社稷，功濟蒼生，班劍引前，笳鼓陪後，不能保此者，歷代無數。養之以福，十分有一耳。至若喜之深罪，其得免乎。

夫富之與貴，雖以功績致之，必由道德守之，故善始者未足稱奇，令終者乃可重耳。凡置官養士，本在利國，當其爲利，愛之如赤子，及其爲害，畏之若仇讎，豈暇遠尋初功，而應忍受終敝耳。將之爲用，譬如餌藥，當人羸冷，資散石以全身，及熱勢發動，去堅積以止患。豈憶始時之益，不計後日之損，存前者之賞，抑當今之罰。非忘其功，勢不獲已耳。喜罪釁山積，志意難容，雖有功效，不足自補，交爲國患，焉得不除。且欲防微杜漸，憂在未萌，不欲方幅露其罪惡，明當嚴詔切之，令自爲其所。卿諸人將相大臣，股肱所寄，賞罰事重，應與卿等論之，卿意並謂云何？

及喜死，發詔賻賜。

子徽民襲爵。齊受禪，國除。

黄回，竟陵郡軍人也。出身充郡府雜役，稍至傳教。臧質爲郡，轉齋帥，及去職，將回自隨。質爲雍州，回復爲齋帥。質討元凶，回隨從有功，免軍户。質在江州，擢領白直隊主。隨質於梁山敗走向豫章，爲臺軍主謝承祖所録，付江州作部，遇赦得原。回因下都，於宣陽門與人相打，詐稱江夏王義恭馬客，鞭二百，付右尚方。會中書舍人戴明寶被繫，差回爲户伯，性便辟勤緊，奉事明寶，竭盡心力。明寶尋得原赦，委任如初，啓免回，以領隨身隊統，知宅及江西墅事。性有功藝，觸類多能，明寶甚寵任之。

回拳捷果勁，勇力兼人，在江西與諸楚子相結，屢爲劫盜。會太宗初即位，四方反叛，明寶啓太宗使回募江西楚人，得快射手八百，假回寧朔將軍、軍主，隸劉勔西討。於死虎破杜叔寶軍，除山陽王休祐驃騎行參軍、龍驤將軍。攻合肥，破之，累遷至將校，以功封葛陽縣男，食邑二百户。

後廢帝元徽初，桂陽王休範爲逆，回以屯騎校尉領軍隸齊王，於新亭創詐降之計，事在休範傳。回見休範可乘，謂張敬兒曰：「卿可取之，我誓不殺諸王。」敬兒即日斬休範。事平，轉回驍騎將軍，加輔師將軍，進爵爲侯，改封聞喜縣，增邑千户。四年，遷冠軍將軍、南琅邪濟陽二郡太守。建平王景素反，回又率軍前討，假節。城平之日，回軍先入，又以景素讓張倪奴。回增邑五百户，進號征虜將軍，加散騎常侍，太守如故。明年，遷右衛將軍，常侍如故。

沈攸之反，以回爲使持節、督郢州司州之義陽諸軍事、平西將軍、郢州刺史，給鼓吹一部，率衆出新亭爲前鋒。未發，而袁粲據石頭爲亂，回與新亭諸將帥任候伯、彭文之、王宜興、孫曇瓘等謀應粲。粲事發，候伯等並乘船赴石頭，唯曇瓘先至得入，候伯等至，而粲已平〔二三〕。回本期詰旦率所領從御道直向臺門，攻齊王於朝堂，事既不果，齊王撫之如舊。

回與宜興素不協，慮或反告，因其不從處分，斬之。宜興，吴興人也。形狀短小，而果勁有膽力。少年時爲劫不須伴，郡討逐圍繞數十重，終莫能擒。太宗泰始中，爲將，在壽陽間擊索虜，每以少制多，挺身深入，無所畏憚，虜衆值宜興，皆引避不敢當。稍至寧朔將軍，羽林監。以平建平王景素功，封長壽縣男，食邑三百户。至是爲屯騎校尉，加輔國將軍。

回進軍未至郢州，而沈攸之敗走，回至鎮，進號鎮西將軍，改督爲都督。回不樂停郢州，固求南兗，遂率部曲輒還。改封安陸郡公，增邑二千户，并前三千七百户。改都督南兗徐兗青冀五州諸軍事、鎮北將軍、南兗州刺史，加散騎常侍，持節如故。

齊王以回終爲禍亂，乃上表曰：「黄回出自厮伍，本無信行，仰值泰始，謬被驅馳，階藉風雲，累叨顯伍。及沈攸之作逆，事切戎機，臣闇於知人，冀其搏噬，遣統前鋒，竟不接刃。軍至郢城，乘威迫脅，陵掠所加，必先尊貴。武陵王馬器服咸被虜奪，城内文武，剥剔靡遺。及至還都，縱恣彌甚，先朝御服，猶有二輿，弓劍遺思，尚在車府〔一三〕，回遂啓求，以擬私用，僭侮無猒，罔顧天極。又廣納逋亡，多受劫盜，親信此等，並爲爪牙。觀其凶狡，憂在不測。惡積皐著，非可含忍，應加剿除，以明國憲。尋其釁狀，寔宜極法，但嘗經將帥，微有塵露，臯疑從輕，事炳前策，請在降減，特原餘嗣。臣過何隆寄，言必罄誠，謹陳管穴，式遵弘典，伏願聖明，特垂允鑒。臣思不出位，誠昧甄才，追言既往，伏增慙恧。」詔曰：「黄回擢自凡豎，夙負疵釁，貰以憲綱，收其搏噬。雖勤效累著，而屢懷干紀〔一四〕。新亭背叛，投拜寇場，異規既扇，廟律幾殆，幸得張敬兒提戈直奮，元惡受戮。及景素結逆，履霜歲久，乃密通音譯，潛送器杖，氛沴克霽，狡謀方顯。每存容掩，冀能悛革，故裂茅升爵，均榮勳寵。凶詖有本，險慝滋深，搆誘敬兒，志相攻陷，悖圖未遂，很戾彌甚。近軍次郢鎮，劫逼府主，兼挾私計，多所徵索，主局咨疑，便加捶楚，專肆暴慢，罔顧彝則。膺牧西蕃，徽賁惟厚，曾不知感，猶懷忿怨。李安民述任河、濟，星管未周，貪據衿要，苦祈回奪。黷謁弗已，叨侈無度，遂請求御輿，僭擬私飾。又招萃賊黨，初不啓聞，傷風蠹化，莫此之甚。宜明繩裁，肅正刑書，便收付廷尉，依法窮治。」

回死時，年五十二。子僧念，尚書左民郎，竟陵相，未發，從誅。

回既貴，祇事戴明寶甚謹，言必自名。每至明寶許，屏人獨進，未嘗敢坐。躬至帳下及入內，料檢有無，隨乏供送，以此爲常。

先是，王藴爲湘州，潁川庾佩玉爲藴寧朔府長史、長沙內史。藴去職，南中郎將、湘州刺史南陽王翽未之任，權以佩玉行府州事。先遣中兵參軍、臨湘令韓幼宗領軍戍防湘川，與佩玉共事，不美。及沈攸之爲逆，佩玉、幼宗各不相信，幼宗密圖，佩玉知其謀，襲殺幼宗。回至郢州，遣輔國將軍任候伯行湘州事，候伯以佩玉兩端，輒殺之。湘州刺史呂安國之鎮，齊王使安國誅候伯。

彭文之，泰山人也。以軍功稍至龍驤將軍。討建平王景素功，封葛陽縣男，食邑三百户。順帝初，爲輔國將軍、左軍將軍、南濮陽太守、直閤，領右細杖盪主。沈攸之平後，齊王收之下獄，賜死。

孫曇瓘，吴郡富陽人也。驍果有氣力，以軍功稍進，至是爲寧朔將軍、越州刺史。於石頭叛走，逃竄經時，後於秣陵縣禽獲，伏誅。

回同時爲將者，臨淮任農夫，沛郡周寧民，南郡高道慶，並以武用顯〔一五〕。農夫稍至彊弩將軍。太宗初，以東討功，封廣晉縣子，食邑五百户。東土平定，仍又南討，增邑二百户。歷射聲校尉，左軍將軍。時桂陽王休範在江州，有異志，朝廷慮其下，以農夫爲輔師將軍、淮南太守，戍姑孰以防之。休範尋率衆向京邑，奄至近道，農夫棄戍還都。休範平，以戰功改封孱陵縣侯，增邑千户，并前千七百户。出爲輔師將軍、豫州刺史，尋進號冠軍將軍。明年，入爲驍騎將軍，加通直散騎常侍。前世加官，唯散騎常侍，無通直員外之文。太宗以來，多因軍功至大位，資輕加常侍者，往往通直員外焉。五年，加征虜將軍，改通直爲散騎常侍，驍騎如故。其年卒，追贈左將軍，常侍如故，謚曰貞肅。候伯，即農夫弟也。

周寧民於鄉里起義討薛安都，亦以軍功至軍校。泰始初，封贛縣男，食邑三百户。官至寧朔將軍、徐州刺史，鍾離太守。

高道慶亦至軍校驍游，以平桂陽王休範功，封樂安縣男，食邑三百户。建平王景素反，道慶領軍北討，而與景素通謀。及事平，自啓求增邑五百户，詔加二百，并前五百户。道慶凶險暴横，求欲無已，有失其意，輒加捶拉，往往有死者，朝廷畏之如虎狼。齊王與袁粲等議，收付廷尉，賜死。

史臣曰：夫豎人匹夫，濟其身業，非世亂莫由也。以亂世之情，用於治日，其得不亡，亦爲幸矣。

校勘記

〔一〕覬之點越爲役門　「點」，建康實録卷一四作「黜」。按南史卷四〇宗越傳云「越更被黜爲役門」。

〔二〕德玄分遣偏師楊胡興劉蜀馬步三千　「遣」字原闕，據册府卷三五一補。「楊胡興」，本書卷八八薛安都傳作「楊胡與」。「三千」，册府卷三五一作「二千」。

〔三〕食邑四百户　「百」，原作「伯」，據汲本、殿本、局本改。

〔四〕咸一往意氣　「咸」，南史卷四〇宗越傳作「感」。

〔五〕勤勞日夕　「日夕」，南史卷四〇宗越傳作「日久」。

〔六〕太堤巖洲　册府卷三九四作「大嚴堤」。

〔七〕再遣主帥　「遣」下原衍「爲」字，據册府卷二一五删。孫虨考論卷四：「『爲』字疑衍。」下明帝與劉勔、張興世、齊王詔文亦有「劉子尚在會稽，再遣爲主帥」語，「爲」字並删。

〔八〕凡諸大主帥顧琛王曇生之徒　「顧琛」，原作「顧深」，據北監本、汲本、殿本、局本、南史卷四〇吴喜傳改。按顧琛本書卷八一有傳。

〔九〕劉子尚在會稽　「劉子尚」，原作「劉子向」，據南監本、汲本、殿本、局本、通鑑卷一三三宋紀泰始七年改。

〔一〇〕於朝廷則三吴首獻慶捷　「則」，原作「時」，孫虨考論卷四：「『時』疑『則』譌。」按作「時」不可通，作「則」則與下句相對成文。孫説是，今據改。

〔一一〕遂與柳欣慰等謀立劉禕　「柳欣慰」，原作「柳欣尉」，據殿本、本書卷七九文五王廬江王禕傳改。

〔一二〕而粲已平　「粲」，原作「癸」，據南監本、北監本、汲本、殿本、局本改。按粲即袁粲。

〔一三〕尚在車府　「車府」，原作「軍府」，據南監本、局本改。

〔四〕而屨懷干紀　「屨」，原作「屠」，據殿本、局本改。

〔五〕並以武用顯　「顯」，原作「顧」。孫彪考論卷四：「『顧』當爲『顯』。」按孫説是，今據改。

宋書卷八十四

列傳第四十四

鄧琬　袁顗　孔覬

鄧琬字元琬〔一〕，豫章南昌人也。高祖混，曾祖玄，並爲晉尚書吏部郎。祖潛之，鎮南長史。父胤之，世祖征虜長史，吏部郎，彭城王義康大將軍長史、豫章太守，光禄勳。

琬初爲州西曹主簿，南譙王義宣征北行參軍，轉參軍事，又隨府轉車騎參軍，仍轉府主簿，江州治中從事史。世祖起義，版琬爲輔國將軍、南海太守，率軍伐蕭簡於廣州，攻圍踰年，乃克。以臧質反，爲廣州刺史宗慤所執〔二〕，值赦原。琬弟璩〔三〕，與臧質同逆，質敗從誅，琬弟環亦坐誅，琬在遠，又有功，免死遠徙，仍停廣州。久之得還，除給事中，尚書庫部郎，都水使者，丹陽丞，本州大中正。大明七年，車駕幸歷陽，追思在藩之舊，下詔曰：

「故光禄勳、前征虜長史鄧胤之體局沈隱，累任著績。朕昔當藩重，首先佐務，心力款盡，弗忘于懷。往歲息璩凶悖，自取誅翦，沿恩及琬，特免釁戮。今可擢爲給事黄門侍郎，以旌胤之宿誠。」

明年，出爲晉安王子勛鎮軍長史、尋陽内史，行江州事。前廢帝狂悖無道，以太祖、世祖並第數居三以登極位，子勛次第既同，深構嫌隙，因何邁之謀，乃遣使齎藥賜子勛死。使至，子勛典籤謝道遇、齋帥潘欣之、侍書褚靈嗣等馳以告琬，泣涕請計。琬曰：「身南土寒士，蒙先帝殊恩，以愛子見託，豈得惜門户百口，其當以死報効。幼主昏暴，社稷危殆，雖曰天子，事猶獨夫。今便指率文武，直造京邑，與羣公卿士，廢昏立明。」景和元年十一月十九日，稱子勛教，即日戒嚴。子勛戎服出聽事，集僚佐，使潘欣之口宣旨曰：「少主昏狂悖戾，並是諸君所見聞。顧命重臣，悉皆誅戮。驅逼王公，幽辱太后。不逞之徒，共成其釁。京師諸王，並見囚逼，委厄虎口，思奮莫因。身義兼家國，豈可坐視横流，今便欲舉九江之衆，馳檄近遠，以謀王室。於諸君何如？」四座未答，録事參軍陶亮曰：「少主昏狂，醜毒已積。伊、霍行之於古，殿下當之於今。鄙州士子，世習忠節，况屬千載之會，請効死前驅。」衆並奉旨。文武普進位一階。轉亮爲諮議參軍事，領中兵，加寧朔將軍，總統軍事。功曹張沈爲諮議參軍，統作舟艦。參軍事顧昭之、沈伯玉、荀道林等參管書記。南陽太守沈懷寶、岷山太守薛常寶之郡，始至尋陽，與新蔡太守韋希直並爲諮議參軍，領中兵，及彭澤令陳紹宗並爲將帥。

初，廢帝使荆州録送前軍長史、荆州行事張悦下至盆口，琬稱子勛命，釋其桎梏，迎以所乘之車，以爲司馬，加征虜將軍。加琬冠軍將軍，二人共掌内外衆事。遣將軍俞伯奇率五百人出斷大雷，禁絶商旅，及公私使命。遣使上諸郡民丁，收斂器械，十日之内，得甲士五千人，出頓大雷，於兩岸築壘。巴東、建平二郡太守孫沖之之郡，始至孤石，琬以沖之爲子勛諮議參軍，領中兵，加輔國將軍，與陶亮並統前軍。使記室參軍荀道林造檄文，馳告遠近。

會太宗定亂，進子勛號車騎將軍、開府儀同三司。令書至，諸佐吏並喜，造琬曰：「暴亂既除，殿下又開黄閤，實爲公私大慶。」琬以子勛次第居三，又以尋陽起事，有符世祖，理必萬克。乃取令書投地曰：「殿下當開端門，黄閤是吾徒事耳。」衆並駭愕。琬與陶亮等繕治器甲，徵兵四方。郢州刺史安陸王子綏、荆州刺史臨海王子頊、會稽太守尋陽王子房、雍州刺史袁顗、梁州刺史柳元怙、益州刺史蕭惠開、廣州刺史袁曇遠、徐州刺史薛安都、青州刺史沈文秀、冀州刺史崔道固、湘州行事何慧文〔四〕、吴郡太守顧琛、吴興太守王曇生、晉陵太守袁標、義興太守劉延熙並同叛逆。

先是，廢帝以邵陵王子元爲冠軍將軍、湘州刺史，中兵參軍沈仲玉爲道路行事，至鵲頭，聞尋陽兵起，停住，白太宗進止之宜。太宗以子勛起兵，本在幼主，雖疑其不即解甲，不欲先彰同異，敕令進道。信未報，琬聞子元停鵲頭不進，遣數百人劫迎之。乃建牙於桑尾，傳檄京師曰：

陽六數艱，雲雷相襲。高皇受歷，時乘雲轡，頓於促路。文祖定祥，係昭睿化，翦於中年。二凶縱禍，三綱理滅，宗王俛首，姑息逆朝，枕戈無聞，偷榮有秩。孝武皇帝釋位泣血，糾義入討，投袂戎首，親戮鯨鯢，九服還輝，兩儀更造。而穹旻不惠，棄離萬國，皇運重替，嗣主荒淫。孤以不才，任居藩長，大懼宗稷，殲覆待日。故招徒楚郢，飛檄京甸，志遵前典，黜幽陟明，庶七廟復安，海昏有紹。豈圖宋未悔禍，弑亂奄臻，遂矯害明茂，篡竊天寶，反道効尤，蔑我皇德，干我昭穆，寡我兄弟，慫鴟鴞之心，蹈倫、潁之志，覆移鼎祚，誣罔天人。藐孤同氣，猶有十三，聖靈何辜，而當乏饗。

昔隆周弛御，晉、鄭是依；盛漢中陵，居、章抗節。支苗輕屬，猶或忘軀，況孤忝惟臣子，情地兼切，號感一隅，心與事痛。是用飲血袵金，誓復宗祀。今遣輔國將軍諮議領中直兵孫沖之、龍驤將軍陳紹宗，率螭虎之士，組甲二萬，沿流電發，逕取白下。龍驤將軍領中直兵薛常寶、建威將軍領中直兵沈懷寶，長戟萬刃，羽騎千羣，徑出南州，直造朱雀。寧朔將軍諮議領中直兵陶亮、龍驤將軍焦度，總中黃之旅，梟雄三萬，風掩江介，雲臨石頭。建威將軍張洌、龍驤將軍何休明，提育、獲之徒，勁悍之卒，邪趨金陵，北指閶闔。龍驤將軍張係伯、龍驤將軍陳慶，勒輕鋭五千，彊弩一萬，飛鋒班瀆，齊會西明。冠軍將軍、尋陽內史鄧琬，撮湘、雍之兵，勇敢四萬，授律總威，飆集京邑。征虜將軍領府司馬張悦，蒼兕千艘，水軍五萬，大董羣校，絡繹繼道。冠軍將軍豫章內史劉衍、寧朔將軍武昌太守劉弼、寧朔將軍西陽太守謝稚、建威將軍領中直兵晉熙太守閻湛之，皆掃境勝兵，薦誠請効。後將軍、郢州刺史安陸王子綏懷恩纏慕，鞠旅先辰。冠軍將軍、湘州刺史邵陵王子元席飄陵波，整衆遄至。前將軍、荆州刺史臨海王子頊練甲陝西，獻徒萬數。輔國將軍、冠軍長史、長沙內史何慧文，見拔先皇，誠深投袂。冠軍將軍、雍州刺史袁顗，不謀同契，雷發漢南。建武將軍、順陽太守劉道憲，懷忠抱慨，不遠三千。梁、益、青、徐、兖、豫、吴、會，皆密介歸誠，誓爲表裏。孤親總烝徒，十有餘萬，白羽咽川，霜鋒照野，金聲振谷，鳴鼙聒天。凡諸將帥，皆忠無匿情，智無遺計，果斡剛鷙，譎略多奇。水陸長驅，數道並進，發舟踰險，背水爭先。以此衆戰，孰能斯禦，推此義鋭，滄海可堙。

諸君或荷寵前朝，感恩舊日，或弈世貞淳，見危授命。而逼迫寇手，効節莫由。

今大軍密邇，形援已接，見幾而作，豈俟終日。便宜轉禍趣福，因變立功。夫旦、奭與三監並時，金、霍與上官共主，邪正粗雜，何世無之。但績亮則名播，姦騁則道消耳。紀季入齊，陳平歸漢，身尊譽遠，明誓是哀，成範全規，殷監匪遠。若玩咎惟休，告舍罔悟，則誅及五族，有殄無遺。軍科爵賞，信如皦日，巫山既燎，芝艾共烟，幸遵良塗，無守毁轍。檄到宣告，咸使聞知。

購太宗萬户侯，布絹二萬匹，金銀五百斤，其餘各有差。

太宗遣荆州典籤邵宰乘驛還江陵，經過襄陽，袁顗馳書報琬，勸勿解甲，并奉表勸子勛即位。郢州承子勛初檄，及聞太宗定大事，即解甲下標。繼聞尋陽不息，而顗又響應，郢府行事録事參軍荀卞之大懼〔五〕，慮爲琬所咎責，即遣諮議領中兵參軍鄭景玄率軍馳下，并送軍糧。琬乃稱説符瑞，造乘輿御服，云松滋縣生豹自來，柴桑縣送竹有「來奉天子」字，又云青龍見東淮，白鹿出西岡。令顧昭之撰爲瑞命記〔六〕。立宗廟，設壇場，矯作崇憲太后璽令，羣僚上僞號於子勛。泰始二年正月七日，即位於尋陽城，改景和二年爲義嘉元年。以安陸王子綏爲司徒、驃騎將軍、揚州刺史，尋陽王子房車騎將軍，臨海王子頊衞將軍，並開府儀同三司。邵陵王子元撫軍將軍。其日雲雨晦合，行禮忘稱萬歲。取子勛所乘車，除脚以爲輦，置僞殿之西，其夕有鳩棲其中，鴞集其幰。又有秃鶖集城上。子綏拜司徒日，雷電晦冥，震其黃閤柱，鴟尾墮地，又有鴟棲其帳上。以鄧琬爲左將軍、尚書右僕射，張悅領軍將軍、吏部尚書，征虜將軍如故，進袁顗號安北將軍，加尚書左僕射。臨川内史張淹爲侍中。府主簿顧昭之、武昌太守劉弼並爲黃門侍郎，廬江太守王子仲委郡奔尋陽，亦爲黃門侍郎。鄱陽内史丘景先、廬陵内史殷損、西陽太守謝稚〔七〕、後軍府記室參軍孫詵、長沙内史孔靈産、參軍事沈伯玉、荀道林並爲中書侍郎。荀卞之爲尚書左丞，府主簿江乂爲右丞。府主簿蕭寶欣爲通直郎。琬大息粹、悅息洵並正員郎，粹領衞尉，洵弟洌司徒主簿。建武將軍、領軍主、晉熙太守閻湛之加寧朔將軍。廬陵内史王僧胤爲祕書丞。桂陽太守劉卷爲尚書殿中郎。褚靈嗣、潘欣之、沈光祖，中書通事舍人。餘諸州郡，並加爵號。

琬性鄙闇，貪吝過甚，財貨酒食，皆身自量校。至是父子並賣官鬻爵，使婢僕出市道販賣，酣歌博弈，日夜不休。大自矜遇，賓客到門者，歷旬不得前。内事悉委褚靈嗣等三人，羣小橫恣，競爲威福，士庶忿怨，内外離心矣。

太宗遣散騎常侍、領軍將軍王玄謨領水軍南討，吳興太守張永爲其後繼。又遣寧朔將軍尋陽内史沈攸之、寧朔將軍江方興、龍驤將軍劉靈遺率衆屯虎檻。時東賊甚急，張永、江方興回軍東討。尚書下符曰：

夫晦明遞運，崇替相沿，帝宋之基，懋業維永，聖祖重光，氤氳上業。狂昏承祀，國維以紊，毒流九縣，釁穢三靈，搢紳戮辱，黔庶塗炭，人神同憤，朝野泣血。聖上明睿在躬，膺符握曜，眷懷家國，夙夜劬勞，懼社稷湮蕪，彝倫左衽。天威雷發，氛沴冰消，殄凶譙門，不俟鳴條之旅，殲虐牧野，無勞孟津之鉞。華、夷即晏，晷緯還光，鏗鏘聞於管絃，趨翔被於冠冕，同軌仰化，異域懷風。劉子勛昏世稱兵，義同翦惡，明朝不戢，罔識邪正。窺窬畿甸，逼遏兩江，陵上無君，暴於遐邇。王赫斯怒，興言討違，命彼上將，治兵薄伐。

今遣寧朔將軍、尋陽内史沈攸之，輕鋭七千，飛舟先邁。龍驤將軍劉靈遺，羽林虎旅，連鋒繼造。假節、督南討前鋒諸軍事、冠軍將軍、兗州刺史殷孝祖，驅濟、河勁卒，電擊雷動。使持節、車騎將軍、江州刺史曲江縣開國侯王玄謨，烝徒五萬，董統前師。使持節、侍中、司徒、揚州刺史建安王休仁，擁神州之衆，總督羣帥。龍驤將軍劉勔、寧朔將軍劉懷珍，步騎五千，直指大雷。寧朔將軍柳倫、司州刺史龐孟虯〔八〕，淮、潁突騎，邪趣西陽。使持節、驃騎大將軍、豫州刺史山陽王休祐，總勒步師，連旗百萬，河舟代馬，遄鶩江濆，越棘吴鈎，交曜畿服，笳鼓動坤維，金甲震雲漢，犄角相望，水陸俱發。冠軍將軍武念，率雍、司之鋭，已據樊、沔。徐州刺史申令孫，提彭、宋剽勇，陵塗燚奮。皇上當親馭六師，降臨江服，旌旆掩雲，舳艫咽海。

昔吳、楚連衡，燕、淮勁悍，塵擾區内，聲沸秦中，霧散埃滅，豈非先鑒。而嬰彼孤城，以待該天之網，迫此烏合，以抗絡寓之師。雲羅四掩，霜鋒交集，猶勁飆之拂細草，烈火之掃寒原，燋卷之形，昭然已著。朝廷惻愍我僚吏，哀矜我士民，並亦何辜，拘誤迷黨。故加宣示，令得自新。如其淪惑不改，抵冒王威，同焚既至，雖悔奚補。奉詔以四王幼弱，不幸陷難，兵交之日，不得妄加侵犯，若有逼損，誅翦無貸。左右主帥，嚴相衞奉，詿誤之罪，一無所問。

琬遣孫沖之率陳紹宗、胡靈秀、薛常寶、張繼伯、焦度等前鋒一萬，來據赭圻。沖之於道與子勛書曰：「舟檝已辦，器械亦整，三軍踊躍，人爭效命，便欲沿流挂颿，直取白下。願速遣陶亮衆軍，兼行相接，分據新亭、南州，則一麾定矣。」乃加沖之左衞將軍，以陶亮爲右衞將軍，統諸州兵俱下。郢州軍主鄭景玄、荆州軍主劉亮、湘州軍主何昌、梁州軍主柳登、雍州軍主宗庶等合二萬人，一時俱下。亮本無幹略，聞建安王休仁自上，殷孝祖又至，不敢進，屯軍鵲洲。

時琬遣閻湛之來寇廬江，臺軍主、龍驤將軍段佛榮受命討之。更使佛榮領鐵騎一千，回軍南討。三月三日，水陸攻赭圻，亮等率衆來救，殷孝祖爲流矢所中死，軍主朱輔之、申謙之、張靈符並失利〔九〕，輔之副正員將軍皇甫仲遠、謙之副虎賁中郎將徐稚賓並没。孝祖支軍主范潛率五百人投亮。時東軍已捷，江方興復還虎檻，建安王休仁遣方興、劉靈遺各領三千人助赭圻，以方興領孝祖軍，沈攸之代孝祖爲前鋒都督。沖之謂陶亮曰：「孝祖梟將，一戰便死。天下事定矣，不須復戰，便當直取京都。」亮不從。太宗遣員外散騎侍郎王道隆至赭圻督戰。孝祖死之明日，建安王休仁又遣軍主郭季之馬步三千就攸之，攸之乃率季之及輔國將軍步兵校尉杜幼文、寧朔將軍屯騎校尉垣恭祖、龍驤將軍朱輔之、員外散騎侍郎高遵世、馬軍主龍驤將軍頓生、段佛榮等三萬人，詰旦進戰，奮擊，大破之，斬獲數千，追奔至姥山而反。沖之等於湖、白口築二城，爲軍主張興世所拔。陶亮聞湖、白二城陷没，大懼，急呼沖之還鵲尾，留薛常寶代沖之守赭圻。先於姥山及諸岡分立營砦，亦悉敗還，共保濃湖。濃湖即在鵲尾。

時軍旅大起，國用不足，募民上米二百斛，錢五萬，雜穀五百斛，同賜荒縣除。上米三百斛，錢八萬，雜穀千斛，同賜五品正令史；滿報，若欲署四品在家，亦聽。上米四百斛，錢十二萬，雜穀一千三百斛，同賜四品令史；滿報，若欲署三品在家，亦聽。上米五百斛，錢十五萬，雜穀一千五百斛，同賜三品令史；滿報，若欲署内監在家，亦聽。上米七百斛，錢二十萬，雜穀二千斛，同賜荒郡除；若欲署諸王國三令在家，亦聽。

琬又遣輔國將軍、豫州刺史劉胡率衆三萬，鐵騎二千，來屯鵲尾。胡宿將，屢有戰功，素多狡詐，爲衆推伏，攸之等甚憚之。時胡鄉人蔡那、佼長生、張敬兒各領軍隸攸之在赭圻，胡以書招之，那等並拒絕。胡因要那等共語，陳説平生，那等詰誚，説令歸順。胡回軍入鵲尾，無他權略。輔國將軍吴喜平定三吴，率所領五千人，并運資實，至于赭圻，於戰鳥山築壘，分遣千人，乘輕舸二百，與佼長生爲游軍。

薛常寶糧盡，告胡求援。三月二十九日，胡率步卒一萬，夜斫山開道，以布囊運米，來餉赭圻。平旦至城下，猶隔小塹，未能得入。沈攸之率衆軍攻之，軍主郭季之、荀僧韶、幢主韓欣宗等〔一〇〕，率衆三千，爲攸之勢援。胡發所由橋道，僧韶等接楯行戰，復橋得渡。軍主劉沙彌輕騎深入，至胡麾下，遂見殺。攸之策馬陷陳，回還，爲追騎所刺，馬軍主段佛榮、武保救之得免。並殊死戰，多所傷殺。胡衆大敗，捨糧棄甲，緣山遁走，乘勝追之，斬獲甚衆。胡被瘡，僅得還營。常寶惶懼無計，遣信告胡，欲突圍奔出。四月四日，胡自率數千人迎之，常寶等開城突圍走。攸之率輔國將軍沈懷明、軍主周普孫、江方興、申謙之等諸軍悉力擊之〔一一〕。吴喜率衆來赴，爲胡別軍所圍，甚急。有人來捉喜馬，將蔡保以刀斫之，斷手，然後得免。正員將軍幢主卜伯宗、江夏國侍郎幢主張涣力戰没陳。伯宗，益州刺史天與子也。攸之、喜等苦戰移日，常寶、張繼伯、胡靈秀、焦度等皆被重瘡，走還胡軍。赭圻城陷，斬僞寧朔將軍南陽太守沈懷寶、僞奉朝請領中舍人督戰謝道遇，納降數千。陳紹宗單舸奔西岸，與其部曲俱還鵲尾。建安王休仁自虎檻進據赭圻。劉胡遣陳紹宗、陳慶率輕艓二百，大艦五十，出鵲外挑戰，吴喜、張興世、佼長生等擊之。喜支軍主吴獻之飛舸衝突，所向摧陷，斬獲及投水死甚多，追至鵲裏而還。太宗慮胡等或於步路向京邑，使寧朔將軍、廣德令王蘊千人防魯顯。

時胡等兵衆彊盛，遠近疑惑。太宗欲綏慰人情，遣吏部尚書褚淵至虎檻選用將帥以下，申謙之、杜幼文因此求黄門郎，沈懷明、劉亮求中書郎。建安王休仁即使褚淵擬選，上不許，曰：「忠臣殉國，不謀其報，臨難以干朝典，豈臣下之節邪。」

始安内史王職之、建安内史趙道生、安成太守劉襲，並舉郡奉順〔二二〕。琬遣龍驤將軍廖琰率數千人，并發廬陵白丁攻襲。襲與郡丞檀玢拒戰，大敗，玢臨陳見殺，襲棄郡走，據嶮自守。琰虜掠而退，襲復出據郡。

時齊王率衆東北征討，而齊王世子爲南康贛令，琬遣使收世子，世子腹心蕭欣祖、桓康等數十人，奉世子長子奔竄草澤，召募得百餘人，攻郡出世子。世子自號寧朔將軍，與南康相沈肅之〔二三〕、前南海太守何曇直、晉康太守劉紹祖、北地傅浩、東莞童禽等，據郡起義。琬徵始興相殷孚爲御史中丞，并令率郡人俱下。孚衆盛，世子避之於揭陽山。琬遣武昌戴凱之爲南康相，世子率衆攻之，凱之戰敗遁走。世子遣幢主檀文起千人戍西昌，與襲相應。琬又遣廖琰與其中兵參軍胡昭等築壘於西昌，堅壁相守。琬召豫章太守劉衍以爲右將軍、中護軍，殷孚代爲豫章太守，督上流五郡，以防襲等。

衡陽内史王應之率郡文武五百許人起義兵襲何慧文於長沙，徑至城下。慧文率左右出城與戰，應之勇氣奮發，擊殺數人，遂與慧文交手戰，斫慧文八創，慧文斫應之斷足，遂殺之。時湘東國侍郎虞洽爲太宗督國秩，在湘東，勸太守顔躍發兵應朝廷，躍不從。洽乃投桂陽，收募得數百人，還欲攻躍，躍懼求和，許之。有衆二千。時琬徵慧文率衆下尋陽，發長沙，已行數百里，聞洽起兵，乃回還攻洽，洽尋戰敗奔走。

殷孚既去始興，以郡五官掾譚伯初留知郡事。士人劉嗣祖等斬伯初，據郡起義。琬遣始興太守韋希真、鷹揚將軍楊弘之領衆一千討嗣祖。嗣祖亦遣衆出南康，與齊王世子合。希真等以義徒彊盛，住廬陵不敢進。廣州刺史袁曇遠聞始興起義，遣將李萬周、陳伯紹率衆討嗣祖。嗣祖遣兵戍湞陽〔一四〕，萬周亦築壘相守。嗣祖遣人誑萬周曰：「尋陽已平，臺遣劉勔爲廣州，垂至。」萬周信之，便回還襲番禺，夜以長梯入城，曇遠怯弱無防，聞萬周反，便徒跣出奔，萬周追斬之於城内。交州刺史檀翼被代還至廣州，資貨鉅萬，萬周誣以爲逆，襲而殺之。遂劫掠公私銀帛，藉略袁、檀珍寶，悉以自入。

袁顗悉雍州之衆，來赴尋陽。時孔道存爲衞軍長史，行荆州事。琬以黄門侍郎劉道憲代之，以道存爲侍中，行雍州事。柳元景之誅也，元景弟子世隆爲上庸太守，民吏共藏匿之。顗起兵，召世隆，不至。顗既下，世隆乃合率蠻、宋二千餘人，起義於上庸，來襲襄陽。道存遣將五式民、康元隆等迎擊於萬山，世隆大敗，還郡自守。

沈攸之等與劉胡相持久不決，上又遣彊弩將軍任農夫、振武將軍武會倉、冗從僕射全景文、軍主劉伯符等領兵繼至。攸之繕治船舸，材板不周，計無所出。會琬送五千片榜供胡軍用，俄而風潮奔迅，榜捍突栅出江，胡等力不能制，自檣船艦，殺没數十人，赴流而下，來泊攸之等營，於是材板大足。

琬進袁顗都督征討諸軍事，給鼓吹一部。六月十八日，顗率樓船千艘，來入鵲尾，張興世建議越鵲尾上據錢溪，斷其糧道。胡累攻之，不能剋，事在興世傳。劉亮率所領至胡砦下，胡遣其副孫屖及張靈、焦度鐵騎五匹，越磵取亮，不能得，屖回馬去，亮使左右善射者夾射之，墮馬，斬屖首。張繼伯副馬可率所領來降。劉亮營砦，深入賊地，袁顗畏憚之，曰：「賊入我肝臟裏，何由得活。」劉胡率輕舸四百，由鵲頭内路，欲攻錢溪。既而謂其長史王念叔曰：「吾少習步戰，未閑水鬭。若步戰，恒在數萬人中，水戰在一舸之上，舸舸各進，不復相關，正在三十人中取，此非萬全之計，吾不爲也。」乃託瘧疾，住鵲頭不進。遣龍驤將軍陳慶領三百舸向錢溪，戒慶不須戰：「張興世、武會倉，吾之所悉，自當走耳。」陳慶至錢溪，不敢攻〔一五〕。越錢溪，於梅根立砦。胡別遣將王起領百舸攻興世，興世擊大破之。胡率其餘舸馳還，謂顗曰：「興世營砦已立，不可卒攻，昨日小戰，未足爲損。陳慶已與南陵、大雷諸軍兵遏其上〔一六〕，大軍在此，鵲頭諸將又斷其下流，已墮圍中，不足復慮。」顗怒胡不戰，謂曰：「糧運梗塞，當如此何？」胡曰：「彼尚得泝流越我而上，此運何以不得沿流越彼而下邪。」顗更使胡率步卒二萬，鐵馬一千，往攻興世。休仁因此命沈攸之、吳喜、佼長生、劉靈遺、劉伯符等進攻濃湖，造皮艦十乘，拔其營柵，苦戰移日，大破之。顗被攻既急，馳信召胡令還。

張興世既據錢溪，江路阻斷，胡軍乏食，琬大送資糧，畏興世不敢下。胡遣將迎之，爲錢溪所破，資實覆没都盡，燒米三十萬斛，胡衆駭懼。胡副張喜來降，説胡欲叛。八月二十四日，胡誑顗云：「更率步騎二萬，上取興世，兼下大雷餘餫。」令顗悉度馬配之，其夜委顗奔走〔一七〕，徑趣梅根。先令薛常寶辦船舸，悉撥南陵諸軍，燒大雷諸城而走。顗聞胡走，亦棄衆西奔，至青林見殺。

胡率數百舸二萬人向尋陽，報子勛詐云：「袁顗已降，軍皆散，唯己率所領獨反。宜速處分，爲一戰之資，當停據湓城，誓死不貳。」乃於江外夜取沔口。琬聞胡去，惶擾無復計，呼諸靈嗣等謀之，並不知所出，唯云更集兵力，加賞五階，或云三階者。張悦始發兄子浩喪，乃稱疾呼琬計事，令左右伏甲帳後，戒之：「若聞索酒，便出。」琬既至，悦曰：「卿首唱此謀，今事已急，計將安出？」琬曰：「正當斬晉安王，封府庫，以謝罪耳。」悦曰：「今日寧可賣殿下求活邪。」因呼求酒，再呼，左右震慴不能應。第二子洵提刀走出〔一八〕，餘人續至，即斬琬。琬死時，年六十。時中護軍劉衍在座〔一九〕，驚起抱悦，左右人欲殺之，悦顧曰：「無關護軍。」乃止。

潘欣之聞琬死，勒兵而至，悦使人語之曰：「鄧琬謀反，即已梟戮。」欣之乃回還，取琬兒並殺之。悦因單舸齎琬首馳下，詣建安王休仁降〔二〇〕。蔡那子道淵，以父爲太宗効力，被繫作部，因亂脱鏁入城，執子勛囚之。沈攸之諸軍至江州，斬子勛於桑尾牙下，傳首京都。劉衍及餘同逆，並伏誅。吴喜、張興世進向荆州，沈懷明向郢州，劉亮、張敬兒向雍州，孫超之向湘州，沈思仁、任農夫向豫章，所至皆平定。

劉胡走入沔，衆稍散，比至石城，裁餘數騎。竟陵郡丞陳懷真，憲子也，聞胡經過，率數十人斷道邀之。胡人馬既疲，自度不免，因隨懷真入城，告渴，與之酒，胡飲酒畢，引佩刀自刺，不死，斬首送京邑。張興世弟僧産追胡〔二一〕，未至石城數十里，逢送胡首信，將還竟陵，殺懷真，竊有其功。郢州行事張沈、僞竟陵太守丘景先聞敗，變形爲沙門逃走，追擒伏誅。

荆州聞濃湖平，議欲更遣軍與郢州合勢，又欲斷據巴陵，經日不決。乃遣將趙道始於江津築壘，任演戍沙橋，諸門津要，皆有屯兵。人情轉離，將士漸逃散。更議奉子項奔益州，就蕭惠開，典籤阮道預、邵宰不同，曰：「近奉别詔，諸藩若改迷歸順者，悉復本爵。且任叔兒已斷白帝，楊僧嗣據梁州，雖復欲西，豈可得至。」道預、邵宰即與劉道憲解遣白丁，遣使歸罪。荆州治中宗景、土人姚儉等勒兵入城，殺道憲、道預、記室參軍鮑照〔三三〕，劫掠府庫，無復孑遺，執子項以降。

初，鄧琬徵兵巴東，巴東太守羅寶稱辭以郡接凶蠻，兵力不足分。巴東人任叔兒聚徒起義，遣信要寶稱，寶稱持疑未決，暴疾死。叔兒乃自號輔國將軍，引兵據白帝，殺寶稱二子，阻守三陜。蕭惠開遣費欣壽等五千人攻叔兒，叔兒與戰，大破之，斬欣壽。子頊又遣中兵參軍何康之領宜都太守，討叔兒。軍至陜口，爲夷帥向子通所破，挺身走還。叔兒遂固白帝。

孔道存知尋陽已平，遣使歸順。尋聞柳世隆、劉亮當至，衆悉奔逃，道存及三子同時自殺。何慧文始謀同逆，其母禁之不從，母乃携女歸江陵，遽嫁之。慧文才兼將吏，榦略有施，雖害王應之，上特加原宥，吴喜宣旨赦之。慧文曰：「既陷逆節，手害忠義，天網雖復恢恢，何面目以見天下之士。」和藥將飲，門生覆之，乃不食而死。

顔躍慮虞洽還都，説其始時同逆，密使人殺之。

初，淮南定陵人賈襲宗本縣已爲劉胡所得，率二十人投沈攸之。攸之言之建安王休仁，休仁版爲司徒參軍督護，使還鄉里招集，爲胡所禽，以火炙之，問臺軍消息，一無所言，瞋目謂胡曰：「君稱兵内侮，窺覦神器，未聞奇謀遠略，而爲炮烙之刑。僕本以身奉義，死亦何有。」胡乃斬之。前軍典籤范道興志不同逆，爲琬所誅，其餘奉順見害者，並爲上所愍。詔曰：「前鎮軍參軍督護范道興，朕之舊隷，經從北藩，徒役南畿，遭離命會，抱恩固節，受害羣凶，言念純誠，良有惻愴。可贈員外散騎侍郎。南城令鮑法度、後軍典籤馮次民、永新令應生、新建令庫延寶、上饒令黄難等，違逆識順，同被誅滅，言念既往，宜在追榮。可贈生奉朝請，法度南臺御史，次民、延寶、難並員外將軍。」

有司奏：「寧朔將軍、督豫州之梁郡諸軍事、豫州刺史、領南梁郡太守竟陵張興世，都統水軍，屢戰剋捷，仍進斷賊上流錢溪，貴口苦戰，平定凶逆，今封南平郡作唐縣開國侯，食邑一千户。寧朔將軍、參司徒中直兵軍事廣平佼長生，同統水軍屢戰，及興世上據錢溪，長生獨距賊衝要，功次興世，今封武陵郡遷陵縣開國侯，食邑八百户。寧朔將軍試守西陽太守吴興全景文〔三三〕、尚書比部郎吴縣孫超之、假輔國將軍右衞將軍南彭城劉亮等三人，並經晉陵苦戰，景文、超之仍又北討破釜，水軍斷賊糧運，及經葛冢、石梁二處破賊，亮南伐經大戰，又最處險劇，景文今封西陽郡孝寧縣，超之封長沙郡羅縣，亮封順陽縣，並開國侯，食邑各六百户。假輔國將軍驃騎司馬劉靈遺、寧朔將軍右軍蔡那、寧朔將軍屯騎校尉段佛榮等三人，統治攻道，並經苦戰，靈遺今封新野郡新野縣，那封始平郡平陽縣，佛榮封湘東郡臨蒸縣，並開國伯，食邑各五百户。假輔國將軍左軍吴興沈懷明、龍驤將軍積射將軍東平周盤龍、司徒參軍南彭城李安民等三人，懷明經晉陵破賊，又水軍南伐，統治攻道，盤龍雖不統軍，並經大戰，先登陷陳，安民又隨張興世遏斷錢溪，別統軍貴口破賊，今封懷明建安郡吴興縣，盤龍封晉安郡晉安縣，安民封建安郡邵武縣，並開國子，食邑各四百户。假輔國將軍游擊將軍彭城杜幼文、龍驤將軍羽林監太原王穆之、龍驤將軍羽林監濟北頓生、龍驤將軍羽林監沛郡周普孫、員外散騎侍郎朱重恩等五人，幼文經晉陵破賊，在軍統攻道，南伐濃湖，普孫副沈攸之都統衆軍，穆之、生、重恩並南伐有功，今封幼文邵陵郡邵陽縣，穆之封衡陽郡衡山縣，生封始平郡武功縣，普孫封順陽郡清水縣，重恩封南海郡龍川縣，並開國男，食邑各三百户。」

江方興以戰功爲太子左衛率，賊未平，病卒，追封武當縣侯，食邑五百户。方興，濟陽考城人，衣冠之舊也。龍驤將軍、虎賁中郎將董凱之，隨張興世破胡、白城，先登，封河隆縣子，食邑四百户。軍主張靈符，東南征討有功，封上饒縣男，食邑三百户。前征北長兼行參軍楊覆，以貴口有功，封綏城縣男，食邑二百户。追贈虞洽、檀玢給事中。以李萬周爲步兵校尉。陳懷真以斬劉胡功，追封永豐縣男，食邑三百户。

劉胡，南陽涅陽人也，本名坳胡，以其顔面坳黑似胡，故以爲名。及長，以坳胡難道，單呼爲胡。出身郡將，捷口，善處分，稍至隊主，討伐諸蠻，往無不捷，蠻甚畏憚之。太祖元嘉二十八年，爲振威將軍，率步騎三千，討上如南山就溪蠻，大破之。孝建元年，朱脩之爲雍州，以胡爲平西外兵參軍、寧朔將軍、建昌太守〔二四〕。擊魯秀有功，除建武將軍、東平陽平二郡太守。入爲江夏王義恭太宰參軍，加龍驤將軍。前廢帝景和中，建安王休仁嘗爲雍州，以胡爲休仁安西中兵參軍、馮翊太守，將軍如故，仍轉諮議參軍。太宗即位，除越騎校尉。蠻至今畏之〔二五〕，小兒啼，語之云「劉胡來！」便止。

段佛榮，京兆人也。泰始五年，自游擊將軍爲輔師將軍、豫州刺史，莅任清謹，爲西土所安。後廢帝元徽二年，徵爲散騎常侍，領長水校尉。明年，遷衞尉，領右軍將軍，未拜，復出爲冠軍將軍、南豫州刺史、歷陽太守。四年，卒，追贈前將軍，改封雲杜縣，謚曰烈侯。

劉靈遺，襄陽人也。元徽元年，自輔師將軍、淮南太守，爲南豫州刺史、歷陽太守，將軍如故。明年，徵爲散騎常侍，領步兵校尉、南蘭陵太守。病卒，謚曰壯侯。

袁顗字景章〔二六〕，陳郡陽夏人，太尉淑兄子也。父洵，吴郡太守。

顗初爲豫州主簿，舉秀才，不行。後補始興王濬後軍行參軍，著作佐郎，廬陵王紹南中郎主簿，世祖征虜、撫軍主簿，廬江太守，尚書都官郎，江夏王義恭驃騎記室參軍，汝陰王文學，太子洗馬。時顗父爲吴郡，顗隨父在官。值元凶弑立，安東將軍隨王誕舉兵入討，板顗爲諮議參軍。事寧，除正員郎，晉陵太守。遭父憂，服闋，爲中書侍郎，又除晉陵太守，襲南昌縣五等子。大明二年，除東海王禕平南司馬、尋陽太守，行江州事。復爲義陽王昶前軍司馬，太守如故。昶尋罷府，司馬職解，加寧朔將軍，改太守爲内史。復爲尋陽王子房冠軍司馬，將軍如故，行淮南、宣城二郡事。五年，召爲太子中庶子，御史中丞，領本州大中正。七年，遷侍中。明年，除晉安王子勛鎮軍長史、襄陽太守，加輔國將軍。未行，復爲永嘉王子仁左軍長史、廣陵太守，將軍如故。未拜，復爲侍中，領前軍將軍。

大明末，新安王子鸞以母嬖有盛寵，太子在東宮多過失，上微有廢太子立子鸞之意，從容頗言之。顗盛稱太子好學，有日新之美。世祖又以沈慶之才用不多，言論頗相蚩毀，顗又陳慶之忠勤有幹略，堪當重任。由是前廢帝深感顗，慶之亦懷其德。景和元年，誅羣公，欲引進顗，任以朝政，遷爲吏部尚書。又下詔曰：「宗社多故，釁因冢司，景命未淪，神祚再乂，自非忠謀密契，豈伊剋殄。侍中祭酒〔二七〕、領前軍將軍、新除吏部尚書顗，游擊將軍、領著作郎、兼尚書左丞徐爰，誠心内款，參聞嘉策，匡贊之効，寔監朕懷。宜甄茅社，以獎義概。顗可封新淦縣子〔二八〕，爰可封吳平縣子，食邑各五百户。」俄而意趣乖異，寵待頓衰。始令顗與沈慶之、徐爰參知選事，尋復反以爲罪，使有司糾奏，坐白衣領職。從幸湖熟，往反數日，不被喚召。

顗慮及禍，詭辭求出，沈慶之爲顗固陳，乃見許。除建安王休仁安西長史、襄陽太守，加冠軍將軍。休仁不行，即以顗爲使持節、督雍梁南北秦四州郢州之竟陵隨二郡諸軍事、領寧蠻校尉、雍州刺史，將軍如故。顗舅蔡興宗謂之曰：「襄陽星惡，豈可冒邪？」顗曰：「白刃交前，不救流矢，事有緩急故也。今者之行，本願生出虎口。且天道遼遠，何必皆驗，如其有徵，當脩德以禳之耳。」於是狼狽上路，恒慮見追，行至尋陽，喜曰：「今始免矣。」與鄧琬款狎相過，常請閒，必盡日窮夜。顗與琬人地本殊，衆知其有異志矣。

既至襄陽，便與劉胡繕脩兵械，纂集士卒。會太宗定大事，進顗號右將軍。以荆州典籤邵宰乘驛還江陵，道由襄陽。顗反意已定，而糧仗未足，且欲奉表於太宗。顗子祕書丞戩曰：「一奉表疏，便爲彼臣，以臣伐君，於義不可。」顗從之。顗詐云被太皇太后令，使其起兵。便建牙馳檄，奉表勸晉安王子勛即大位，與琬書，使勿解甲。子勛即位，進顗號安北將軍，加尚書左僕射。

太宗使朝士與顗書曰：

夫夷陂相因，興革遞數，或多難而固其國，或殷憂而啓聖明，此既著於前史，亦彰於聞見。王室不造，昏凶肆虐，神鼎將淪，宗稷幾泯，幸天未亡宋，乾曆有歸。主上體自聖文，繼明作睿，而辱均牖里，屯踰夏臺。既天地俱憤，義勇同奮，剋殄鯨鯢，三靈更造，應天順民，爰集寶命，四海屬息肩之歡，華戎見來蘇之泰。吾等獲免刀鋸，僅全首領，復身奉惟新，命承亨運，緩帶談笑，擊壤聖世。

汝雖劬勞于外，跡阻京師，然心期所寄，江、漢何遠。自九江告變，皆謂鄧氏狂惑，比日國言藉藉，頗塵吾子。道路之議，豈其或然，聞此之日，能無駭惋。

凶人反道敗德，日夜滋深，昵近狡慝，取謀豺虎，非惟毒流外物，惡積中朝，乃欲毀陵邑，虐崇憲，燒宗廟，鹵御物，然後蕩覆京都，必使蘭蕕俱盡。自非聖上廟筭靈圖，俛眉遜避，維持内外，擁衛臣下，則赤縣爲戎，百姓其魚矣。此事此理，寧可孰念。

既天道輔順，謳歌有奉，高祖之孫，文皇之子，德洞九幽，功貫三曜〔二九〕，匡拯家國，提鯨黔首，若不子民南面，將使神器何歸。而羣下搆慝〔三〇〕，妄生窺覬，成軫惑燕，貫高亂趙，讒人罔極，自古有之。汝中京冠冕，儒雅世襲，多見前載，縣鑒忠邪，何遺郎中之清軌，近忘太尉之純概。相與，或羣從舅甥〔三一〕，或姻婭周款，一旦胡、越，能無悵恨。若疑誑所至，邪詖無窮，汝當誓衆奮戈，翦此朝食。若自延過聽，迷塗未遠，聖上臨物以仁，接下以愛，豈直雍齒先封，乃當射鈎見相矣。當由力窘跡屈，丹誠未亮邪。跂予南服，寤寐延首，若反棹沿流，歸誠鳳闕，錫珪開寓，非爾而誰。吾等並過荷曲慈，俱叨非服，紆金拖玉，改觀蓬門，入奉舜、禹之渥，出見羲、唐之化，雍容揄揚，信白駒空谷之時也。奈何毁擲先基，自蹈凶戾，山門蕭瑟，松庭誰掃，言念楚路，豈不思父母之邦。幸納惡石，以蠲美疹。裁書表意，爾其圖之。

時尚書右僕射蔡興宗是顗舅，領軍將軍袁粲是顗從父弟，故書云羣從舅甥也。子勛徵顗下尋陽，遣侍中孔道存行雍州事，顗乃率衆馳下，使子戩領家累俱還。時劉胡屯鵲尾，久不決。泰始二年夏，加顗都督征討諸軍事，給鼓吹一部，率樓船千艘，戰士二萬，來入鵲尾。顗本無將略，性又怯橈，在軍中未嘗戎服，語不及戰陳，唯賦詩談義而已。不能撫接諸將，劉胡每論事，酬對甚簡，由此大失人情，胡常切齒恚恨。胡以南軍未至〔三二〕，軍士匱乏，就顗換襄陽之資，顗答曰：「都下兩宅未成，亦應經理，不可損徹。」又信往來之言，京師米貴，斗至數百，以爲不勞攻伐，行自離散，於是擁甲以待之。太宗使顗舊門生徐碩奉手詔譬顗曰：「卿歷觀古今，嶮之與彊，何嘗可恃。自朕踐阼，塗路梗塞，卿無由奉表，未經爲臣。今追蹤竇融，猶未爲晚也。」

及劉胡叛走，不告顗，顗至夜方知，大怒罵曰：「今年爲小子所誤！」呼取飛鸞，謂其衆曰：「我當自出追之。」因又遁走。至鵲頭，與戍主薛伯珍及其所領數千人步取青林，欲向尋陽。夜止山間宿，殺馬勞將士，顗顧謂伯珍曰：「我舉八州以謀王室，未一戰而散，豈非天邪。非不能死，豈欲草間求活，望一至尋陽，謝罪主上，然後自刎耳。」因慷慨叱左右索節，無復應者。及旦，伯珍請以間言，乃斬顗首詣錢溪馬軍主襄陽俞湛之，湛之因斬伯珍，併送首以爲己功。顗死時年四十七。太宗忿顗違叛，流尸於江，弟子彖微服求訪，四十一日乃得，密致喪瘞於石頭後岡，與一舊奴，躬共負土。後廢帝即位，方得改葬。

顗子戩爲僞黃門侍郎，加輔國將軍，戍盆城。尋陽敗，戩棄城走，討禽伏誅。

孔覬字思遠，會稽山陰人，太常琳之孫也。父邈，揚州治中。

覬少骨梗有風力，以是非爲己任。口吃，好讀書，早知名。初舉揚州秀才，補主簿，長沙王義欣鎮軍功曹，衡陽王義季安西主簿，户曹參軍，領南義陽太守，轉署記室，奉牋固辭，曰：「記室之局，實惟華要，自非文行秀敏，莫或居之。覬遂業之舉，無聞於鄉部；惰遊之貶，有編於疲農。直山淵藏引，用不遐棄，故得抃風儛潤，憑附彌年。今日之命，非所敢冒。昔之學優藝富，猶尚斯難，況覬能薄質魯，亦何容易。覬聞居方辨物，君人所以官才；陳力就列，自下所以奉上。覬雖不敏，常服斯言。今寵藉惟舊，舉非尚德，恐無以提衡一隅，僉允視聽者也。伏願天明照其心請，乞改今局，授以閑曹，則鳧鶴從方，所憂去矣。」又曰：「夫以記室之要，宜須通才敏思〔三三〕，加性情勤密者。覬學不綜貫，性又疏惰，何可以屬知祕記，秉筆文闈〔三四〕。假吹之尤，方斯非濫。覬少淪常檢，本無遠植，榮進之願，何能忘懷。若實有螢爝，增暉光景，固其騰聲之日，飛藻之辰也，豈敢自求從容，保其淡逸。伏願矜其魯拙，業之有地，則曲成之施，終始優渥。」義季不能奪，遂得免。召爲通直郎，太子中舍人，建平王友，祕書丞，中書侍郎，隨王誕安東諮議參軍，領記室，黄門侍郎，建平王宏中軍長史。復爲黄門，臨海太守。

初，晉世散騎常侍選望甚重，與侍中不異，其後職任閑散，用人漸輕。孝建三年，世祖欲重其選，詔曰：「散騎職爲近侍，事居規納，置任之本，實惟親要，而頃選常侍，陵遲未允，宜簡授時良，永寘清轍。」於是吏部尚書顏竣奏曰：「常侍華選，職任俟才，新除臨海太守孔覬意業閑素，司徒左長史王彧懷尚清理〔三五〕，並任爲散騎常侍。」世祖不欲威權在下，其後分吏部尚書置二人，以輕其任。侍中蔡興宗謂人曰：「選曹要重，常侍閑淡，改之以名而不以實，雖主意欲爲輕重，人心豈可變邪。」既而常侍之選復卑，選部之貴不異。

覬領本州大中正。大明元年，改太子中庶子，領翊軍校尉，轉祕書監。欲以爲吏部郎，不果。遷廷尉卿，御史中丞，坐鞭令史，爲有司所糾，原不問。六年，除義興太守，未之任，爲尋陽王子房冠軍長史，加寧朔將軍，行淮南、宣城二郡事。其年，復除安陸王子綏冠軍長史、江夏內史，復隨府轉後軍長史，內史如故〔三六〕。

爲人使酒仗氣，每醉輒彌日不醒，僚類之間，多所凌忽，尤不能曲意權幸，莫不畏而疾之。不治產業，居常貧罄，無有豐約，未嘗關懷〔三七〕。爲二府長史，典籤諮事，不呼不敢前，不令去不敢去。雖醉日居多，而明曉政事，醒時判決，未嘗有壅。衆咸云：「孔公一月二十九日醉，勝他人二十九日醒也。」世祖每欲引見，先遣人覘其醉醒。性真素，不尚矯飾，遇得寶玩，服用不疑，而他物麤敗，終不改易。時吴郡顧覬之亦尚儉素，衣裘器服，皆擇其陋者。宋世言清約，稱此二人。覬弟道存，從弟徽，頗營産業。二弟請假東還，覬出渚迎之，輜重十餘船，皆是綿絹紙席之屬。覬見之，僞喜，謂曰：「我比困乏，得此甚要。」因命上置岸側，既而正色謂道存等曰：「汝輩忝預士流，何至還東作賈客邪！」命左右取火燒之，燒盡乃去。先是庾徽之爲御史中丞，性豪麗，服玩甚華，覬代之〔三八〕，衣冠器用，莫不麤率。蘭臺令史並三吴富人，咸有輕之之意，覬蓬首緩帶，風皃清嚴，皆重迹屏氣，莫敢欺犯。庾徽之字景猷，潁川鄢陵人也。自中丞出爲新安王子鸞北中郎長史、南東海太守，卒官。

八年，覬自郢州行真，徵爲右衛將軍，未拜，徙司徒左長史，道存代覬爲後軍長史、江夏内史。時東土大旱，都邑米貴，一斗將百錢。道存慮覬甚乏，遣吏載五百斛米餉之。覬呼吏謂之曰：「我在彼三載，去官之日，不辦有路糧。二郎至彼未幾，那能便得此米邪。可載米還彼。」吏曰：「自古以來，無有載米上水者，都下米貴，乞於此貨之。」不聽，吏乃載米而去。永光元年，遷侍中，未拜，復爲江夏王義恭太宰長史，復出爲尋陽王子房右軍長史，加輔國將軍，行會稽郡事。

太宗即位，召覬爲太子詹事，遣故佐平西司馬庾業爲右軍司馬，代覬行會稽郡事。時上流反叛，上遣都水使者孔璪入東慰勞。璪至，説覬以：「廢帝侈費，倉儲耗盡，都下罄匱，資用已竭。今南北並起，遠近離叛，若擁五郡之鋭，招動三吴，事無不克。」覬然其言，遂發兵馳檄。覬子長公、璪二子淹、玄並在都，馳信密報。泰始二年正月，並叛逃東歸。遣書要吴郡太守顧琛，琛以母年篤老，又密邇京邑，與長子寶素謀議，未判〔三九〕。少子寶先時爲山陰令，馳書報琛，以南師已近，朝廷孤弱，不時順從，必有覆滅之禍。覬前鋒軍已渡浙江，琛遂據郡同反。吴興太守王曇生、義興太守劉延熙、晉陵太守袁標，一時響應。庾業既東，太宗即以代延熙爲義興，加建威將軍，以延熙爲巴陵王休若鎮東長史。業至長塘湖〔四〇〕，即與延熙合。

太宗遣建威將軍沈懷明東討，尚書張永係進，鎮東將軍巴陵王休若董統東討諸軍事。移檄東土曰：

蓋聞釁集有兆，禍至無門，倚伏之來，實惟人致。故嚚、述貪亂，終殄宗祀；昌、憲構氛，旋潤斧鉞。斯則昭章記牒，炯戒今古者也。

自國步時艱，三綱道盡，神歇靈繹，瓚業綴旒。皇上仁雄集瑞，英叡應歷，鳳儀熛昇，龍煇電舉。盪穢紫樞，不俟鳴條之誓；凝政中寓，不肆漂杵之威。是以墜維再造，虧天重構，幽明裁紀，標配斯光。而羣凶恣虐，協扇童孺，蕞爾東垂，復淪醜迹，邪回從慝，蜂動蟻附。聖圖霆發，神威四臨，羽馹所届，義旅雲屬，欃鉞所麾，逆徒冰泮，勝負之效，皎然已顯。

司徒建安王英猷冠世，董率元戎。驃騎山陽王風略夙昭，撫厲中陳。或振霜江、蠡，或騰焱荆、河，金甲燭天庭，囂聲震海浦。前將軍、吴興太守張永，東南標秀，協贊戎機。建威將軍沈懷明、鎮東中兵參軍劉亮、武衛將軍壽寂之，霜鋭五千，熊騰虎步。龍驤將軍王穆之、龍驤將軍頓生，鐵騎連羣，風驅雷邁。右軍將軍齊王、射聲校尉姚道和，樓艦千艘，覆川蓋汜。左軍垣恭祖、步兵校尉杜幼文、冗從僕射全景文、員外散騎侍郎孫超之，並率虎旅，駱驛雲赴。殿中將軍杜敬真、殿中將軍陸攸之、建武將軍吴喜，甲楯一萬，分趣義興。予猥承人乏，總司戎統，聳劍東馳，申憤海曲。歕氣則白日盡晦，刷馬則清江倒流。以此伐叛，何勍不勦，以此柔服，何順不懷。愍彼羣迷，弗辨堯、桀，螳黽微命，擬雷霆之衝，已枯之葉，當霜飆之隊，尺豎所爲寒心，匹婦所爲歎息。夫因禍提慶，資敗爲成，前監不忘，後事明筮。若能相率歸順，投兵効款，則福鍾當年，祉覃來裔，孰如身轘宗屠，鬼餧魂泣者哉。詳鏡安危，自求多福。

購生禽覬千五百户開國縣侯。生擒琛千户開國縣侯。斬送者半賞。時將士多是東人，父兄子弟皆已附逆，上因送軍普加宣示曰：「朕方務德簡刑，使四罪不相及，助順同逆者，一以所從爲斷。卿等當深達此懷，勿以親戚爲慮也。」衆於是大悦。

覬所遣孫曇瓘等軍，頓晉陵九里，部陳甚盛。懷明至奔牛，所領寡弱，乃築壘自固。張永至曲阿，未知懷明安否，百姓驚擾，將士咸欲離散，永退還延陵，就休若。諸將帥咸勸退保破岡。其日大寒，風雪甚猛，塘埭決壞，衆無固心。休若宣令：「敢有言退者斬。」衆小定，乃築壘息甲。尋得懷明書，賊定未進。軍主劉亮又繼至，兵力轉加，人情乃安。

時永世令孔景宣復反，柵縣西江峴山，斷遏津徑，劉延熙加其寧朔將軍。杜敬真、陸攸之、溧陽令劉休文攻景宣別砦，斬其中兵參軍史覽之等十五人。永世人徐崇之率鄉里起義，攻縣斬景宣，吳喜至，板崇之領縣事。太宗嘉休文等誠效，除休文寧朔將軍，縣如故，崇之殿中將軍，行永世縣事，並賜侯爵。喜、敬真及員外散騎侍郎竺超之等至國山縣界，遇東軍於虎檻村，擊大破之，自國山進吳城，去義興十五里。劉延熙遣楊玄、孫矯之、沈靈秀、黄泰四軍拒喜。喜等兵力甚弱，衆寡勢懸，交戰盡日，臨陳斬楊玄、孫矯之、黄泰〔四二〕，餘衆一時奔走，因進義興南郭外。延熙屯軍南射堂，喜遣步騎擊之，即退還水北，乃柵斷長橋，保郡自守。喜築壘與之相持。庾業於長塘湖口夾岸築城，有衆七千餘人，器甲甚盛，與延熙遥相掎角。沈懷明、張永與晉陵軍相持，久不決。

太宗每遣軍，輒多所求須，不時上道。外監朱幼舉司徒參軍督護任農夫，驍果有膽力，性又簡率，資給甚易，乃以千人配之，使助東討。時庾業兵盛，農夫於延陵出長塘，雖云千兵，至者裁四百。未至數十里，遣人參候，云：「賊築城猶未合。」農夫率廣武將軍高志之、永興令徐崇之馳往攻之〔四二〕。因其城壘未立，農夫親持刀楯，赴城入陳，大破之，庾業棄城走義興。先是，龍驤將軍阮佃夫募得蜀人數百，多壯勇便戰，皆著犀皮鎧，執短兵。本應就佃夫向晉陵，未發，會農夫須人，分以配之。及戰，每先登，東人並畏憚，又怪其形飾殊異，舊傳狐獠食人，每見之輒奔走。農夫收其船杖，與高志之進義興援吳喜。二月一日，喜乃度水攻郡，分兵擊諸壘柵。農夫雖至，衆力尚少，兵勢不敵。喜乃與數騎登高東西指麾，若招引四面俱進者。東軍大駭，諸營一時奔散，唯龍驤將軍孔叡一柵未拔。喜以殺傷者多，乃開圍緩之。其夜，庾業、孔叡相率奔走，義興平。劉延熙投水死，有人告之，乃斬尸，傳首京邑。義興諸縣唯綏安令巢邃秉節不移，不受僞爵。

時齊王率軍東討，與張永、劉亮、杜幼文〔四三〕、沈懷明等於晉陵九里西結營，與東軍相持。義興軍既爲吳喜等所破，奔散者多投晉陵，東軍震恐。上又遣積射將軍江方興、南臺御史王道隆至晉陵視賊形勢。賊帥孫曇瓘、程捍宗、陳景遠凡有五城，互相連帶。捍宗城猶未固。其月三日，道隆與齊王、張永共議：「捍宗城既未立，可以籍手。上副聖旨，下成衆氣。」道隆便率所領急攻之，俄頃城陷，斬捍宗首。劉亮果勁便刀楯，朝士先不相悉，上亦弗聞，唯尚書左丞徐爰知之，白太宗稱其驍敢，至是每戰以刀楯直盪，往輒陷決，張永嫌其過鋭，不令居前。賊連栅周亘，塘道迫狹，將士力不得展，亮乃負楯而進，直入重栅，衆軍因之，即皆摧破。袁標遣千人繼至，齊王與永等乘勝馳擊，又大破之，屠其兩城。曇瓘率衆數百，鼓譟而至，標又遣千人繼之，衆軍駭懼，將欲散矣，江方興率勇士迎射之，應弦倒者相繼，曇瓘因此敗走。

吴喜軍至義鄉，僞輔國將軍、車騎司馬孔璪屯吴興南亭，太守王曇生詣璪計事〔四四〕，會信還，云：「臺軍已近。」璪大懼，墮牀，曰：「懸賞所購，唯我而已，今不遽走，將爲人禽。」左右聞之，並各散走。璪與曇生焚燒倉庫，東奔錢塘。喜至吴興，頓置郡城〔四五〕，倉廩遇雨不然，無所損失。初，曇生遣寧朔將軍沈靈寵率八千人向黄鵠嶠，欲從候道出蕪湖〔四六〕，迎接南軍。廣德令王藴發兵據嶮，靈寵不得進，屯住故鄣。曇生既走，靈寵乃與弟靈昭、軍副姚天覆率偏裨以下十七軍歸順。太宗嘉之，擢爲鎮東參軍事，因率所領東討。喜分遣軍主沈思仁、吴係公追躡璪等。

陸攸之、任農夫自東遷進向吴郡，臺遣軍主張靈符即晉陵。其月四日，齊王急攻之，其夜，孫曇瓘、陳景遠一時奔潰。諸軍至晉陵，袁標棄郡東走。晉陵既平，吴中震動，吴興軍又將至，顧琛與子寶素攜其老母泛海奔會稽，海鹽令王孚邀討不及。

太宗以四郡平定，留吴喜統全景文、沈懷明、劉亮、孫超之、壽寂之等東平會稽，追齊王、張永、姚道和、杜幼文、垣恭祖、張靈符北討，王穆之、頓生、江方興南伐。

其月九日，喜等至錢唐，錢唐令顧昱及孔璪、王曇生等奔渡江東。喜仍進軍柳浦，諸暨令傅琰將家歸順。喜遣鎮北參軍沈思仁、彊弩將軍任農夫、龍驤將軍高志之、南臺御史阮佃夫、揚武將軍盧僧澤等率軍向黄山浦。東軍據岸結砦，農夫等攻破之，乘風舉帆，直趣定山，破其大帥孫會之，於陳斬首。自定山進向漁浦，戍主孔叡率千餘人據壘拒戰。佃夫使隊主闞法炬射殺樓上弩手，叡衆驚駭，思仁縱兵攻之，斬其軍主孔奴，於是敗散。其月十九日，吴喜使劉亮由鹽官海渡，直指同浦，壽寂之濟自漁浦，邪趣永興，喜自柳浦渡，趣西陵。西陵諸軍皆悉散潰，斬庾業、顧法直、吴恭，傳首京都。東軍主卜道濟、督戰許天賜請降。庾業，新野人也。父彦達，以幹局爲太祖所知，爲益州刺史。世祖世，官至豫章太守，太常卿。劉亮、全景文、孫超之進次永興同市，遇覬所遣陸孝伯、孔豫兩軍，與戰破之，斬孝伯、豫首。

會稽聞西軍稍近，將士多奔亡，覬不能復制。二十日，上虞令王晏起兵攻郡，覬以東西交逼，憂遽不知所爲。其夕，率千餘人聲云東討，實趣石濶，先已具船海浦，值潮涸不得去〔四七〕，衆叛都盡，門生載以小船，竄于嵴山村。僞車騎從事中郎張綏先遣人於錢唐詣喜歸誠，及覬走，綏閉封倉庫，以待王師。二十一日，晏至郡，入自北門，囚綏付作部，其夜殺之。執尋陽王子房於别署，縱兵大掠，府庫空盡。若邪村民録送僞龍驤將軍、車騎中兵參軍軍主孔叡〔四八〕，將斬之，叡曰：「吾年已過立，未霑官伍，蒙知己之顧，以身許之，今日就死，亦何所恨。」含笑就戮。孔璪叛投門生陸林夫，林夫斬首送之。二十二日，嵴山民縛覬送詣晏，晏謂之曰：「此事孔璪之爲〔四九〕，無豫卿事。可作首辭，當相爲申上。」覬曰：「江東處分，莫不由身，委罪求活，便是君輩行意耳。」晏乃斬之東閤外，臨死求酒，曰：「此是平生所好。」時年五十一。顧琛、王曇生、袁標等並詣喜歸罪，喜皆宥之。琛子寶素與父相失，自縊死。東軍主凡七十六人，於陣斬十七人，其餘皆原宥。初遣庾業向會稽，追使奉朝請孫長度送仗與之，并令召募。行達晉陵，袁標就其求仗，長度不與，爲標所殺。追贈給事中。

先是，鄧琬遣臨川内史張淹自南路出東陽，淹遣龍驤將軍桂邉、征西行參軍劉越緒屯據定陽縣。巴陵王休若遣沈思仁討之，思仁遣軍主崔公烈攻其營，斬幢主朱伯符首，桂邉、劉越緒諸軍並奔逸。晉安太守劉瞻據郡同逆，建安内史趙道生起義討之，聚徒未合。七月，思仁遣軍主姚宏祖、鮑伯奮、應寄生等討破瞻，斬之於羅江縣。

鄧琬先遣新安太守陽伯子及軍主任獻子襲黟縣，縣令吴茹公固守，力不敵，棄城走，伯子等屯據縣城。茹公與臺軍主丘敬文、李靈賜、蕭柏壽等攻圍彌時，八月乃剋，斬伯子、獻子首。

張淹屯軍上饒縣，聞劉胡敗，軍副鄱陽太守費曇欲圖之，詐云：「得鄧琬信，急宜誅淹。」欲因此斬淹。淹素事佛，方禮佛，不得時進。曇復誑云捕虎，借大鼓及仗士二百人，淹信而與之。曇因率衆入山，饗士約誓，揚言虎走城西，鳴鼓大呼，直來趣城，城門守衛悉委仗觀之，曇率衆突入，淹正禮佛，聞難走出，因斬首。

史臣曰：自江左以來，舉干戈以圖宗國，十有一焉，其能克振者，四而已矣。元皇外守虛器，政由王氏；蘇峻事雖暫申，旋受屠磔；桓玄宣武之子，運屬橫流；世祖仗順入討，民無異望。其餘皆漆顙夷宗，作戒於後〔五〇〕，何哉？夫勝敗之數，寔由衆心，社廟尊嚴，民情所係，安以義動，猶或稱難，況長戟指闕，志在陵暴者乎。泰始交爭，逆順未辨，太宗身剿悖亂，事惟拯溺，國道屯詖，宜立長君，太祖之昭，義無不可。子勛體自世祖，家運已絶，當璧之命，屬有所歸。曲直二塗，未知攸適。徒以據有神甸，擅資天府，宗稷之重，威臨四方，以中制外，故能式清區宇。夫帝王所居，目以衆大之號，名曰京師，其義趣遠有以也。

校勘記

〔一〕鄧琬字元琬　「元琬」，南監本、南史卷四〇鄧琬傳、建康實録卷一四作「元琰」。吴金華續議：「當以『元琰』爲得實。」

〔二〕爲廣州刺史宗慤所執　「廣州」，原作「江州」，據册府卷九二五改。按是時宗慤爲廣州刺史，見本書卷六孝武帝紀。

〔三〕琬弟璩　「璩」，南史卷四〇鄧琬傳、册府卷九二五作「瓊」。

〔四〕湘州行事何慧文　「何慧文」，原作「何惠文」，據局本、南史卷四〇鄧琬傳、通鑑卷一三一宋紀泰始二年改。下並改。

〔五〕郢府行事録事參軍荀卞之大懼　按下文又有「荀卞之爲尚書左丞」事，張森楷校勘記：「符瑞志有烏程令荀卞之於大明七年言甘露降，疑即一人。『荀』『苟』未知孰是。」

〔六〕令顧昭之撰爲瑞命記　「顧昭之」，原作「顧照之」，據本卷上下文及南史卷四〇鄧琬傳改。

〔七〕西陽太守謝稚　「謝稚」，原作「謝穉」，據本卷上文改。按歷代名畫記卷五、册府卷八五七並作「謝稚」。

〔八〕司州刺史龐孟虯　「龐孟虯」，原作「龐孟虬」，據本書卷八七殷琰傳改。按本書卷八，泰始二年正月，「義陽内史龐孟虯爲司州刺史」。

〔九〕軍主朱輔之申謙之張靈符並失利　按申謙之即本書卷六五申恬傳附申元嗣傳之申謙，後官至輔國將軍、臨川内史。

〔一〇〕軍主郭季之荀僧韶幢主韓欣宗等　「郭季之」，原作「郭秀之」，按上文云「建安王休仁又遣軍主郭季之馬步三千就攸之」，今據改。

〔一一〕軍主周普孫江方興申謙之等諸軍悉力擊之　「江方興」，原作「江方與」，據南監本、局本、本書卷七五沈攸之傳及本卷上下文改。

〔一二〕始安内史王職之建安内史趙道生安成太守劉襲並舉郡奉順　「王職之」，通鑑卷一三一宋紀泰始二年從宋略作「王識之」。「趙道生」，原作「趙遁生」，據本卷孔覬傳、通鑑卷一三一宋紀泰始二年及本卷下文改。

〔一三〕與南康相沈肅之　「沈肅之」，原作「沈用之」，據南齊書卷三武帝紀、册府卷二〇三、通鑑卷一三一宋紀泰始二年、通鑑考異引宋略改。

〔一四〕嗣祖遣兵戍湞陽　「湞陽」，原作「滇陽」，據南監本、局本改。按本書卷三七州郡志三，湘州始興郡下有湞陽縣。

〔一五〕不敢攻　「攻」字原闕，據南史卷四〇鄧琬傳補。

〔一六〕陳慶已與南陵大雷諸軍兵遏其上　「兵」，通鑑卷一三一宋紀泰始二年作「共」。

〔一七〕其夜委顗奔走　「其夜」，通鑑卷一三一宋紀泰始二年作「其日」。按本卷下文袁顗傳云：「及劉胡叛走，不告顗，顗至夜方知。」疑作「其日」是。

〔一八〕第二子洵提刀走出　「洵」，原作「徇」，汲本作「狥」，南史卷四〇鄧琬傳作「詢」，今據殿本、通鑑卷一三一宋紀泰始二年改。按上文云「張悦始發兄子浩喪」，本書卷五九張暢傳亦云張暢子浩，浩弟淹。則作「洵」是。

〔一九〕時中護軍劉衍在座　「劉衍」，原作「劉順」。張森楷校勘記：「劉順，豫州之將，時爲劉緬破於宛唐（死虎），不得在此。疑是劉衍之誤。時劉衍爲中護軍，見上文及劉穆之傳。」按張校是，今改正。下劉順並改。

〔二〇〕詣建安王休仁降　「降」，原作「命」，據南監本、殿本、局本、南史卷四〇鄧琬傳改。

〔二一〕張興世弟僧產追胡　「僧」，原作一字空格，據南監本、北監本、汲本、殿本、局本、册府卷四五一補。

〔二二〕殺道憲道預記室參軍鮑照　「道預」之「道」字原闕。張森楷校勘記：「上文無名『預』者，疑脱『道』字，即上所云典籤阮道預。」孫虨考論卷四：「當云『道憲道預』。」今據補。

〔二三〕寧朔將軍試守西陽太守吴興全景文　「吴興」，本書卷七四沈攸之傳、南齊書卷二九吕安國傳附全景文傳並云全景文吴郡人。

〔二四〕以胡爲平西外兵參軍寧朔將軍建昌太守　「平」字原闕。孫虨考論卷四：「『西』上當脱『平』字。」今據補。按據本書卷六孝武帝紀，朱脩之時爲平西將軍。

〔二五〕鑾至今畏之　「鑾」，原作一字空格，據南監本、北監本、汲本、殿本、局本補。

〔二六〕袁顗字景章　「景章」，南史卷二六袁湛傳附袁顗傳、建康實録卷一四作「國章」。

〔二七〕侍中祭酒　「祭酒」，原作「祭遷」，據南監本、北監本、汲本、殿本、局本、册府卷四六一改。

〔二八〕顗可封新淦縣子　「新淦」，原作「新隆」，南史卷二六袁湛傳附袁顗傳、建康實録卷一四作「新塗」，册府卷四六一作「新淦陽」。按當是「新淦」，今改正。

〔二九〕功貫三曜　「三曜」，類聚卷二五引宋謝莊爲朝臣與雍州刺史袁顗書作「二曜」。

〔三〇〕而羣下構慝　「羣下」，册府卷二一五作「羣小」。

〔三一〕相與或羣從舅甥　李慈銘札記：「『相與』上當有『吾等』二字。」

〔三二〕胡以南軍未至　「南軍」，通鑑卷一三一宋紀泰始二年作「南運」。

〔三三〕宜須通才敏思　「思」，原作「忠」，據册府卷八一四改。

〔三四〕秉筆文闈　「文闈」，原作「文閨」，據御覽卷二四九引沈約宋書改。

〔三五〕司徒左長史王彧懷尚清理　「左」字原闕，據本書卷八五王景文傳、南史卷二七孔琳之傳附孔覬傳補。

〔三六〕復隨府轉後軍長史內史如故　「內史」二字原闕。按上文云「復除安陸王子綏冠軍長史，江夏內史」，今隨府而轉，則江夏內史當仍其舊。南史卷二七孔琳之傳附孔覬傳：「（大明）六年，除安陸王子綏後軍長史、江夏內史。」孫虨考論卷四：「當云內史如故，江夏內史也。」孫説是，今據補。

〔三七〕無有豐約未嘗關懷　「無有」，册府卷九一四作「有無」。

〔三八〕覬代之　「覬」，原作「顗」，據局本改。下並改。

〔三九〕未判　原作「未叛」，據南史卷二七孔琳之傳附孔覬傳改。

〔四〇〕業至長塘湖　「長塘湖」，原作「長唐湖」，據南史卷二七孔琳之傳附孔覬傳、通鑑卷一三一宋紀泰始二年改。下並改。

〔四一〕臨陳斬楊玄孫矯之黄泰　「楊玄孫矯之」，原作「玄孫」。孫彪考論卷四：「上言楊玄、孫矯之、沈靈秀、黄泰四軍，此文蓋脱誤。又按通鑑云，延熙將楊玄等，此乃云『玄孫』，疑有脱。」張森楷校勘記：「按上有楊玄、孫矯之，此云『玄孫』，當有一誤。」按「玄孫」當是「楊玄、孫矯之」之脱文，今訂正。

〔四二〕農夫率廣武將軍高志之永興令徐崇之馳往攻之　「高志之」，原作「高尚之」，據册府卷三五一改。按下文云「與高志之進義興援吴喜」，亦作「高志之」。又本卷上文云是時徐崇之行永世縣事。蓋永世令孔景宣不附明帝，而徐崇之斬之，故乃使其領縣事，旋以爲令也。是時兩軍交戰於延陵，距會稽之永興甚遠，而永世則吴分溧陽立，與延陵相鄰，崇之起兵於永世，又助臺軍攻吴、義興等地，不應爲永興令。疑「永興」乃「永世」之誤。

〔四三〕杜幼文　原作「林幼文」，據南監本、北監本、汲本、殿本、局本改。按杜幼文爲杜驥第五子，見本書卷五一杜驥傳。

〔四四〕太守王曇生詣璪計事　「計」字原漫漶，據殿本、通鑑卷一三一宋紀泰始二年改。

〔四五〕頓置郡城　「頓」，原作「頞」，據殿本、局本改。

〔四六〕欲從候道出蕪湖　「從」字原闕，據南監本、局本補。

〔四七〕值潮涸不得去　「潮」，原作「湖」，據南監本、局本、南史卷二七孔琳之傳附孔覬傳改。

〔四八〕若邪村民録送僞龍驤將軍車騎中兵參軍軍主孔叡　「村」，原作「林」，據南監本、北監本、汲本、殿本、局本改。

〔四九〕此事孔璪之爲　「之」，通鑑卷一三一宋紀泰始二年作「所」。

〔五〇〕作戒於後　「戒」，原作「械」，據殿本、局本改。